U0507054

本项研究得到国家社会科学基金项目资助（批准号：09BYY006）

本书的出版得到浙江科技学院学科建设经费资助

基于过程的汉语事态表达研究

税昌锡⊙著

中国社会科学出版社

图书在版编目（CIP）数据

基于过程的汉语事态表达研究／税昌锡著 . —北京：
中国社会科学出版社，2016.8
ISBN 978 - 7 - 5161 - 8837 - 8

Ⅰ.①基… Ⅱ.①税… Ⅲ.①汉语—语言表达—
研究 Ⅳ.①H193.2

中国版本图书馆 CIP 数据核字（2016）第 205123 号

出 版 人	赵剑英
选题策划	刘 艳
责任编辑	刘 艳
责任校对	陈 晨
责任印制	戴 宽

出　　版	中国社会科学出版社
社　　址	北京鼓楼西大街甲 158 号
邮　　编	100720
网　　址	http://www.csspw.cn
发 行 部	010 - 84083685
门 市 部	010 - 84029450
经　　销	新华书店及其他书店

印刷装订	三河市君旺印务有限公司
版　　次	2016 年 8 月第 1 版
印　　次	2016 年 8 月第 1 次印刷

开　　本	710×1000　1/16
印　　张	21.5
插　　页	2
字　　数	315 千字
定　　价	78.00 元

凡购买中国社会科学出版社图书，如有质量问题请与本社营销中心联系调换
电话：010 - 84083683

目　　录

绪　　论

　　本书以认知语言学、语言类型学及过程哲学观的相关认识为理论前提，对语言学文献中"事件"和"事态"这两个多频术语的概念内涵进行重新审视并提出新的定义，在动态事件观的基础上建立事件过程结构模式，并在该模式的基础上探讨汉语过程动词的事态结构、时体（aspect）跟事态（state of event）的关系、事态的量度以及动词的空间位置属性。本书在对汉语和英语进行对比的过程中着重揭示汉语上述各领域的个性特征。

一　研究现状和存在的问题

　　"事件"这一概念最早出现于一些对情状类型进行分析的文献之中，如 Vendler（1957）、Smith（1991）等。基于事件的语义学理论把"事件"看作是该理论的基础，大致相当于句子的情状分类，主要关心谓词语义的量化问题。认知语言学家 Langacker（1991，2002）、Talmy（1985，1988）、Lakoff（1987）、Dirven 和 Verspoor（1998），以及计算机科学家 Schank 和 Abelson（1975，1977）等则为解释概念结构的形成和句法构造的基础分别构拟了弹子球模型、舞台模型、力量动态模型、形式空间化假设、事件图式以及脚本理论等。总体而言，上述学者对事件的认识基本不涉及动词在时间线条上的动态性质。Panther 和 Thornberg（1999）从言语行为角度虽然涉及了动态性事件，但并不讨论事件的动态发展跟动词过程特征互动在语言表达式上的体现。由于对事件过程的动态历时性特征关注不够，一些相关的语言现象至今没有引起足够的重视。例如：

（1）a. The window was broken by Henry.（窗户被亨利打破了。）

　　　　b. The window was broken for quite a long time.（窗户破了好久了。）

凭语感，例（1a）和例（1b）的 was broken 语义上存有差异，但这种差异缘何产生，类似问题至今没有得到全面而系统的讨论。

国内学者一般是从汉语时体（aspect）① 角度（参看陈前瑞，2008：7）或动作是否具有"有界"（参看沈家煊，1995，2004）特征对"事件"进行定义，也或多或少忽视了事件过程结构与动词过程特征的互动关系②。因此，不可避免地留下许多疑惑亟待阐释。举要如下：

（一）事件过程结构与动词的时体范畴

不可否认，汉语时体研究已经取得了丰硕成果，尤其是近年来陈前瑞（2008）等的系统研究将汉语时体研究推向了新的高度。但到目前，事件过程跟动词过程特征互动对时体的影响等问题仍然没有进入学术界的视野，因此留下许多困惑亟须讨论，如例（1a）和例（1b）的 was broken 时体一致而语义有别。又如：

（2）a. 小芳在墙上挂了一幅画。

---

① 在汉语文献中，跟英语 aspect 对应的概念又有体、体貌（aspectuality）（陈前瑞，2008：7）、动相（吕叔湘，［1942］1990：227）、情貌（王力，［1943］1985：151）或时态（龚千炎，1992）等，本书各章涉及的相关概念一律称作"时体"。"时体"概念有利于凸显动词表示的行为或状态的时间因素。此外，跟英语 phase 和 tense 对应的概念本书采用陈平（1988）和龚千炎（1995）的术语，分别称作"时相"和"时制"。

② 杨成凯（1999，2002）注意到事件具有阶段性，认为："事件可以是从一个处所到另一个处所的事件过程，可以是从一种状态到另一种状态的变化过程，也可以是静物呈现的一种现象或性质。""一个事件呈现事前、事间和事后三种状态，从事前状态到事间状态，从事前状态到事后状态，从事间状态到事后状态，这三个状态变化都是事件，也都是事态。"

b. 墙上挂了一幅画。

跟例（1）类似，凭语感例（2a）和例（2b）的"挂了一幅画"存在差别，但造成差别的原因究竟何在？其中"挂了"中"挂"的过程特征和"了"的时体意义是如何互动的？

又如存现句中"了""着"可替换的条件是什么，替换后语义是否等值，这些问题也长期困扰着学术界。以往的种种解释方案由于缺乏过程观念，得出的结论解释力有限。类似问题也很难从国外认知语言学家的上述种种模型中得到有效阐释。

（二）事件过程结构与动词的过程特征

一般认为动词作为一个陈述性成分其所指有一个随时间展开的内部过程。这个内部过程由三个要素构成：起点、终点和续段（参看郭锐，1995）。但是，如果不跟事件随时间展开的动态过程相结合，有些动词在具体的表达式中其过程特征很难根据上述认识得以确定。例如：

（3）a. 开始在墙上贴广告。

b. 正在墙上贴着广告。

c. 在墙上贴了一幅广告。

d. 墙上贴了一幅广告。

e. 墙上贴着一幅广告。

f. 在墙上贴过一幅广告。

j. 墙上贴过一幅广告。

"贴"在上述七个句子中的过程特征并不完全一致。显然，动词内部过程三要素的认识无法对这种现象进行有效的说明。

（三）动词过程特征对时体助词的共现制约

动词是构成事件的基础，动词以其过程特征和时体标示反映事件过程的阶段或事态。大量文献讨论了时体助词的时体意义及其语法化过程。但从另一个角度看，动词能跟不同时体助词共现需要怎样的条件限制？换言之，哪类动词能跟哪类时体助词共现？其共现条件如何？哪些不能？其所受的限制又是什么？到目前，对汉语动词时体类型的研究仍是空白。这一缺陷反过来又影响到对汉语时体范畴的深入研究，而吕叔湘（1987）早就认为"这些问题值得做大面积的研究"。

（四）动词的过程特征与事态的量度

到目前，动词跟时量短语的分布和变换反应是从动词的语义特征入手进行描写的，如"看"：［＋完成，＋持续，－状态］，"挂"：［＋完成，＋持续，＋状态］（马庆株，1981）。显然，这些语义特征并非共时层面的，把它们相并列容易使人产生逻辑上的困惑。例如，"完成"和"持续"就不处在共时层面，"状态"也具有"持续"特征。类似问题仍有讨论价值。此外，一些学者讨论过动词跟动量词组合的语义关系。但是，何种性质的动词能跟动量词组合，何种性质的动词不能，类似问题还无人问津。

二 研究内容和研究意义

本书针对上述问题着重探讨动词及其相关成分所构成事件的时间和空间属性，以及相对应的语言表达式，涉及众多具体问题，可概括为以下四个方面：

（一）理论构建

第一章至第四章结合国内外研究现状，并在讨论过程哲学、认知语言学尤其是国内外时体研究相关理论的基础上，论证该项研究的理论意义和应用前景；针对学界对"事件"的不同理解，在认知科学和过程哲学观的基础上对语言学意义的"事件"进行重新界定，并建立和论证事件过程结构模式。基于事件的语义学理论把"事件"看作是该理论的基础，大致相当于句子的情状分类，主要关心的是谓词语义的量化问题。本书涉及的"事件"强调其过程性，认为事件是事物或实体从一种状态到另一种状态，再到又一种状态的变化过程，而不是静止的画面。根据事件过程结构的性质和特点，讨论不同过程或阶段的过递与衔接的语言表达式，以及相应表达式所体现的事件过程的时空性、动态性、次序性、周期性、接续性和过递性等动态特征。基于事件过程结构模式，在探讨各种时体理论的局限性的基础上提出事态范畴，并论证汉英语事态范畴的类型学差异。最后，在上述研究的基础上概括出基于事件过程结构的动词事态结构类型系统。

（二）对传统时体研究的重新审视

第五章至第六章在上述理论探讨的基础上讨论事件过程结构跟动词时体意义以及时体助词的互动关系。目前，汉语时体研究基本上是在 Smith（1991）等"视点体"和"情状类型"的思路上展开，但由于汉语和英语在时体特征上存在类型学上的差异，这一思路并不完全契合汉语的语言事实。本书第五章和第六章将事件过程结构和动词过程特征同时纳入时体研究的范围，在前人研究的基础上重点探讨两个未引起重视的问题。第五章以"了"的语法意义为切入点，讨论事件过程结构跟时体助词的种种交叉或重叠现象，例如如何看待"开始了新的长征""在墙上挂了一幅画""墙上挂了一幅画"中"了"的语法意义，并在跟英语对比过程中揭示汉语"了"的个性差异。第六章探讨存现构式中动词跟"了"和"着"共现的条件限制，进一步验证时体助词跟事件过程及动词过程特征的互动关系。本书的讨论涉及动词的时体问题，但不是以事件抽象的时间结构来观照时体，而是从事件过程的动态发展所体现的时空性、动态性、次序性、周期性、接续性和过递性等来讨论过程和时体的对应关系。这样，一些以往被忽视的问题便进入了讨论的范围并得到有效的阐释。

（三）事件过程与动词界性特征及事态的量度

沈家煊（1995，2004）认为，动作要在空间进行，但动作的主要特征是占据时间，不占据时间的动作是不可想象的。在一定的认知域内，动作有"有界"和"无界"之分。有界动作在时间轴上有一个起始点和一个终止点，无界动作则没有起始点和终止点，或只有起始点没有终止点。沈家煊（2004）还认为，在同一个认知域内，动作的有界和无界具有相对性。例如：在"动作是否持续"这个认知域内，动词"吃"相对"爱"而言是有界动作；在"动作有无终止点"这个认知域内，"吃"相对"吃了"或"吃一碗"而言是无界动作。这就说明，动词在有界和无界之间存在着一个界性连续统。本书将辟专章探讨跟动词界性特征相关的两个问题：第七章探讨汉语动词的界性连续统，并揭示不同界性特征动词的语法语义表现；第八章探讨动词过程特征跟时间量度的关系。过程都在一维的时间轴上展开，因此都可以从时间上进行量度。动词的过程特征不同，其在时轴上的量度表现也存在差异。

（四）事件过程与动词的空间位置属性

一切事物都以时间和空间作为存在的前提，动作或事件也不例外。上述各方面的讨论跟动词的时间属性相关，第九章至第十章将讨论动词的空间位置属性。动词的空间位置属性跟事物或实体的空间位置属性的表现形式不完全一致，因为事物或实体具有相对稳定性，而动作则是随时间变化的。动作变化会影响到表示位置的词语跟它的组合方式，例如"在树上挂"和"挂在树上"，"在树上"都是"挂"的动作发生的位置，但前者的"挂"凸显的是动作的进行状态，后者的"挂"凸显的是动作的终结。基于这一思路，第九章将讨论动词的动位范畴；第十章通过对附着事件和附着动词内部不同类型在事件过程结构和表达式上的差异的具体分析和讨论，检验本书建立的事件过程结构模式在空间范畴研究中的实践价值。

对上述问题的研究具有理论和实践两方面的意义。

其一，事件及其过程跟动词有天然的联系，研究动词不能不涉及事件及其过程。但以往的研究要么从动词本身的性质入手，研究跟动词相关的句法语义问题；要么从抽象的时间结构出发讨论动词的时体问题。因此，对动词涉及的事件过程没有引起足够的重视。上述各方面的研究强调事件过程结构跟动词过程特征的互动关系，有助于对相关现象做出合理解释，从而推动相关领域的深入研究。

其二，事件不同过程阶段有其相应的表达式，这在人类语言中具有普遍性。但是由于不同民族思维方式不同，不同语言的相应表达式也存在着差异。这给第二语言学习者带来理解和习得上的困难。本书的研究基于事件过程结构，对汉语和英语的相应表达式进行对比分析和阐释，重点揭示汉语的个性差异，其研究成果对对外汉语教学具有实践价值和理论指导意义。

其三,事件过程结构对语言表达式的影响非常显著,在自然语言信息处理中常常需要涉及事件过程跟语言表达式的对应问题,上述问题的研究对计算机生成和理解事件过程对应的语言表达式也有参考价值。

三 研究思路和研究方法

本书结合认知科学、过程哲学的最新研究成果,依照认知语言学、语言类型学、语法化学说、典型范畴等理论和方法,多角度系统研究事件过程结构及其汉语表达式的生成机制和对应关系,并在跟英语对比的过程中重点揭示汉语的个性差异。同时,由于本书涉及范围广,具体研究不可能面面俱到,只能择其关键问题详加阐明。要言之,本书的最终研究目的是要努力建立一个适用于汉语动词及动词性结构分析的过程语法分析模型。

（一）汉英对比,重在汉语

本书的研究建立在汉语和英语的对比基础之上,在重视共性的基础上建立事件过程结构模式。同时,本书更加强调汉语个性的挖掘和分析,即在强调挖掘个性差异的基础上重点探讨汉语特殊的语言表达形式。这一思路主要继承的是王力、吕叔湘以及高名凯等前辈学者的学术思想。在共性的基础上揭示个性是前辈学者一贯的研究思路,这一思路造就了 20 世纪四五十年代《中国现代语法》《中国语法理论》《中国文法要略》和《汉语语法论》等经典著作,至今仍对汉语语言学的发展产生着深刻的影响。在共性的背景之上探寻并揭示不同语言的个性差异问题,王力（［1936］1985：92）的一段论述至今仍有启示意义:

> 不过,我们对于某一族语的文法的研究,不难在把另一族语相比较以证明其相同之点,而难在就本族语里寻求其与世界诸族语相异之点。看见别人家里有某一件东西,回来看看自己家里有没有,本来是可以的,只该留神一点,不要把竹夫人误认为字纸

篓。但是，我们尤其应该注意：别人家里没有的东西，我们家里不见得就没有。如果因为西洋没有竹夫人，就忽略了我们家里竹夫人的存在，就不对了。

因此，本书强调汉语个性，实际包括理论和事实两个方面。理论方面，以印欧语为基础提出或建立起来的理论未必适用于汉语，这时候需要结合汉语进行修正或补充；事实方面，汉语有英语无，或汉英语都有但实际来源不同的语言现象更需要有个性的眼光。此外，李福印（2008：137）在评述中国内地学者20世纪90年代以来对Lakoff和Johnson的概念隐喻理论的研究现状时发表的一段议论对我们也是一种警示：

> 对于任何一个语言的理论，我们都能找到正反例子，但是找正面的例子对理论说YES要比找反面的例子去说NO容易得多，省事得多。如果我们先入为主，先认为某理论正确，之后寻找支持该理论的语料，这太简单了，并且都会找到支持的语料。我认为持这种观点再研究100年，也不会促进研究的发展，这种研究的态度再有1000年我们也是跟在西方人屁股后面跑。

（二）有所侧重，重点剖析

本书涉及动词的方方面面，不可能对动词的所有问题进行全面探讨。为了使论题集中，不至于讨论过于琐碎，本书将重点放在跟过程相关的关键性问题上。比如事件的动态演进过程涉及动词的时体，但本书重点讨论典型时体助词"了""着""过"的时体意义及其在事件过程结构中的标示功能。事实上，"了""着""过"的时体问题弄清楚了，其他时体标记词，如"起来""下去""在""正在"等在事件过程结构中的分布及时体标记功能也就容易弄清楚。又如事态的量度涉及恒量、动量和时量，但就汉语而言，时量更为复杂，所以时量成为讨论的重点。再如就动词的空间位置属性问题而言，附着事件因为附着动词内部类型差异较大，导致附着事件的句法语义问题也很复杂，因此也是本书讨论的重点。

本书的研究方法是要在比较语言学、认知语言学以及语言类型学等理论的基础上做到四个结合：

其一，理论和事实相结合。在语言事实基础上讨论并建立事件过程结构模式和动词过程结构类型系统，所涉及的理论探讨必须以事实为依据。

其二，继承和创新相结合。本书部分内容前人已有涉猎并取得了可喜成绩，但一些疑难问题，需要在前人研究的基础上从新的角度审视。比如，认知语言学事件图式或事件框架理论不大重视事件过程的动态发展造成的句法结构的变化等问题，本书在汉语事实的基础上，将认知语言学有关事件图式理论的研究范围或范式加以拓展。

其三，静态和动态相结合。其包括两个方面：第一，事件过程阶段是在一维的时间轴上动态发展的，语言表达式本身体现了事物发展过程中静态与动态的统一；第二，在静态的基础上进行动态研究，即综合运用变换、语义特征、语义关系等分析法。

其四，分析和综合相结合。在类型学理论的基础上通过比较、分析与综合揭示汉英表达式的共性和个性。

四 语料来源和体例说明

本书的研究目的是要建立一个适合于汉语动词和动词性结构时空属性分析的过程语法模式，理论色彩浓厚，所以部分语料以内省方式获得并通过北京地区的朋友鉴定，这样可以使其复杂程度得到有效控制，便于突出目标因素。一些语料取自文献并随文注明出处，不过用以说明的是不同的问题。少数语料采自有影响的现当代文学作品，也随文注明出处。

必要时，以"→"表示"可变换或转化为"，"？"表示"例句可接受度弱"，" * "表示"不能说"，" + "表示"标记正值"，"－"表示"标记负值"，" = "表示"等值"，"≠"表示非等值，"〔 〕"表示"语义特征"。其余符号随文说明。

第一章　事件及其过程结构[*]

　　"事件"（event），作为语言学意义的概念在中外文献中常被提及，但缺乏严格而统一的界定。一般所谓的事件，大多对应于实际言语中的语句或场景描写所表达的内容。如 Pawley（1987：335 – 336）认为事件"是指包含一个动词的小句的意义，动作的发生通常置于特定的时间和地点"。也有学者（Comrie，1976：13；Parsons，1990；Vikner，1994；Zacks & Tversky，2001；etc.）将"完整性"（telicity）或"有界性"（boundedness）作为事件的基本属性，认为行为过程到达终结点或状态发生了改变（change of the state）的时体类别才构成事件，如 Zacks 和 Tversky（2001）将事件定义为"由观察者构想的处于既定位置的有起点和终点的时间片段"。由于后者涉及的范围较窄，不涉及活动展开过程以及"行为过程到达终结点或状态发生改变"后的情状，因此学者们通常在前一种认识的基础上展开研究。

　　尽管"事件"的定义并不明确，但基于事件的事件结构理论作为一种新兴的句法—语义界面理论一度成为语法研究的热门话题，各种基于事件结构的语义分析模式和句法模型得到了较为充分的讨论，随之也发现了许多在事件结构研究中值得进一步探索的领域（参看周长银，2010）。不过，尽管人们普遍认识到事件同时具有时间和空

---

[*] 本章主要内容曾在第四届国际认知语义学研讨会（2013 年 3 月，长沙湖南大学）上宣读，与会学者提出了宝贵意见，后以"过程哲学观中的事件及其语言表达式"为题发表在《贵州师范大学学报》2014 年第 4 期。编入本书时有较多增补。

间属性，即事件不仅在时间链条上发生、持续和完成，也在一定的空间中发生、发展和变化，但总体上，人们并没有把动词在事件时空变化中的句法表现及其语义差异放在突出的位置加以重视。

　　本章在讨论动词与事件关系的基础上，从动态过程观的角度对事件提出新的定义，并在对文献中各种基于事件结构的语义分析模式进行评析、指出其局限性的基础上，提出"事件过程结构"这一概念，初步建立事件过程结构模式，由此对事件结构理论加以有益补充。

第一节　事件的过程特征

　　讨论事件必须涉及动词，因为动词是构成事件的基础，没有动词就没有事件。一方面，动词及其相关成分一起构成事件；另一方面，动词及其构成的事件处在不断的随时间变化的过程中，变化是动词和事件的基本属性。

一　动词与事件

　　将事件对应于实际言语中的语句或场景描写所表达的内容的认识，除前文提到的 Pawley（1987）外，系统功能语言学家 Fawcett（2000）也持类似观点，认为概念系统中的事件跟语义层面的情状（situation）相对应，在句法层面体现为小句，换言之，小句是用来表达情状、描述事件的。Fawcett 还认为，概念系统中的逻辑形式跟语言的语义层之间并不总是一一对应的关系，有的事件在句法层最终体现为名词词组，具有隐喻色彩，如 the performers' brilliant acting。

　　在 Pawley、Fawcett 等看来，作为句法单位的"小句"一般对应"情状"这一语义单位，同时也对应概念系统中的"事件"。小句的中心成分一般为主要动词，因此基于事件的语义学理论虽然把"事件"看作是该理论的基础，但主要关心的是谓词语义的量化问题（参看李宝伦、潘海华，2005）。按照上述学者对"事件"的认识，由于动词根据其内在性质或属性等语义特征的差异可以分析出不同的类型，因此"事件"也可以分为不同性质的事件。例如：

（1）姑娘们在荷塘里采莲蓬。

（2）老王是足球教练。

（3）台上坐着一位陌生人。

例（1）描述活动，动词"采"具有动态特征，例（2）描述实体之间的类属关系，动词"是"不具动态特征（也无所谓静态特征），例（3）描述实体之间的静态关系，动词"坐"具有静态特征。如果根据动词语义特征的差异给它们构成的小句在事件这一概念上进行区分，那么例（1）是动态事件，例（2）是关系事件，例（3）是静态事件。然而，动词的语义特征很难有一个穷尽性的统一的分类，上述学者对"事件"这一概念的认识由于外延过于宽泛，很难在语言研究中发挥作用。

研究句子情状类型（situation type）的学者较早注意到了这一局限。如 Vendler（1957）把句子的情状类型分为状态（stative）和事件（events）两大类，而事件又可以进一步划分为活动（activity）、完结（accomplishment）和实现（achievement）三小类。Smith（1991：29，46）以 Vendler 的研究为基础，在事件类型中增加了一个单动作（semelfactive）情状，并根据［±动态］（dynamic）、［±持续］（dur-ative）和［±有界］（telicity）三个特征将句子分为五种情状类型，见表 1 - 1。

表 1 - 1　　　　**Smith（1991）句子的情状类型**

情状类型		［±动态］	［±持续］	［±有界］
状态类（state）		−	+	−
事件类（event）	活动（activity）	+	+	−
	单动作（semelfactive）	+	−	−
	完结（accomplishment）	+	+	+
	实现（achievement）	+	−	+

　　致力于情状研究的学者通常把整个句子或动词短语作为研究对象，在他们看来，判断一个句子或短语是否有界通常是看该句子或短语所表达的情状是否有自然终结点。例如：

（4）a. John ran a mile.（约翰跑了一英里。）

　　　b. John ran.（约翰跑了步。）

　　　c. Mary ate two apples.（玛丽吃了两个苹果。）

　　　d. Mary ate.（玛丽吃了饭。）

　　根据 Rothstein（2004）的研究，［±有界］实际上涉及的是可数性（countability），判断句子或动词短语是否有界主要是看其指谓的是否为可数事件。例（4a）和例（4c）分别断言存在一个事件，都涉及一个明显可数的量，因而都是有界的；而例（4b）和例（4d）虽然分别都断言存在着一个跑步和吃饭的事件，但都没有给出可以量度有关事件的指标，没有办法将事件数量化，因而都是无界的（参看李宝伦、潘海华，2005）。从整个句子或短语判断其情状有一定局限性，因为根据整个句子或短语来判断其情状类型，在很大程度上使动词本身的语义差别变模糊了。例（4a）是有界事件，例（4b）是无界事件，但问题是，它们的这种情状差异跟动词本身是如何互动的，毕竟两个句子的动词形态是相同的。例（4c）和例（4d）也存在相同的问题。类似问题在例（5）和例（6）中显得更加复杂。

（5）a. 小芳在信封上贴了一张邮票。

　　　b. 信封上贴了一张邮票。

（6）a. The car was broken by Harry.（汽车是哈利弄坏的。）

　　　b. The car was broken for quite a long time.（汽车坏了很长时间。）

　　按照 Vendler（1957）和 Smith（1991）的情状分类，例（5b）和例（6b）描述的是状态情状而不在事件类型讨论之列，但它们的动词却跟例（5a）和例（6a）描述的事件情状完全一致。按照 Roth-stein（2004），例（5b）和例（6b）都具有可数性，但很难说它们是有界事件。类似问题在 Smith（1991）等人所列的特征要素的对比中也有反映。例如，单动作和完结情状所并列的持续和有界特征就容易使人产生逻辑上的困惑：既然单动作情状具有［－持续］特征，为什么又不具有［＋有界］特征？同样地，既然完结情状具有［＋持续］特征，为什么又具有［＋有界］特征？事实上，句子或动词短语的"持续"或"有界"特征并不是共时层面的，而是随时空发展的历时特征。因此，例（5）和例（6）两组句子实际上描述的是动词及其相关论元构成的事件在随时间展开过程中所呈现的两个不同的历时性事态。① 事件随时间展开的事态不同，动词的参与者角色的配置也存在差异，随之也显示出动词过程特征的不同。例（5a）"贴"的动作虽然已经终结，但其动态特征并未完全消失，例（5b）"贴"的动作不仅已经终结，而且已经转化为一种静止的状态，具有静态特征。比较：

> （7） a. 小芳在信封上慢慢地仔仔细细地贴了一张邮票。
>
> b.？信封上慢慢地仔仔细细地贴了一张邮票。

例（7a）可以说，例（7b）则感觉有些怪异。究其原因，例（7a）"贴"的动态特征可以接受表示动作方式等词语的修饰，例（7b）"贴"的静态特征与表示动作方式等词语所具有的动态特征不相容。按照 Comrie（1976：49）的解释，维持一个静态的状态不需要能量，而维持一个动态的活动却需要能量。例（6）反映的情形与此类似。Fawcett（2008：276）认为，80% 的被动小句含有一个隐性参与者角色，比如"He has been caught"中的"抓者"（catcher）就

---

① 荒川清秀（1985，1986）提出，必须把动词中变化和静态这两个不同阶段（状态）列为动作过程考虑的对象。例如"穿了半天才穿上"和"穿了一会儿就脱下来了"两个句子中的"穿"，是一个动词的两个不同阶段，前者是变化阶段，后者是静态阶段。这是很有见地的。

是隐性的。其实，如例（6b）那样的小句应属于 Fawcett 认为的另外
20%，因为其参与者角色已变得相当模糊，不可捉摸，句中动词描写
汽车长时间以来的损坏状态，时过境迁，施事已经完全退隐，不再参
与表达式的构建，不像例（6a）的 Harry 就在活动现场，因此很难认
为含有一个隐性参与者角色。试与例（6b）比较：

（8）？ The car was broken by Harry for quite a long time. （汽车
被哈利弄坏了很长时间。）

例（8）同时出现施事和延续义时间状语，句子念起来很别扭。

Vendler（1957）和 Smith（1991）对事件的认识在学术界产生了
广泛的影响。受其影响，顾阳（2006）认为"事件"指动态动词构
成的句子，跟状态句对应。动态动词具有过程特征，所以 Langacker
（1987：151，254）的"process"（过程）与顾阳的"事件"的外延
基本一致。但也有学者，如 Bach（1986：6）、Pustejovsky（1991）、
Croft（1998）、Cruse（2004：286）等认识到在"事件"和"状态"
之上没有一个方便的术语来涵盖二者，而二者有时被"事件性"
（eventuality）所指，所以有时也用"事件"（event）来涵盖二者。
Croft（1998）认为："事件和实体分别以小句或短语为中心来表达意
义。事件包括行为（actions）（涉及变化的过程）和状态（states）
（不涉及变化）。实体包括参与事件的人和物。"这种认识其实跟前文
Pawley 和 Fawcett 等将事件对应于小句的认识本质上是一致的。

综上所述，尽管有学者认识到行为和状态都应该纳入事件讨论的
范围，但并未注意更不强调行为和状态之间内在的先后继起关系，因
此上述各例反映的动词的过程差异等现象一直以来并没有得到有效的
解释。事实上，以小句为单位孤立地讨论动词的情状，会掩盖跟事件
展开过程对应的动词过程特征所表现出来的某些语法特征。要弥补以
上不足，一条值得尝试的路径是，从变化或动态的角度出发，将动词
纳入事件过程来考察，如此，对动词语法特征的认识才有可能更符合
语言事实。

二 变化：动词和事件的基本属性

一切事物都处在不断地变化过程中，而动词是变化的最直接承载者。尽管致力于时体或情状研究的学者很早就注意到变化是动词的基本属性，但并不把动词所描述的内在变化过程当作系统的、统一的整体加以考察，而是从动词参与构成的外在情状的角度来看动词的变化特征。例如 Comrie（1976：3）对"时体"下的定义是"对情状的内部时间构成进行观察的不同方式"，而在 Smith（1991：17）和 Yang（1995：10）看来，"情状"指各种类别的动词及其主要论元的组合所体现的瞬时、持续、起始、结束等过程或阶段。受上述观念的影响，学界对"事件"的认识往往跟动词、情状、小句等概念分界不清。

但是，如果要解释为什么事件可以有如例（4）、例（5）和例（6）那样不同的事态类型，能否将它们纳入到统一的模式中得到一致的解释，问题的关键还在动词本身。

Givón（1979：51 - 52）认为，主要的语法形式类反映它们所表示的可观察的时间稳定性的强弱等级，一端是随时间变化保持相对稳定的经验或现象束，它们在反复观察的情况下保持大致相同；另一端则是在总体状态中表现为迅速变化的经验束，典型者如事件或活动。居中的经验具有中度稳定性，即有时具有稳定性，有时又具有起始或变化特征。这一级差在语法类上能得到直接的体现：最稳定的是名词，最不稳定的是动词，形容词处于中间状态，如图 1 - 1 所示（参考 Givón，1984：55）。

图 1 - 1 Givón（1984）时间稳定等级

动词表示的概念在时间上的不稳定性显然会导致事件在时间上的

不稳定性，动词跟事件之间的这种不稳定的对应关系正是导致如例（5）和例（6）两组句子所分别描述的情状并不一致的内在机制。根据 Davidson（1980：173 – 176）和 Frawley（1992：142），实体（entity）〔或称为物质（substance）或物体（object）〕的个体化特征在空间参照体系中体现为其具有同一性，而事件（event）在本质上则是变化的。事实上，事件的变化体现在两个方面：一是事件的变化引起与之相关的实体的变化；二是事件本身的变化，即事件因外力及其结果的影响导致事件自身的演进发展。从研究现状看，上述两种类型的变化都得到了相当的关注，且一直是语言研究的重点关注领域。

（一）事件外变化

如果坚持主要动词是小句及其所反映的概念系统中的事件的中心成分，那么上文的第一种变化，因为重点关注主要动词外的相关实体的变化，而忽略动词本身的变化，我们把它叫做"事件外变化"。关于事件外变化，为了解释其概念结构和句法构造间的关系，近二三十年来，随着认知语言学的兴起，不少学者进行了具有启发意义的探索（参看王寅，2005）。Talmy（1985，1988，2001：409 – 470）从动态性的作用力现象出发，提出"力量动态模型"（force – dynamic patterns），旨在以空间中的动态性事件为基础对概念结构及其句法构造进行分析。Lakoff（1987：283）提出"形式空间化假设"（Spatialization of Form Hypothesis），将动态意象图式详细分成六种：容器图式、部分—整体图式、连接图式、中心—边缘图式、始源—路径—目的图式、其他图式（上下、前后、线性等），并在此基础上阐释了对应的六种句法构造。Langacker（1990，1991：291 – 293）构拟过弹子球模型和舞台模型，以此论述英语的基本句法构造及其变体。Panther 和 Thornberg（1999：335）从言语行为角度，虽然涉及了动态性事件，但只是以线性认识为基础将一个言语行为视为一个由几个时段组成的行为场景，并不讨论事件的动态发展跟动词过程特征互动在语言表达式上的体现。王寅（2005）指出，上述各种分析理论或多或少存在着分析层面单一、主要针对动态性场景而忽略静态性场景、主要解释句法构造而未能扩展到语言的其他层面三方面的问题，并在此基础上提出"事件认知域模型"（Event Domain Cognitive Model），认为一个基本事件域主要包括两大核心要素：行为（Action）和事体（Being）。其要旨是，一个行为（包括动态性行为和静态性行为）由很多具体的子行为或动作构成；一个事体由很多个体构成；一个动作或一个事体可分别带有很多典型的特征性或分类性信息。如在"去饭店吃饭"这个事件域中，可能会包括多个动作，如乘交通工具或步行去饭店、到达饭店、由服务小姐引导入座、看菜谱点菜、喝茶饮酒吃饭、掏钱付款买单、若有剩菜则要求打包、离开饭店各自告别、以不同方式回家等。在这个认知域中还会涉及多个个体，如主人、客人、（男女）朋友、领导、服务员、司机、老板或老板娘、厨师等。

总的来看，上述各种分析模式虽然都涉及事件，但其实际关心的主要是事件以外诸如事件产生的动力和结果等相关问题，并不关心事件内部动作展开的过程与方式。因此，即使如王寅（2005）等，虽然认识到在重视动态性场景的同时不能忽略静态性场景的存在，但在此基础上提出的"事件认知域模型"同样不能有效解释上文例（5）和例（6）两组句子中为何动词形式相同而句子语义有别的原因。

杨成凯（2002）虽然注意到了事件具有阶段性，但他把事件定义为"可能世界中的事物呈现的一个事态"，"包括宇宙中所发生的一切动态的变化和静态的景象"。由此，杨先生进一步把事件分为不同的类型："事件可以是从一个处所到另一个处所的事件过程，可以是从一种状态到另一种状态的变化过程，也可以是事物呈现的一种形象或性质。"因此，杨先生对事件的认识本质上也是关于动词以外的相关实体的变化，即"事件外变化"，并没有深入到动词语义随事件变化而变化的本质。

（二）事件内变化

相对于对实体进行编码的名词，Givón（1984：52）认为有些经验束是表示迅速变化的，典型的是事件或活动，语言倾向于将其词汇化为动词。动词作为中心成分其变化往往伴随着对应于对情状进行编码的小句结构的变化，从而反映事件也随之发生变化。因为这种变化在事件内部发生，我们把它叫做"事件内变化"。传统的时体研究涉及的虽然是动词的时间属性，但并不强调不同时体标记所表示的动作阶段间的联系。事实上，不同时体标记反映了动词的行为变化过程。例如：

> （9）a. 彤彤开始在树上挂灯笼。
> b. 彤彤正在树上挂着灯笼。
> c. 彤彤在树上挂了一盏灯笼。

例（9）中各例通过具有标记时体意义的词语"开始""正在""着""了"等标明动词"挂"的变化轨迹，换言之，例（9）中各例的"挂"其动态特征并不完全一致。例（9a）的"挂"具有"起始"特征，例（9b）的"挂"具有"持续"特征，例（9c）的"挂"具有"完结"特征。正如 Comrie（1976：3）所认为的，时体是"对情状的内部时间构成进行观察的不同方式"，因此人们多认为动词的时体范畴是这类变化的具体体现。为了进一步揭示时体范畴，郭锐（1993）指出前人对句子情状类型（Vendler，1957；邓守信，1986；陈平，1988，等等）以及动词的动相特征（Comrie，1976；马庆株，1981；李平，1990，等等）的研究忽略了动词的过程结构类型，并根据动作或状态内部过程可能有的起点、终点和续段三要素及其强弱差异，将汉语动词的过程结构分为无限结构、前限结构、双限结构、后限结构和点结构五大类共十个小类。郭锐的分类对研究动词的过程特征极富启发意义，但这个分类系统仍然难以对一些跟过程相关的时体现象做出合理的解释。例如"立"是典型的双限结构动词，有较强的起点、终点和续段要素，但仅仅根据这三个要素很难解释例（10）不同句子中动词的过程差异。

> （10）a. 民工们开始在路边立警示牌。
> b. 民工们在路边立着警示牌。
> c. 民工们在路边立了一块警示牌。
> d. 路边立了一块警示牌。

e. 路边立着一块警示牌。

可以认为，例（10a）"立"凸显的是"起点"要素，例（10b）"立"凸显的是"续段"要素，例（10c）"立"凸显的是"终点"要素，但例（10d）和例（10e）的"立"体现了什么要素？再进一步看，例（10b）和例（10e），例（10c）和例（10d）以及前文例（5）和例（6）两组句子的动词形式相同，它们的过程特征是否也相同？李临定（1985）、刘宁生（1985a，1985b）尝试将类似例（10）的"立"从语义范畴的角度，根据其"动态"和"静态"语义差别分别为两个不同的义项。但事实上从语义范畴看，例（10）中各例的"立"除"动态""静态"外，还存在"起始""持续""终结"义的差别，若都看作不同义项，这会使问题变得很复杂。

上述诸问题都涉及事件内部变化，而并未得到传统时体研究足够的重视，因此尚待人们进一步的深入探究。

三　过程哲学观中的"事件"

英国哲学家 Whitehead（1929，1978）《过程与实在》（*Process and Reality*）的出版奠定了过程哲学的基础。所谓过程，就是物质由于其内部矛盾所推动和外部条件所制约而呈现的运动、变化、发展的次序，是事物发展阶段性和连续性相统一的存在状态。因此，过程具有时空性、动态性、层次性、次序性、周期性、阶段性和连续性，表现为过程与过程或阶段与阶段之间的转化递进（闫顺利，1996）。过程哲学观认为，事件天然地蕴含着时间，因此事件就是一个过程而不是一个静止的画面（高云球，2006）。

上文的讨论说明，动词是构成事件的基础，事件跟动词存在天然的联系。由于动词表示的行为或状态在时间上具有可变性，因此与之相关的事件在时间上也随之处于变化的过程中。事件的基本特征是随时间而变化，在概念空间里体现为相对的时间关系（Frawley，1992：144）。联系前文列举的语言现象，语言学意义的"事件"这一概念有必要摄入动态的、发展的要素，而事件跟动词之间的种种关系也应该在其动态的、发展的过程中才有得到充分揭示的可能。根据前文的讨论，我们对"事件"下一个新的定义：

> 事件（event）就是事物或实体随动词表示的动作或关系的变化而从一种事态（state of event）变为另一事态，再从另一事态变为又一事态直至该事物或实体发生本质改变的过程。

该定义中的"事件"强调过程①，而非仅仅是一个静止的画面。"事态"② 这一概念跟"事件"相对应。之所以用"事态"而不用一般所谓的"状态"或"情状"，是要强调其跟事件的联系及其动态性，简言之，"事态"是指动词及相关成分构成的事件在随时间展开过程中某一阶段或特定时间所呈现的过程特征。

第二节　文献对"事件结构"的研究及其局限

前文对事件的动态性特征进行了阐述，为了进一步阐明事件随时间展开的过程性特征，并尝试建立事件过程结构模式，有必要就学界对"事件结构"的研究现状做一个初步考察。总的来说，文献对"事件结构"的研究反映了学者们对句法语义接口问题进行探索的努力。不过，严格来说，致力于"事件结构"研究的学者们并没有把"事件"当作一个过程来看待，因此研究的对象基本上还是局限于小句，即对小句的语义从结构上进行分解，并分析其生成机制。下文就文献对"事件结构"的认识和分析做简要评析。

---

① 经典的系统功能语法把过程和事件的关系定义为：过程＝限定成分＋（助词＋）事件。基于过程的六种类型（物质和意识、言语和行为、存在和关系）推出六种类型的事件（物理和心理、言语和行为、存在和关系）。另参考吴国向（2012）的研究。此外，Langacker（1987：254）的 process（过程）大致相当于一般意义的事件。

② 文献里也常见"事态"这一概念，通常指事件在特定时间所呈现的状态或态势，并不特别强调跟事件随时间展开的对应性。值得一提的是，吕叔湘（1980：314－321）在讨论句末"了"的语法意义时所使用的"事态"具有动态变化的意味。

一　事件表征与事件结构

动词所表示的动作不可能凭空产生，都跟一定的事物或实体相联系，换言之，事物或实体跟动词之间存在着天然的联系，没有事物（实体）不运动，也不存在不运动的事物（实体）。事物或实体在实施某一动作或呈现某一状态的过程中所起的作用称作语义角色，如施事（agent）、受事（patient）、客体（theme）、经验者（experience）、受益者（beneficiary）、目标（goal）、来源（source）、处所（location）、工具（instrument），等等。动作及与之相关的语义角色共同表征事件。为了更好地认识动词的语义类，并以此为基础建立语义角色和句法位置之间的规律性联系，Fillmore（1968）提出了"格框架"（case frame），Stowell（1981）提出了"题元栅"（theta-grid）等概念。例如"break"和"hit"两个动词在句法表现上既相似又有不同，前者的题元栅可以表示为"动词：〈施事，工具，物体〉"，后者的题元栅可以表示为"动词：〈施事，工具，处所〉"。针对"格框架"或"题元栅"概念的种种不足，Dowty（1991）、Reinhart（1996，2002）、Van Valin（1990，1993）等在已有研究的基础上进行了深入讨论，分别提出了原型角色理论、宏观角色理论以及特征分析法。尽管如此，类似例（11）这类现象仍然不在讨论的范围之内。

（11）a. Tom is hanging a lamp from the ceiling. （汤姆正往天花板上挂着灯。）

b. A lamp is hanging from the ceiling. （天花板上挂着灯。）

例（11）两个句子的动词形式相同，但例（11b）不可能添加施事。根据"格框架"或"题元栅"概念来分析，例（11）两个句子的动词是否应该看作两个不同的动词？"格框架"或"题元栅"及其分析方法主要是以实体在动作发生时所起的功能即语义角色为基础而提出的。随着研究的深入，近二三十年来，越来越多的学者认为，既然动词是对外部世界所发生事件特点的词汇化或概念化，那么动词的语义便可以分析为动词所关涉事件的结构表征，或称为事件结构（Freed，1979；Van Voorst，1988；Croft，1991，1998；Pustejovsky，1991；Tenny，1994；etc.）。致力于事件结构（event structure）研究的学者认为，动词子语类所反映的论元结构并不是决定动词句法表现的唯一因素，动词的句法表现在很大程度上取决于对动词进行编码的事件结构，主要涉及事件的起始、界化及量度等时间结构特性，最终决定于由动词和名词词组、介词词组等其他句子成分在时间或者空间上的终结性、持续性和同质性等时体特征的相互作用（参看周长银，2010）。

二 事件结构的分析模式

事件结构的研究可以从不同的角度进行，于是形成了各种不同的分析模式，主要有词汇分解、时体、时间、处所、空间、使因等分析模式（另参看沈圆，2007：42 - 62；周长银，2010）。

（一）词汇分解模式

词汇分解模式（McCawley，1968；Pustejovsky，1991；Rappaport & Levin，1998）主要针对像"Bob killed the rat"这样内部语义较为复杂的事件，认为复杂事件是具有内部结构的，通常可以分解成一个外部事件和一个内部事件，前者一般跟致使和施事性有关，后者通常跟终结性和状态改变相联系。"Bob killed the rat"可以分解为例（12）这样的逻辑结构形式。

（12）［［Bob DID something］CAUSE［BECOME¬［the rat is alive］］］

词汇分解模式并不关注动词本身在随时间展开过程中因动态变化所造成的语义差异。

（二）时体分析模式

时体分析模式一般被认为是从 Vendler（1957）对动词意义的时

间结构特性进行系统研究开始的。他根据终结性、持续性和同质性等时间结构特征将动词分为四类，即状态、活动、完成和达成。Vendler 对动词类型的划分受到后来学者的广泛关注，他提出的四种动词类型所构成的事件也被称为四种事件类型。在此基础上，后来的学者将动词的时体特征跟动词论元的实现联系起来，从不同角度做了大量的研究。例如，Roberts（1987）认为表示"完成"的及物动词可以用于中动结构，不表示"完成"的及物动词则不可以。后来 Fagan（1992）认为中动结构还允许表示"活动"的动词作谓语，如"The pen writes smoothly"。Van Hout（1996）提出，很多论元结构的转换实际是时体的重新分类，如"Henry loaded the hay on the truck"和"Henry loaded the truck with hay"中处所的转换反映了句子对表示"终结性"的论元可以有不同的选择。Tenny（1994）把一个论元参与时体结构的三种方式定义为量度、终结和路径三种时体角色。在Tenny 看来，在语义论元向句法位置的映射过程中，时体特征是唯一起决定作用的因素，直接论元是唯一能够量度动词所指事件的论元，间接论元虽然也可以通过为事件提供终点的方式参与到事件中起界定事件的作用，但并不量度事件，路径则可以是隐含论元，也可以是内论元，对事件而言，外论元并不具备量度或者界化功能。

（三）时间分析模式

时间分析模式（参考 Freed，1979）将事件结构置于时间轴上，考察事件从起始到持续，最后到终结的进程。Freed（1979：30）把事件分成几个在时间轴上按顺序排列的片段，包括起始、核心和结尾，如图 1 - 2 所示。

起始　　　　核心　　　　结尾
+ …… + ……: ……: …… + …… +

图 1 - 2　事件结构的时间模式

这种将事件结构分析为单纯的时间片段的模式符合人们认知事件展开的时间顺序，例如"Harry begins to write an essay"表达一个相关事件的起始片段，"Harry is writing an essay"表达一个相关事件的核心活动，"Harry finishes writing the essay"表达一个相关事件的结尾片段。

（四）处所分析模式

处所分析模式（Jackendoff，1983，1990）的基本假设是，所有动词都可以看作是关于运动或处所的动词，相应地，事件则可以分为关于运动的事件（如"He walked to school"）和关于处所的事件（如"The pen is on the table"）两大类。"运动"事件的参与者是事物和事物运动的路径，"处所"事件的参与者则是事物和处所。描述处所事件的动词又可以分为两类：一类具有状态特征，如 be 或表状态的动词；另一类具有动态特征，如 remain、keep、stay 等。有些致使事件可以认为是运动动词和两类处所动词所表事件相互套叠的结果，例如"Levin lowered the bag from the table to the ground"这个句子可以被认为是嵌套了一个如"the bag fell from the table to the ground"这样的运动事件。Jackendoff（1990）据此认为，致使事件通常含有两层结构：一层是活动层结构（action tier），主要表达类似"行为者—受事"的语义关系；另一层是主题层结构（thematic tier），主要从"运动"或"处所"方面提供事件的相关信息。

（五）空间分析模式

空间分析模式从空间角度对事件结构进行分析，认为事件是以标志其起始和终结的客体来定义的。Van Voorst（1988：10 - 28）把事件结构表示为空间意义上的一条线段，线段两端分别是表达事件起始和终结的两个客体，句法上分别由主语和直接宾语表示，如图 1 - 3 所示。

图 1 - 3 事件结构的空间模式

活动事件因为缺乏内在的终结点，其事件结构也就缺少终结客体；完结事件总是有终结客体，其中及物性完结事件同时还可以有起始客体，而不及物性完结事件则跟不及物的达成事件一样通常没有起始客体。

（六）使因分析模式

使因分析模式（Croft，1991，1994，1998）认为事件都可以分析为使因链（causal chains）。使因链由一系列环节（segment）组成，每个环节联系事件的两个参与者，参与者可以同时在多个环节中扮演角色。例如，"Jack broke the vase"表达的事件便是一个包含了三个环节的使因链：杰克作用于花瓶→花瓶改变状态→花瓶处于破碎状态，可以图 1 - 4 来表示。

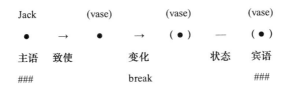

图 1 - 4　事件结构的使因链模式

其中，"●"表示参与者，"（●）"表示前面环节中已经出现过的参与者，"→"表示力量传输方向，"—"表示非致使关系或状态。使因分析模式用"截取"（profile）这一概念来说明动词可以跟不同的句法形态相联系，图式中的"＃"表示"截取"环节的起点和终点。例如"Jack broke the vase"截取的是使因链的全部环节，而"the vase broke"仅截取了上述使因链中的最后两个环节。

上文对事件结构分析模式的介绍是简单而粗略的，应该说各种模式的研究都有学者在不断进行着更加深入的探索，因此也在不断地取得新的进展。

从上文对六种分析模式的简单梳理中，我们体会到事件结构是一个复杂的系统，涉及的问题众多，不同的模式也只是在某一侧面对事件结构进行剖析而已。总的来说，上述各种模式虽然讨论的角度不同，但目的都是为了揭示动词的语义特性跟参与者角色或语义角色的共现问题，其理论假设都是基于论元实现的语义因素跟动词语义之间的派生关系。其中，词汇分解模式、处所分析模式和空间分析模式主要从动词的动作性语义特征出发考察与之相关的论元的共现问题，动作的过程性特征对论元共现的影响没有受到重视。而时体分析模式、时间分析模式和使因分析模式虽然不同程度地注意到事件本身具有过程性，但对动词的过程特征也没有给予足够的重视。

第三节　事件过程结构及其语言表达式

由于"事件结构"的各种分析模式关注得较多的是事件的某一个阶段，分析的对象通常为具体的小句，在一定程度上忽视了事件和动词的过程特征，类似第一节列举的很多跟过程相关的语言现象当然不可能寄希望于"事件结构"的分析获得系统解释。我们认为，既然事件和动词都具有过程特征，而很多语言表达式又直接跟过程相关联，因此有必要对"事件结构"注入"过程"元素，提出"事件过程结构"这一概念。更为重要的是，"事件过程"观有其哲学基础，而跟过程相关的语言表达式也只有在"事件过程结构"的基础上才能得到合理的解释。

一　过程哲学观中的"事件过程结构"

我们认为，在动词与事件及其关系问题上，Givón（1984：52）提出的随时间而变化是被词汇化为动词的活动或事件的基本属性，以及 Langacker（1987：244）"动词是其语义极指明过程的符号表达式"的"变化"（change）和"过程"（process）的观点对研究事件结构仍有借鉴价值。而上文对事件结构的时体分析模式、时间分析模式和使因分析模式或多或少已经注意到了过程的因素，只是这些模式过于拘泥于某一种特定的类型，而且其主要目的是揭示论元共现的条件限制，因此未能概括出一个具有普遍意义的过程结构模式。

前文第一节我们在联系过程哲学相关认识的基础上对"事件"

提出了新的定义，该定义强调事件的过程性。其实，过程哲学把事件当作过程的观点在语言学界和逻辑学界也曾引起过讨论。吕叔湘（［1942］1990：56）在谈到动作和状态之间的关系时认为，"动作和状态是两回事，但不是渺不相关的两回事，事实上是息息相通的"，"动作完成就变成状态。因此凡是叙事句的动词有'已成'的意味的，都兼有表态的性质"。比如被动句"兵破于陈涉，地夺于刘氏"描述两个动态事件，如果省略"于陈涉""于刘氏"，只剩下"兵破""地夺"就成了表态句，"破"是"兵"的状态，"夺"是"地"的状态。逻辑学家和哲学家 von Wright（1963：17–34）也曾对类似现象展开过讨论。他认为，有一种主要的事件类型可以看作是两种事态的有序配对，其顺序关系是在时间连续过程中的两种情状之间的前后关系。事件本身则是由前一种情状的事态向后一种情状的事态的变化（change）或转变（transition）。前一种事态叫做起始事态（initial state），后一种事态叫做终结事态（end-state）。例如，"开窗"这一事件包括由"窗户关着"事态到"窗户开着"事态的变化或转变。因此，事件也可以叫做一种事态到另一事态的转换（transformation）或事态转换（state-transformation）。

相较而言，von Wright 对事件的事态转换观念注意到了事件活动阶段的起始和终结事态的转化关系，对起始和终结之间可能的持续事态有所忽略；而吕叔湘的"动作完成就变成状态"虽然注意到了事件的活动阶段和状态阶段的过递关系，但对事件活动阶段的事态转换缺乏讨论。综合 von Wright 和吕叔湘的观点，并联系前文事件结构"时体""时间"和"使因"等分析模式，我们可以将事件的过程结构简单表示为图1–5所示模式。

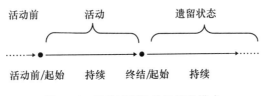

图1–5 事件过程结构的简略模式

图1-5中，"……"表示事件的变化是从一种事态到另一事态，再从另一事态到又一事态的循环反复以至无穷的变化过程，"—"表示通常能进入认知视域的变化过程，"→"表示事件变化过程的发展方向，"●"表示阶段与阶段之间的临界点。所以，一个完整事件的过程结构（简称"事件过程结构"）应该包括三个阶段（活动前阶段、活动阶段和遗留状态阶段）和六种事态（活动前、活动起始、活动持续、活动终结、遗留状态起始和遗留状态持续）。

二 事件过程结构的语言表达式

图1-5所示的事件过程结构模式所呈现的不同事态有对应的语言表达式，以汉语"贴"及其相关论元构成的事件为例：

> （13）a. *彤彤打算/将要在墙上贴广告。*
>
> b. *彤彤开始在墙上贴广告了。*
>
> c. *彤彤在墙上贴着广告。*
>
> d. *彤彤在墙上贴了广告。*
>
> e. *彤彤在墙上贴过广告。*
>
> f. *墙上贴了广告。*
>
> g. *墙上贴着广告。*
>
> h. *墙上贴过广告。*

例（13）各例共同描述动词"贴"及相关论元所构成事件随时间展开的全过程。例（13a）描述活动前事态，"贴"的动作未展开，不可以跟时体助词共现。例（13b）至例（13e）描述活动阶段，其中例（13b）描述活动起始事态，例（13c）描述活动持续事态，例（13d）描述活动终结事态，例（13e）描述活动从起始到终结的经历事态。例（13f）至例（13h）描述遗留状态阶段，其中例（13f）描述遗留状态起始事态，例（13g）描述遗留状态持续事态，例（13h）描述遗留状态从起始到因某种原因而终结的经历事态。不同事态表达式有可能因为语用因素存在变体形式，此处不再赘述。

有两点值得一提。其一，例（13a）至例（13e）描述活动前和活动阶段，作为前景信息充当主语的施事"彤彤"不能被省略；例（13f）至例（13h）描述遗留状态阶段，活动既已终结，施事理当退隐，同时处所词语"墙上"作为遗留状态系属的对象随之由背景信息变为前景信息充当主语。其二，例（13d）和例（13f）的"了"句法环境一致，都是完成体标记，但前者标示活动终结事态，后者标示遗留状态起始事态；例（13c）和例（13g）的"着"句法环境一致，都是持续体标记，但前者标示活动持续事态，后者标示遗留状态持续事态；例（13e）和例（13h）的"过"句法环境一致，都是经历体标记，但前者标示活动经历事态，后者标示遗留状态经历事态。前文所述各例也可以做类似分析。可见，在传统体范畴之下建立事态范畴，有助于解释不同体貌形式或标记的交替使用所反映的动作随时间展开的事态相继或过递关系（本书第二章将做详细讨论）。

此外，基于图 1-5 所示的事件过程结构模式，一些跟过程相关的语言现象可以得到便捷的说明。例如：

（14）a. 墙上贴了广告。　　a′. 广告贴墙上了。
　　　b. 墙上贴着广告。　　b′. *广告贴墙上着。
　　　c. 墙上贴过广告。　　c′. *广告贴墙上过。

例（14a）可以有例（14a′）的变换式，原因在于，例（14a）和例（14a′）都描述图 1-5 中的遗留状态起始事态。例（14a′）"墙上"置于动词后，表示动作导致的结果状态，即图 1-5 中所示的遗留状态起始事态，其语义跟句尾"了"肯定事态出现了变化或遗留状态起始事态标记功能相容。例（14b）不存在例（14b′）的变换式，因为例（14b）描述图 1-5 中的遗留状态持续事态，而例（14b′）动词后"墙上"的结果状态特征跟"着"应标示的遗留状态持续事态不相容。例（14c）也不存在例（14c′）的变换式，因为例（14c）描述图 1-5 中自遗留状态起始事态至遗留状态持续事态，再因为某种原因致使遗留状态终结成为经历事态，而例（14c′）动词后

"墙上"的结果状态特征跟"过"应标示的遗留状态经历事态不相容。类似现象人类语言有共性，如前文例（6）和例（8）的英语例子可以在事件动态过程观的基础上得到解释：

(15) a. The car was broken by Harry.

　　　 b. The car was broken for quite a long time.

　　　 c. ? The car was broken by Harry for quite a long time.

例（15a）和例（15b）的 was broken 虽然形式相同，就时体特征而言都可以认为是完整体，但它们的过程特征有差别，例（15c）则让人感觉怪异。例（15a）有施事 Harry 在场，broken 具动态特征，整个句子描述如图 1 - 5 中所示的活动终结事态；例（15b）的 broken 描述活动终结后的遗留状态，具静态特征，既然动作已经成为过去，施事需要退隐，整个句子描述如图 1 - 5 中所示的遗留状态持续事态；例（15c）让人感觉怪异的原因在于 broken 不可能同时既是动态的又是静态的，整个句子不可能同时既描述活动终结事态又描述遗留状态持续事态。

三　跟事件过程结构相关的研究领域

基于图 1 - 5 所示的事件过程结构模式，一些随时间而变化的相关句法语义问题可以得到一致和充分的讨论，举要如下。

1. 一些动词，如"摆""挂""贴"等兼有较强的动态、静态和持续特征，可以描述事件过程结构模式中所有的过程阶段或事态。但是，语言中大量的动词并不兼有动态、静态和持续特征，只能描述事件过程结构模式的某一种或某几种事态。例如："开始""出发"只有活动起始特征，只能描述活动起始事态；"结束""失败"只有活动终结特征，只能描述活动终结事态；"劳动""修理""讨论"有动态和持续特征但不具静态特征，可以描述活动阶段的活动起始、持续和终结事态，但不可以描述遗留状态；"端坐""耸立""悬挂"等只有静态持续特征而不具有动态特征，可以描述遗留状态持续事态，但不可以描述活动阶段的相关事态，等等。因此，基于该模式，我们可以建立动词事态结构的类型系统。

2. 该模式充分注意到了事件展开的过程阶段性，基于此，我们可以讨论事件过程结构跟动词时体的互动关系。目前的时体研究基本上是在 Smith（1991）等"情状体"（situation aspect）和"视点体"（viewpoint aspect）的思路上展开，将事件过程结构和动词过程特征同时纳入时体研究的范围，下述一些目前尚未充分讨论的问题可以引入讨论的范围。

（1）动词的过程特征类型跟时体形态或时体助词的选择限制，例如：汉语"了"语法意义的复杂性是怎样形成的？哪些动词能跟"过"共现，哪些不能？哪些动词能跟"着"共现，哪些不能？类似问题的讨论在跨语言研究中有无类型学意义？

（2）可以深入讨论事件过程结构跟时体形态或时体助词的种种交叉或重叠现象，例如："张三在墙上挂了一幅画"和"墙上挂了一幅画"中"挂"的过程特征和"了"的语法意义是否一致？"李四在墙上贴着广告"和"墙上贴着广告"描述的过程是否相同？类似现象在跨语言的讨论中有无类型学意义？

（3）一些跟时间相关的概念，如"起点"与"终点"、"连续"与"间断"、"动态"与"静态"、"接续"与"过递"等，可以通过该模式得到进一步的认识。

3. 事件的发展随时间而展开，事件跟时间有天然联系。基于这一模式，可以讨论动词的过程特征及其事态时间量度在句法语义上的约束限制。

4. 可以讨论事件过程阶段对动词论元的隐现制约，以及不同类型语言表达式的个性差异及其语法特征。配价理论或题元理论从静态的角度，主要关注动词和名词之间复杂的组配关系。其实，从动态的角度看，事件展开的不同阶段或事态对相关论元的隐现具有制约作用。

本章的讨论说明，语言学家已经注意到，事件的基本特征是随时间而变化，在概念空间里体现为相对的时间关系（Givón，1984：52；

Langacker，1987：244；Frawley，1992：144）。但这一思想并没有在研究动词或者动词性结构中得到很好的贯彻。按照过程哲学的观点，事件天然地蕴含着时间，因此事件就是一个过程而不是一个静止的画面（Whitehead，1929，1978；闫顺利，1996；高云球，2006）。在充分汲取前人研究成果的基础上，我们将语言学意义的"事件"定义为：事物或实体随动词表示的动作或关系的变化而从一种事态变为另一事态，再从另一事态变为又一事态直至该事物或实体发生本质改变的过程。这一定义强调过程和变化，换言之，事件跟动词之间的种种关系应该在其动态的、发展的过程中才有可能得到充分揭示。

目前，学界对"事件"这一概念的认识并不统一，而将实际言语中的语句表达的内容都当作"事件"不能发挥"事件"这一概念在语言研究中的作用。基于过程哲学动态过程的观念，将事件看作是一个过程并建立事件过程结构模式是对事件结构理论的有益补充，将事件结构的研究置于事件过程结构之上，有助于解释各类动词过程特征的句法语义差异，以及时体范畴的某些重叠或过递关系，也有助于考察不同过程阶段的事件结构或事态结构的论元配置和各种修饰成分的分布情况。

需要指明的是，建立事件过程结构模式并不是要以此取代传统意义的事件结构的研究，事实上，二者具有互补性。我们认为二者的共同点都是基于事件的研究，只是其侧重点或研究的角度不同。对事件过程结构的研究侧重于事件随时间展开的不同事态语言表达式的变化，而对事件结构的研究侧重于事件过程某一阶段或某一事态语言表达式的语义结构分析，并探索其构造机制。因此，事件结构与事件过程结构研究的合力有助于全方位多角度揭示事件及其语言表达式之间的对应关系。

第二章　事件过程结构的理想模式及其动态特征[*]

　　第一章在讨论学界对"事件"不同认识的基础上，结合过程哲学的相关理论，我们对"事件"提出了新的定义，在此基础上初步建立了一个事件过程结构的简略模式。

　　本章将在简略模式的基础上对事件过程结构的理想模式进行详细讨论，揭示出一个理想的完整事件的过程结构，应该包括活动前、活动起始、活动持续、活动终结、遗留状态起始和遗留状态持续六种事态。以此为基础，本章进而探讨事件随时间依序展开所体现出来的时空性、动态性、次序性、周期性、接续性和过递性等动态特征，以及时体形态或时体标记"了""着""过"在事件过程结构相应表达式中的事态标示功能。本章以"摆"类附着动词构成的附着事件为典型展开讨论。

第一节　"摆"类附着事件及相关问题

　　不少文献涉及一类兼具动态和静态的动词（李临定，1985；刘宁生，1985a，1985b；任鹰，2000；税昌锡，2008；田臻，2009，等等），这类动词通常具有"附着"特征，可称为"附着动词"。由附

---

　　[*] 本章主要内容以"事件过程结构及其动态特征"为题发表于《语言学论丛》第四十九辑（商务印书馆 2014 年 6 月版）。编入本书时略有修改和增补。

着动词构成的事件可称为"附着事件"。具体而言，附着事件就是某一动作致使某一实体附着于某一处所的活动过程，其要素包括附着活动的施事、附着实体、附着处所及附着行为四个方面。其中附着行为是核心，由附着动词体现。附着动词根据其"动态"和"静态"（即动作结束后的遗留状态）特征的强弱或有无可大致分为三类。

其一，动词只有动态特征，不具有静态特征，不能描述动作结束后的遗留状态，如"按（手印）""缝（扣子）""喷（油漆）"等。以"按"为例，可以说"开始在合同书上按手印""正在合同书上按着手印""合同书上按了手印"，但一般不说"合同书上按着手印""手印在合同书上按着"。

其二，动词的动态特征较弱，不能描述动作展开的活动持续过程，而主要描述动作结束后的遗留状态，如"背""端""搁""捏""握""保存""寄存"等。以"背"为例，一般不说"开始在背上背大箩筐""正在背上背着大箩筐"，但可以说"背上背了个大箩筐""背上背着个大箩筐"。

其三，动词兼有较强的动态特征和静态特征，既可以描述活动持续过程也可以描述遗留状态，如"摆""别（校徽）""插""缠""盛""垫""叠""钉""堆""盖""挂""裹""糊""画""刻""埋""铺""拴""填""贴""涂""写""压""载""粘""装"等。

第三类附着动词较为典型，可以描述一个完整事件的三个阶段六种事态（下文将做详细讨论），统称为"摆"类。以"摆"类动词作谓语中心语，可以构成不同过程或阶段特征的事件表达式。例如：

（1）a. 彤彤打算在讲台上摆花篮。

　　　b. 彤彤开始在讲台上摆花篮了。

　　　c. 彤彤在讲台上摆着花篮。

　　　d. 彤彤在讲台上摆了花篮。

　　　e. 彤彤在讲台上摆过花篮。

　　　f. 讲台上摆了花篮。

g. 讲台上摆着花篮。

h. 讲台上摆过花篮。

例（1）中各例描述以动词"摆"构成的事件在时间轴上从动作没有发生，到进入活动展开阶段，到最终进入活动终结后的遗留状态阶段的全过程。例（1a）的"摆"是计划中的行为，并未在时间轴上展开①，不具有过程特征，因此不能与"了""着"和"过"等时体助词共现；例（1b）至例（1h）描述事件随时间展开的不同事态，"摆"具有过程特征，因此都可以跟相应的时体助词共现。

仔细分辨，例（1）反映的如下问题值得详细讨论。

第一，例（1a）至例（1e）的施事"彤彤"除非有特定语境，通常不能省略，若略去则句意不全；与之相反，例（1f）至例（1h）的施事不能出现，若出现则有累赘之嫌。与之相关，处所词语"讲台"在例（1a）至例（1e）中构成介词短语充当状语，在例（1f）至例（1h）中却构成方位短语充当主语。是什么原因导致了这些差别？

第二，同样跟"了"共现，例（1b）、例（1d）和例（1f）中"摆"的语义是否完全一致？同样跟"着"共现，例（1c）和例（1g）中"摆"的语义是否完全一致？同样跟"过"共现，例（1e）和例（1h）中"摆"的语义是否完全一致？

第三，根据郭锐（1993）的研究，"摆"是典型的双限结构动词，有起点、终点和续段。但仅仅根据"摆"的起点、终点和续段特征无法有效解释其跟"了""着""过"共现所产生的上述种种交叉或重叠现象，原因何在？

第四，按照传统观点，例（1d）和例（1f）的"了"句法环境相同，都是所谓的"了₁"，但其语法意义并非完全一致，是什么原因导致了这种差异？

---

① 事件是否处于展开过程中，与事件实际发生与否无必然联系。有的事件可被说话人设定在将来展开，如"我理了发就去散步""快要下雨了""马上要开动员大会了"（引自赵世开、沈家煊，1984）。

下文基于过程哲学的相关理论，并在前人研究的基础上，尝试从事件过程结构出发，探讨事件过程结构跟动词过程特征之间的互动关系，并对上述问题做详细讨论。

第二节　事件过程结构的理想模式

一　"事件"和"事态"

第一章在过程哲学观相关认识的基础上，我们把"事件"（event）定义为：事物或实体随动词①表示的动作或关系的变化而从一种事态变为另一事态（state of event），再从另一事态变为又一事态直至该事物或实体发生本质改变的过程。该定义中的"事件"强调过程，而不仅仅是一个静止的画面，"事物或实体发生本质改变"亦即随时间展开过程中的事件其内部变化并非永无休止，而是呈现出一个从量变到质变的转化过程。比如"吃"和"苹果"构成的事件，有一个从活动开始（开始吃苹果）到活动持续（吃着苹果）直至活动终结（吃完了苹果）导致苹果消失（苹果被吃了）的事态转化过程，从活动开始到活动终结后相应状态的产生，事件随之发生了本质改变。

"事态"这一概念在语言学界同样缺乏统一的界定。Vendler（1957）和 Smith（1991：29 - 45）等把句子的情状类型（situation type）分为状态（state）和事件（event）两大类，Dik（1997：221）的"事态"（state of affair）其含义大致与 Vendler 和 Smith 的"情状"相当，他的"事态类型"（the type of state of affairs）把事态区分为情景、过程和行动三大类。上述学者的研究对学界有广泛的影响，换言之，学界一般把"情状"或"事态"作为事件和状态的统称。但是，如同第一章所指出的，传统意义的"事件"并不强调其动态过程特

---

① 涉及动作或变化的词除动词外，还包括部分动态化的形容词（动形兼类词）如"红了樱桃""绿了芭蕉"中的"红"和"绿"、部分名词如"都大学生了"的"大学生"，以及动词短语如"吃饱""喝足""装糊涂"等。为行文简洁，我们以"动词"总称。

征，而"状态"则通常被看作跟"事件"地位对等的概念，因此上述学者所谓的"情状"或"事态"通常指各种类别的动词及其主要论元的组合所体现的瞬时、持续、起始、结束等过程或阶段。不过也有学者如逻辑学家和哲学家 von Wright（1963：17-34）将"事态"（state of event）看作事件展开过程中的内部状态。他认为，有一种主要的事件类型可以看作是两种事态的有序配对，体现为在时间连续过程中的两种情状之间的前后顺序关系。事件本身则是由前一种情状的事态向后一种情状的事态的变化（change）或转变（transition）。前一种事态叫做起始事态（initial state），后一种事态叫做终结事态（end-state）。例如"开窗"这一事件包括由"窗户关着"事态到"窗户开着"事态的变化或转变。因此，事件也可以叫做一种事态到另一事态的转换（transformation）或事态转换（state-transformation）（von Wright，1963：27-28）。

鉴于本书强调"事件"随时间展开的动态过程属性，为了跟"事件"相对应，我们吸取 von Wright 对"事态"的认识，并借用"事态"这一概念来说明动词及相关成分构成的事件在随时间展开过程中所呈现的内在过程特征。换言之，"事件"体现为一个完整过程，而"事态"描述一个事件的内部状态。因此，例（1）描述了"摆"及相关论元构成的完整事件，其中各例描述的是该事件随时间展开过程中所呈现的相应事态。

学界通常把 Comrie（1976：3）对"时体"下的定义，即时体是"对情状的内部时间构成进行观察的不同方式"，看作时体范畴研究的经典定义，并把他建立的时体系统看作经典体系（陈前瑞，2008：15-16）。从"时体"的角度看，"事态"可以认为是传统"时体"范畴之下的次范畴，也可以归为广义的时体范畴，只是前者着眼于动词构成的事件随时间展开的过程性，后者着眼于对情状的内部时间构成进行观察的方式。"事态"这一概念易于说明类似例（1）中"彤彤在讲台上摆了花篮""讲台上摆了花篮"中"摆了"的差异，即"了"虽然可以看成是完整体标记，但其时体义具有"完结""起始"两面性（第五章将做详细讨论），前者表示活动终结事态，后者表示遗留状态起始事态。又如例（1）中"彤彤在讲台上摆着花篮"
"讲台上摆着花篮"中的"摆着"，虽然都是"未完整体"，但前者
表示活动持续事态，后者表示活动终结后的遗留状态持续事态。

二　事件过程结构的理想模式

目前，从事句法语义接口问题研究的学者对事件结构的研究通常
以言语中的语句或场景所表达的内容为基础。相关研究可以从不同的
角度进行，于是形成了各种不同的分析模式，主要有词汇分解、时
体、时间、处所、空间、使因等分析模式（参看第一章第二节的介
绍）。认知语言学家 Langacker（1991，2002）、Talmy（1985，1988）、
Lakoff（1987）、Dirven 和 Verspoor（1998），以及计算机科学家
Schank 和 Abelson（1995，1977）等则为解释概念结构的形成和句法
构造的基础分别构拟了弹子球模型、舞台模型、力量动态模型、形式
空间化假设、事件图式以及脚本理论等。但总体而言，上述学者对事
件的认识基本不涉及在时间线条上的动态性质，因此前文例（1）所
反映的系列问题并不能在上述种种分析模式的基础上得到有效阐释。
Panther 和 Thornberg（1999）从言语行为角度虽然涉及了动态性事
件，但并不讨论事件的动态发展跟动词过程特征互动在语言表达式上
的体现。

在第一章的讨论中，我们在联系过程哲学相关认识的基础上对
"事件"提出了新的定义，并强调事件的过程属性。其实，过程哲学
把事件当作过程的观点在语言学界也一直有相关的讨论。吕叔湘
（［1942］1990：56）在谈到动作和状态之间的关系时认为，"动作和
状态是两回事，但不是渺不相关的两回事，事实上是息息相通的"，
"动作完成就变成状态。因此凡是叙事句的动词有'已成'的意味
的，都兼有表态的性质"。郭锐（1993）把动词语义的动态属性置于
显著位置，指出前人对情状类型的研究忽略了动词过程结构的类型，
并根据由动词所表动作或状态的内部过程可能有的起点、终点和续段
三要素及其强弱差异，将汉语动词的过程结构分为无限结构、前限结
构、双限结构、后限结构和点结构五大类十小类。郭锐的分类系统注

意到了动词语义结构中的时间因素，具体分析重视跟表示时间过程意义的时体助词的分布特征相结合，因此对动词时间结构的把握比起以往的情状类型来更具有可操作性。Dik（1997：223-224）的阶段体（phasal aspectuality）把事件发展的内部阶段分为开始、持续和结束等，包括起始体（ingressive aspect）、进行体（progressive aspect）、继续体（continuous aspect）和终止体（egressive aspect）。崔希亮（2003）认为，在通常认为的事件过程的三个连续阶段（即开始、持续和完成）的基础上，还可以加上开始前和完成后两个阶段，一起构成一个五阶段的序列。可以看出，郭锐（1993）和 Dik（1997）对活动终结后所导致的情状有所忽略，而吕叔湘（［1942］1990：56）和崔希亮（2003）虽然注意到了活动终结后的情状，但并没有阐明活动终结后的情状也存在一个随时间展开的有起点、有续断的过程。因此，例（1）所反映的种种问题并不能在上述学者提出的各种体系里得到便捷的说明。

　　例（1）所反映的问题表明，某些动词的过程特征所体现的时间属性除涉及活动阶段外，还延至活动结束后的遗留状态阶段，因此对动词过程结构的考察还需要考虑活动结束后的遗留状态问题。综合前人对动词过程结构的研究，并结合我们对"事件"和"事态"的认识，一个完整事件的过程结构可以描述为图 2-1 所示的模式（参看税昌锡，2008，2011，2012）①。

→ 活动前●活动起始 → 活动持续 → 活动终结●遗留状态起始 → 遗留状态持续 →

图 2-1·事件过程结构模式

　　为方便叙述，我们结合第一章图 1-5 事件过程结构的简略模式，把图 2-1 模式转化为图 2-2 所示的理想模式。

---

　　① 事物的变化往往从一种状态变成另一状态，再从另一状态变成又一状态，如此循环反复以至无穷。本章的讨论实际涉及人们认知视域中的一个变化周期。

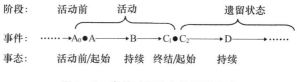

图 2－2 事件过程结构的理想模式

图 2－2 中，"……"表示事物运动循环反复以至无穷的变化特征，"—"表示通常能进入认知视域的一个典型事件的完整变化过程，"→"表示事件变化过程的发展方向，"●"表示阶段与阶段之间的临界点。如图 2－2 所示，一个完整事件的过程结构可以分解为三个阶段六种事态。A_0 表示事件的活动前阶段或活动前事态；A 经 B 到 C_1 反映事件的活动阶段，依次经历活动起始、活动持续和活动终结三种事态；C_1 和 C_2 反映事件从活动阶段进入遗留状态阶段的临界状态；C_2 至 D 反映事件完成后的遗留状态阶段，依次经历遗留状态起始和遗留状态持续两种事态。其中，B 和 D 表示的活动持续和遗留状态持续呈现的是一种均匀的、没有变化的态势。

在图 2－2 所示的事件过程结构中，事件、阶段和事态三个概念分别具有不同的内涵。"事件"涉及一个完整的变化过程；"事态"是事件展开过程中呈现的内部状态；"阶段"反映事件在展开过程中某些事态具有相同或相异的过程特征。例如，活动前阶段因为动作没有发生，不具有过程性，不可以跟时体助词"了""着"和"过"共现，活动阶段无论呈现的是起始事态、持续事态还是终结事态，都具有动态特征，遗留状态阶段无论呈现的是起始事态还是持续事态，都具有静态特征。建立过程阶段这一概念有助于探讨不同阶段中事态的过程特征差异。

根据上文的讨论，例（1）可以根据图 2－2 重新编序为：

（2）A_0. *彤彤打算在讲台上摆花篮。*

    A. *彤彤在讲台上摆花篮了。*

    B. *彤彤在讲台上摆着花篮。*

    C_1. *彤彤在讲台上摆了花篮。*

（e. 彤彤在讲台上摆过花篮。）

C₂. 讲台上摆了花篮。

D. 讲台上摆着花篮。

（h. 讲台上摆过花篮。）

对比例（1）和例（2）发现，例（1a）描述图2-2的活动前阶段或活动前事态，例（1b）至例（1d）和例（1f）至例（1g）分别跟图2-2的活动阶段（包括活动起始、持续和终结事态）和遗留状态阶段（包括遗留状态起始和遗留状态持续事态）存在如例（2）以事件过程编序的对应关系。

有两点需要说明。其一，如果将例（1）或例（2）描述事件不同事态的表达式看作常式，在一定的语用环境下，某些常式也可能存在变体形式。如例（2A₀）可以说成"彤彤打算把花篮摆在讲台上"，例（2C₁）可以说成"彤彤把花篮摆在了讲台上""彤彤把花篮摆讲台上了""花篮被彤彤摆在了讲台上""花篮被彤彤摆讲台上了"，例（2C₂）可以说成"花篮摆（在）讲台上了"，例（2D）也可以说成"花篮在讲台上摆着"。语用因素对表达式结构的影响本章暂不讨论。

其二，本章主要讨论以单动词或动结式构成的简单事件。事实上，某些句子也可能由多个动词共同描述一个复合事件，例如：

（3）a. 他去商店买了点东西。

　　b. 他去了一趟商店买了点东西。

例（3a）的"去商店"的过程特征没有实现，可以认为是"买了点东西"这一事件发生的伴随方式，整个句子描述的仍然是一个简单事件；例（3b）的"去了一趟商店"和"买了点东西"都实现为活动终结事态，整个句子可以认为描述的是一个复合事件。为了使论题集中，复合事件的相关问题本章也暂不讨论。

三　"了""着""过"在事件过程结构中的分布

对比例（1）和例（2）还发现，例（1e）和例（1h）由体貌助词"过"构成的句子在图 2－2 中没有对应的事态。究其原因，"过"
原为动词，表示从甲处到乙处的过程，虚化后表示行为成为过去或某
种经历（王力，1980：309－310）。根据王力先生的观点，我们认为
例（1e）的"过"表示从活动起始（图 2－2 的 A）到活动终结
（图 2－2 的 C_1）的活动阶段成为过去，记为"过$_1$"，例（1h）的
"过"表示从遗留状态起始（图 2－2 的 C_2）到因为某种原因致使遗
留状态终结的遗留状态阶段成为过去，记为"过$_2$"。换言之，"过"
表示事件过程的某一阶段成为过去，是通常认为的汉语体貌系统中的
经历体标记，但在具体的语句中，"过"既可以表示活动阶段成为过
去，变为活动经历事态，也可以表示遗留状态阶段成为过去，变为遗
留状态经历事态。不仅仅是"过"，例（2A）至例（2C_1）和（2C_2）
至例（2D）中"了"和"着"的功能本质上也是标示事件随时间展
开过程中的不同事态的。例（2A）的"了"标示活动起始事态，记
为"了$_1$"，例（2C_1）的"了"标示活动终结事态，记为"了$_2$"，例
（2C_2）的"了"标示遗留状态起始事态，记为"了$_3$"，换言之，汉
语的完整体标记"了"具体可以标示活动起始、活动终结和遗留状
态起始三种事态。例（2B）的"着"标示活动持续事态，记为
"着$_1$"，例（2D）的"着"标示遗留状态持续事态，记为"着$_2$"，
换言之，"着"是汉语的持续体标记，具体可以标示活动持续和遗留
状态持续两种事态。这样，"了""着""过"在事件过程结构中的
分布可以表示为图 2－3。

$$\to A_0 \bullet A\ (了_1) \to B\ (着_1) \to C_1\ (了_2) \bullet C_2\ (了_3) \to D\ (着_2) \to$$

$$\underbrace{\qquad\qquad\qquad}_{\text{过}_1} \qquad \underbrace{\qquad\qquad\qquad}_{\text{过}_2}$$

图 2－3　"了""着""过"在事件过程结构理想模式中的分布

　　研究汉语时体的文献也注意到"了""着""过"的时体意义有
变体的存在，如"了"既可以表示"开始态"也可以表示"完了
态"（太田辰夫，［1958］1987：208－210），"着"既可以表示状态

持续也可以表示动作进行（李临定，1985；刘宁生，1985a，1985b）。这些变体意义的来源在图 2－3 中显得更加清晰明确。

第三节　事件过程结构的动态特征

事物的变化往往从一种状态变成另一状态，再从另一状态变成又一状态，如此循环反复以至无穷。如图 2－2 和图 2－3 所示，本章的讨论实际涉及人们认知视域中的一个变化周期。"了""着""过"本质上是标示事件随时间展开过程中所处的事态，它们彼此分工，互为补充，一起描述事件展开的全过程。同时，不同阶段的"了""着"和"过"存在着某种交叉或重叠现象，由此造成本章第一节所列举的种种复杂现象。

上述情况反映了事件在时间轴上的展开过程本质上是动态的，其动态特征可以概括为"时空性""动态性""次序性""周期性""接续性"和"过递性"。时空性和动态性反映事件随时间展开的本质属性，这是因为：一方面，时间和空间是事物存在的条件；另一方面，事件在一定的时空环境中呈现为随时间展开的动态过程，而非静止的画面。次序性和周期性反映事件的动态展开过程是依序演进的，并非杂乱无章的，同时事件在依序展开的不同阶段呈现出周期性特征。接续性和过递性从不同的角度反映事件不同阶段或事态之间的转化递进关系，即后一阶段或事态跟前一阶段或事态之间存在接续关系，前一阶段或事态跟后一阶段或事态之间存在过递关系。要言之，时空性和动态性反映事件过程的动态本质，次序性和周期性与接续性和过递性从时序和衔接两个方面具体反映事件的动态特征。

需要强调的是，并非所有动词构成的事件都具有如图 2－2 和图 2－3 所示的完整过程结构，因此并非所有事件都具有上述动态特征。下文仍以兼具动态和静态特征的"摆"类动词为例展开讨论。由于活动前事态或活动前阶段不具有随时间展开的过程特征，下文略而不论。

一　时空性与动态性

变化是动词及其构成事件的本质特征，换言之，事件是通过动词表示的动作在一维的时间轴上相继展开的过程，因此事件具有时空性和动态性。事件的时空性和动态性联系密切，时空性反映动态性，动态性体现于时空性，二者的关系主要表现在两个方面：一是事件在随时间展开的过程中，动词所表动作的参与角色的功能有可能随之发生改变；二是作为构成事件中心成分的动词在随事件展开的过程中其过程特征也在发生变化。

（一）事件过程的时空性对事件参与者的隐现及功能制约

事件的动态展开过程注定要在一维的时间和立体的空间中进行。不过，虽然学界关于动词时相（phase）、时制（tense）和时体（aspect）等时间属性的研究一直是经久不衰的热门话题，但对动词时间属性跟空间属性之间互动关系的讨论似乎有所欠缺。事实上，动词过程特征所体现的时间属性跟其空间属性之间存在着某种互动或制约关系。一般来说，具有"起始"或"终结"特征的动词通常不跟位置或处所性词语共现，具有"续段"或"反复"特征的动词通常可以跟位置或处所性词语共现。例如：

（4）调研工作于三天前开始（结束）。

　　? 调研工作于三天前在花溪村开始（结束）。

　　?? 调研工作在花溪村开始（结束）。

（5）a. 莉莉三点钟开始查资料。

　　　? 莉莉三点钟在图书馆开始查资料。

　　b. 莉莉一直在图书馆查着资料。

　　　? 莉莉一直查着资料。

　　c. 莉莉曾经在图书馆查过资料。

　　　? 莉莉曾经查过资料。

　　d. 莉莉五点钟查完资料。

　　　? 莉莉五点钟在图书馆查完资料。

例（4）的"开始"和"结束"描述事件的起始事态和终结事态，具有较强的时点特征而其空间位置特征较弱，因此常跟描述时点的词语共现而不跟描述空间位置的词语共现。例（5）的"查资料"其内在语义结构中具有活动起始、活动持续和活动终结过程特征，当其构成的事件在随时间展开过程中呈现为活动起始或活动终结事态时，需要跟描述时点的词语共现而不跟描述空间位置的词语共现，如例（5a）和例（5d）；当其构成的事件呈现为活动持续或活动经历事态时，需要跟描述空间位置的词语共现，如例（5b）和例（5c）。另外，例（5）"查资料"在不同表达式中所呈现的不同事态特征对不同性质的时间词语的共现要求也说明，事件过程的时空性对事件参与者的功能具有制约作用。

事件过程的时空性对事件参与者的隐现及功能制约在"摆"类动词构成的附着事件中也有充分的体现。在例（1）和例（2）所示的附着事件中，参与者语法功能的变化体现在施事的显隐以及处所词语句法关系的变化上。一方面，当"摆"及其构成的事件处于活动阶段时，施事是显性的，除特定语境，一般不能省略，因为动作的发生不可能没有施事，施事和动作互为依存。因此，描写活动阶段的动词，即使在一定的语境或上下文中施事被省略，人们也不难做出准确判断。另一方面，当"摆"及其构成的事件进入遗留状态阶段时，因为动作已经结束，施事也因此需要退隐。例如：

（6）A_0. 彤彤打算在讲台上摆花篮。　？打算在讲台上摆花篮。

　　A. 彤彤在讲台上摆花篮了。　？在讲台上摆花篮了。

　　B. 彤彤在讲台上摆着花篮。　？在讲台上摆着花篮。

　　C_1. 彤彤在讲台上摆了花篮。　？在讲台上摆了花篮。
　　（彤彤在讲台上摆过花篮。　？在讲台上摆过花篮。）

　　C_2. 讲台上摆了花篮。　？彤彤讲台上摆了花篮。

　　D. 讲台上摆着花篮。　？彤彤讲台上摆着花篮。

（讲台上摆过花篮。 *? 彤彤讲台上摆过花篮。*）

例（$6A_0$）的"摆花篮"虽然描写的是活动前事态，但"打算"需要动作者的参与，因此省略主语显得语义不完整。例（6A）至例（$6C_1$）描写事件的活动阶段，在缺乏语境或上下文的情况下，省略主语后句子的语义也显得不完整。例（$6C_2$）至例（6D）描写事件的遗留状态，若仍保留施事，句子的语义显得冗余。

同时，表示附着处所的处所词语在活动阶段和遗留状态阶段的语法功能也发生了改变。按认知语言学的观点，前景信息与背景信息反映在语句表达中，主要靠主语和非主语来区别，人们总倾向于选择知觉范围中突出的事体作为句子的主语，而把不突出的事体选作句子的非主语。从例（2）和例（6）可以看出，活动阶段的处所词语"讲台"是活动展开的场所，属于背景信息，因此以介词短语"在讲台上"充当状语；而在遗留状态阶段由于动作结束和施事退隐，"讲台"成为"花篮"状态"摆"系属的对象，随之变为前景信息，因此以方位短语"讲台上"充当主语。

时间和空间的改变，除了可能使事件参与者语法功能发生变化外，也可能导致事件参与者语义角色功能发生变化。仔细辨别例（2）中各例，其中处所词语"讲台"和摆的对象"花篮"在活动阶段和遗留状态阶段表达式中的语义角色存在差异。就处所词语"讲台"而言，例（$2A_0$）至例（$2C_1$）描述事件的活动前和活动阶段，"在讲台上"在该阶段不同事态的表达式中是"摆花篮"这一行为发生的处所，介词"在"通常不能省略；而例（$2C_2$）至例（2D）描述活动结束后的遗留状态，"讲台上"在表达式中是遗留状态系属的方位，原来的介词短语需省略介词成为方位短语。就"摆"的对象"花篮"来说，其在例（$2A_0$）至例（$2C_1$）描述的活动前和活动阶段是动作"摆"的受事；而在例（$2C_2$）至例（2D）中，"摆"因为不再具有动作特征，"花篮"也因此不再是动作的受事而变成了"摆"这一状态的系事。此外，不同阶段施事的隐现也是事件过程时空性对其制约的结果。

类似情况在位移事件中也有所反映。例如：

（7）明明在碟子里抓花生米。≠ 明明抓在碟子里几把花生米。

灵灵在教室里搬桌子。≠ 灵灵搬在教室里几张桌子。

彤彤在树上摘花。≠ 彤彤摘在树上几朵鲜花。

尽管例（7）左列和右列都描述位移活动，但左列的"在"字短语位于动词前描述位移的起点，整个表达式更容易被理解为活动处于展开过程，右列的"在"字短语位于动词后描述位移活动的终点，整个表达式容易被理解为活动终结。英语动词的时体意义通常决定于动词的形态，动词的形态同时也对处所短语的角色意义起到了约束作用。例如：

（8）a. Lucy is moving the desk in the classroom.

b. Lucy has moved the desk in the classroom.

由于例（8a）的位移动词表示正在发生的动作，句中的"in the classroom"一般被理解为位移的起点，而例（8b）的位移动词表示动作已经完成，句中的"in the classroom"一般被理解为位移终点。

（二）事件过程的动态性与动词的过程特征

事件过程的动态性跟时空性密不可分，时空性反映动态性，动态性体现于时空性。前文从事件参与者的隐现及功能变化的角度对事件过程的时空性进行了初步讨论，本节从动词的体貌特征出发讨论事件过程的动态性。"了""着""过"是汉语典型的体貌助词，其功能主要是标示动词或事件的动态性过程特征，因此也有学者称为动态助词（蒋绍愚、曹广顺，2005：198－225）。受国外学界时体研究的影响，汉语界致力于时体研究的学者对"了""着""过"等的研究主要从事件的内在时间构成着手，发表了大量研究成果。不过，从动态过程观的角度看，事件动词跟"了""着""过"共现，要受到事件随时间展开过程中动词体现的过程特征的制约，并不是所有的事件动词都可以跟"了""着""过"共现（参看郭锐，1993）。如图 2-3 所示，汉语的"起始"或"终结"义动词通常只跟"了"共现而不跟"着"共现，具有"续段"和"反复"特征的动词一般可以跟"过"共现，具有"起始""终结"和"续段"特征的动词跟"了""着""过"都可以共现。

最典型的是"摆"类附着动词，通过"了""着"和"过"的重复使用，不仅可以描述活动阶段的所有事态，还可以描述遗留状态阶段的所有事态。结合例（2）中各例跟图 2-3 的对应关系不难发现，例（2）中各例不仅描写了由"摆"构成的附着事件全过程的不同事态，其中动词的过程特征也跟不同事态的表达式呈对应关系。例（$2A_0$）的"摆"动作没有发生，其过程特征不具体，类似描写活动前事态的动词通常不可以跟时体助词（如"了""着""过"），以及表示时体意义的动词（如"开始""着手"等）或副词（如"已经""正在""在"等）共现。例（2A）描写事件处于活动阶段的起始事态，动词"摆"通过跟"$了_1$"共现，凸显其"活动起始"的过程特征。例（2B）描写事件处于活动阶段的持续事态，动词"摆"通过跟"$着_1$"共现，凸显其"活动持续"的过程特征。例（$2C_1$）描写事件处于活动阶段的终结事态，动词"摆"通过跟"$了_2$"共现，凸显其"活动终结"的过程特征。例（$2C_2$）描写事件处于活动终结后的遗留状态起始事态，动词"摆"通过跟"$了_3$"共现，凸显其"遗留状态起始"的过程特征。例（2D）描写事件处于活动终结后的遗留状态持续事态，动词"摆"通过跟"$着_2$"共现凸显其"遗留状态持续"的过程特征。"过"则既可以标示活动阶段成为过去的经历事态（即图 2-3 的"$过_1$"），也可以表示遗留状态阶段成为过去的经历事态（即图 2-3 的"$过_2$"）。可见，动词的动态性过程特征要受到事件的事态特征以及表时体义词语的规约。英语也有类似现象，例如：

（9）a. Paul is hanging a lamp from the ceiling.

b. A lamp is hanging from the ceiling.

例（9a）描述正在发生的活动，动作者 Paul 不能省略，例（9b）描述活动结束后的遗留状态，句子需隐去动作者，同时"a lamp"在活动阶段的表达式中作宾语，在遗留状态的表达式中改作主语。

二 次序性与周期性

事件在时间轴上展开所具有的时空性和动态性，还从事件不同阶段或事态的次序性和周期性特征得以体现。具体表现为，事件在不同阶段或事态的语言表达式因为时间上的前后相继关系而在顺序上具有不可逆性。同时，事件在展开过程中的活动阶段和遗留状态阶段虽然在语法特征上存在某些相似性，但由于二者在时间上是前后相继的关系，因此在语法和语义上又都存在某些差异。

（一）事件过程的阶段次序性与事态次序性

如图 2-2 和图 2-3 所示，一个完整事件在时间轴上的展开过程可以切分为活动阶段和遗留状态阶段。事件在一维的时间轴上相继展开，因此随时间展开的活动阶段和遗留状态阶段的相应表达式也要遵循时序原则，即活动展开在先，遗留状态在后，两个阶段的表达式往往具有不可逆性。不过，由于语言中大量的动词只描述活动展开过程，本身并不兼有活动终结后的遗留状态特征，因此事件过程的阶段次序性通常只涉及附着动词，尤以"摆"类动词为典型。仍以例（2）略作阐明，例（2）如果像例（10）那样颠倒活动阶段和遗留状态阶段的先后顺序，便会因为时序颠倒而感到有些怪异。

（10）遗留状态阶段

　　C_2. 讲台上摆了花篮。

　　D. 讲台上摆着花篮。

　　（讲台上摆过花篮。）

　　? → 活动阶段

A_0. *彤彤打算在讲台上摆花篮。*

A. *彤彤在讲台上摆花篮了。*

B. *彤彤在讲台上摆着花篮。*

C_1. *彤彤在讲台上摆了花篮。*

（*彤彤在讲台上摆过花篮。*）

不仅活动阶段和遗留状态阶段具有不可逆性，两个阶段的不同事态间也具有不可逆性。例（11）由于事件展开的事态次序被完全颠倒，因此人们很难捕捉它们在时间先后顺序上的联系。

（11） D. *讲台上摆着花篮。*

? → C_2. *讲台上摆了花篮。*

（*讲台上摆过花篮。*）

? → C_1. *彤彤在讲台上摆了花篮。*

? → B. *彤彤在讲台上摆着花篮。*

? → A. *彤彤在讲台上摆花篮了。*

? → A_0. *彤彤打算在讲台上摆花篮。*

（*彤彤在讲台上摆过花篮。*）

需要指出的是，除"摆"类动词外，凡具有起始、终结和续段特征的动词，由它们构成的事件都遵循从起始事态进入到持续事态再转为终结事态的依序展开的过程。

有趣的是，时体助词"了"和"着"在活动或状态阶段因为对应了活动或状态起始进入到持续过程的先后顺序，因此由它们参与构成的存现句前后念起来觉得很自然。例如：

（12）炉子上温了一壶酒。　→　炉子上温着一壶酒。

蒸笼里蒸了馒头。　→　蒸笼里蒸着馒头。

锅里炖了牛肉。　→　锅里炖着牛肉。

而当活动已经终结时，如果仍按照先"了"后"着"次序，这样构成的存现句在时序上会感觉不自然。例如：

（13）台上演了梆子戏。 ？→ 台上演着梆子戏。

广播里播了寻人启事。 ？→ 广播里播着寻人启事。

屋外下了场大雨。 ？→ 屋外下着大雨。

例（13）左列描述活动终结事态，右列描述活动持续事态，活动的展开在时间轴上是逆序，不符合人类认知的"顺序像似"原则。这种情况的存现句若要时序"通顺"，跟活动持续过递到活动终结事态的顺序对应，应按"着"字存现句在前、"了"字存现句在后排序。试与例（13）比较：

（13′）台上演着梆子戏。 → 台上演了梆子戏。

广播里播着寻人启事。 → 广播里播了寻人启事。

屋外下着大雨。 → 屋外下了场大雨。

类似现象在国外语言学界也曾引起过关注。Lakoff（1965）曾对例（14）和例（15）这种三元例组产生过兴趣（参看 Dowty，1979：40－43）：

（14） a. The soup was cool.

b. The soup cooled.

c. John cooled the soup.

（15） a. The metal was hard.

b. The metal hardened.

c. John hardened the metal.

Lakoff 的目的是要在初期转换生成语法理论的背景下讨论类似例（14）和例（15）三元例组的"深层语法关系"（或深层结构）是否

一致。他认为上述三元例组 a 句的深层结构被包含在 b 句之中，b 句又被包含在 c 句中。与此类似，例（16）和例（17）的"break"和"gallop"虽然没有相应的具有起始特征的形容词，但仍可以认为 b 句由 a 句派生而来。

（16）a. The window broke.

b. John broke the window.

（17）a. The horse galloped.

b. John galloped the horse.

我们不打算对上述分析思路进行评析。但根据我们建立的事件过程结构的分析模式，例（14）至例（17）反映的事件在时间轴上的展开过程中正好被颠倒了。由于事件在展开过程中具有动态性和时空性，相关动作的参与角色也随之处于动态调节或隐现的变化过程中，又由于事件在展开过程中具有次序性，上述各例所描述事件的不同阶段或过程的先后次序应分别为："John cooled the soup → The soup cooled → The soup was cool"；"John hardened the metal → The metal hardened → The metal was hard"；"John broke the window → The window broke"；"John galloped the horse → The horse galloped"。同时，根据事件过程的时空性、动态性和次序性等特征，上述例句中参与者的隐现以及角色性质的转化也容易得到比较便捷的解释。

（二）事件过程的阶段周期性

事件在展开过程中的阶段周期性体现在活动阶段和遗留状态阶段的表达式在句法和语义上一方面存在某些相似性，另一方面又存在某些差异。受动词语义结构的制约，事件过程的阶段周期性主要涉及"摆"类附着动词。试比较例（18）活动阶段和遗留状态阶段的相应表达式：

（18）活动阶段

A. 彤彤在讲台上摆花篮了。

B. *彤彤在讲台上摆着花篮。*

C₁. *彤彤在讲台上摆了花篮。*

（*彤彤在讲台上摆过花篮。*）

遗留状态阶段

C₂ *讲台上摆了花篮。*

D. *讲台上摆着花篮。*

（*讲台上摆过花篮。*）

周期性体现在活动阶段和遗留状态阶段"了""着"和"过"的重复使用上。事件过程的这种阶段周期性特征可以简单表示为图2-4。

$$\cdots\cdots \rightarrow A_0 \bullet A_{(了)} \rightarrow B_{(着)} \rightarrow C_{1(了)} \bullet C_{2(了)} \rightarrow D_{(着)} \rightarrow \cdots\cdots$$

图2-4 时体助词与事件过程的阶段周期性

有两点值得进一步讨论。一是遗留状态阶段通常没有终结事态。这有两个原因：其一，虽然从理论上讲，事物的变化是从一种状态变为另一状态，再从另一状态变为又一状态，如此循环反复以至无穷，但人们的观察视野往往被局限在可以观察到的认知视域之内。事件从活动阶段到遗留状态阶段刚好形成一个事件变化的认知周期。其二，具有遗留状态特征的动词通常具有较强的持续特征而不具有内在终结点，加上状态的系属者对相关动词不具有施动特征①，因此事件遗留状态阶段通常没有终结事态的表达式。

二是"了"可以表示"起始"义。这种情况下"了"所标示的事态具有无界特征，这一点一直受到人们的怀疑。但是，语言事实表明，"了"确实可以有表示"起始"义的分布环境，上文例（1d）和例（1e）中"了"时体意义的差异就是一个例证。此外，"了"

---

① "一个陌生人在沙发上坐着""沙发上坐着一个陌生人"中的"陌生人"表面上看似乎具有"施动"能力，但在描述遗留状态的表达式中仍然不具有施动特征。因此，一般不能说"一个陌生人正在沙发上坐着""沙发上正（在）坐着一个陌生人"。

不仅可以跟"完结"特征的动词共现，表示所谓的"完成""实现"或"达成"等时体意义，还可以直接跟"起始"义动词共现，表示"起始"的时体意义。如"开始了一天的工作"，说其中的"了"表示"完成""实现"或"达成"等时体意义，未免有些牵强。关于"了"的语法意义，第五章将做专门讨论。

从例（18）活动阶段和遗留状态阶段表达式的对比看出，两个阶段的相似之处在于，都可以用"了"标示起始事态或完结事态，都可以用"着"标示持续事态，都可以用"过"标示经历事态。但是"了""着"和"过"的重复使用并不说明它们具有完全相同的语法意义，这体现在它们所标示的事态特征存有差别，在活动阶段的表达式中标示的是相应的活动事态，在遗留状态阶段的表达式中标示的是相应的遗留状态事态。

上文的讨论说明，事件在活动和遗留状态两个阶段的表达式的语法特征并非完全相同，二者在共性的基础上又表现出一些个性特征，不能等同看待。正因为如此，我们在图 2 - 3 中以不同的数码标示"了""着""过"在事态标记功能上的差异。

总之，事件过程的阶段次序性和事态次序性，以及阶段周期性反映了事件从一个阶段变为另一阶段，或从一种事态变为另一事态的变化轨迹，其对应表达式反映了人类认知事件过程的时序像似性，也为我们准确理解体貌助词在不同阶段或不同事态表达式中的细微差别提供了理论根据。

三 接续性与过递性

"接续性"与"过递性"从不同角度涉及事件展开过程中阶段与阶段或事态与事态之间的衔接关系，即事件在随时间展开过程中，后一阶段或事态跟前一阶段或事态之间具有接续性，前一阶段或事态跟后一阶段或事态之间具有过递性。接续性和过递性反映事件不同阶段或不同事态相继展开的连续性。

（一）事件过程的阶段接续性与事态接续性

运动和变化是事物的基本属性，事物自身的内在属性通过外因的作用使其从一种状态变为另一种状态。不言而喻，事件的活动阶段从起始到持续再到活动终结事态，构成一个前后相继的发展过程。同理，事件的遗留状态阶段也有一个从起始到持续的前后相继的发展过程。从相反的角度看，后一阶段或事态跟前一阶段或事态之间存在接续关系，即后一阶段或事态并非凭空产生，而是由前一阶段或事态发展而来的。例如：

（19）A. 彤彤在讲台上摆花篮了。

　　　B. 彤彤在讲台上摆着花篮。

　　　C₁. 彤彤在讲台上摆了花篮。

（20）C₂. 讲台上摆了花篮。

　　　D. 讲台上摆着花篮。

立足于例（20）看其跟例（19）的关系，它们之间具有接续性，例（20）描述的遗留状态不可能凭空产生，它必定接续于例（19）描述的活动阶段。同理，例（20D）跟例（20C₂），例（19C₁）跟例（19B），例（19B）跟例（19A）之间也存在接续关系。

（二）事件过程的阶段过递性与事态过递性

"过递"这一概念最早见于马建忠（[1898] 1983：281－291）对"承接连字"的分析。本书所谓的过递，是指从前一阶段或事态看其跟后一阶段或事态之间的衔接关系。过递性跟接续性涉及的对象相同，只是角度不同而已。从相反的角度看，上文讨论的阶段接续性与事态接续性则变为阶段过递性与事态过递性。事件过程的事态过递性不再赘述，下文主要讨论活动阶段跟遗留状态阶段的阶段过递性。

活动阶段跟遗留状态阶段的过递关系根据动词状态特征的不同存在隐与显的差别，大致可以分别为隐性过递和显性过递两种类型。

1. 隐性过递。

隐性过递是过递关系隐含于语境（包括风俗习惯、价值判断、文化背景等）以及词义本身的过递类型。隐性过递根据隐性过程是活动阶段还是状态阶段可以分别为活动隐性过递和状态隐性过递两类。

活动隐性过递凸显遗留状态阶段，活动阶段处于隐没状态。表示关系或属性的动词如"是""等于""具有""属于""认为""以为""值得"等在文献中通常被认为是静态（static）动词，其功能是跟相关成分一起描述事件的某种持续稳定的同质状态，大致对应于事件过程结构模式的遗留状态阶段。由于这类状态句所描写的状态有稳定同质的特点，所以可以不跟时体助词共现，人们也很少注意这类状态句的前后转化过程。但是，从理论上讲，由这类动词构成的状态句所描述的状态并非无源之态，例如"三加三等于六"，在"等于六"这一关系存在之前有一个"三加三"的过程。又如"我认为张三是个好员工"，在"认为"描述的属性存在之前逻辑上也有一个对张三的职业操守进行评判的活动过程。Dowty（1979：70，93－94）在 Vendler（1957）动词情状分类的基础上讨论完结（accomplishment）类动词的次类时，把以下类型作为句法类型列举：

(21) a. hammer NP flat, wipe NP clean, wiggle NP loose
b. elect NP president / chairman, appoint NP chairman
c. take NP out, chase NP away, turn NP off

也就是说，例（21）各例在 NP 后接不同类型的补足语后，NP 前的动词便具有了完结的时体特征。如果从过程的角度看，例（21a）各例导致的遗留状态有可能是 NP is flat, NP is clean, NP is loose。同样地，例（21b）各例导致的遗留状态有可能是 NP is president/chairman；例（21c）导致的遗留状态也有可能是 NP is out, NP is away, NP is off。所以当我们描述 NP is flat, NP is president, NP is out 等状态时，事理上其实已经经历过 hammer NP, elect NP, take NP 等的活动阶段，活动结束后自然过递到某种遗留状态。因此，即使上述遗留状态的表达式是否定形式，人们也会联想到此前有过不"成功"的活动过程。事实上，像"他把地板打扫干净"（He swept the floor clean）这样的句子的语义结构可以分解为（参看 Dowty，1979：93）例（22）：

（22）［［他打扫地板］致使［成为［地板干净］］］

［［He sweeps the floor］CAUSE［BECOME［the floor is clean］］］

即是说，"地板干净"（the floor is clean）描述的状态跟"他打扫地板"（he sweeps the floor）类似的活动之间存在着紧密的依存关系，前者描述的状态跟后者描述的活动之间存在过递关系。因此，即使单说"地板很干净"（the floor is clean），从事理上也可以分析出此前有过"他打扫地板"（he sweeps the floor）之类的活动。

跟上述活动隐性过递不同，状态隐性过递凸显活动阶段，状态阶段不明显。有些动词的语义结构中既有动作特征，又有状态特征，如"闭""断""封""关""毁""开""灭"等。这类动词构成的句子如果描述的是活动终结事态，句中的动词同时也过递为遗留状态并具有"遗留状态"特征。例如：

（23）他拿钥匙开了门。

"开"的动作完结后，"门"随之进入"开"的状态。von Wright（1963：28）把这种现象叫做"状态转换"（state-transformation），认为开门这样的事件是由关闭状态向开启状态转换的，因此也可以把这类事件叫做一种状态向另一状态的"转化"（transformation）。英语中类似的动词也不少。Dowty（1979：68）在 Vendler（1957）动词情状分类的基础上讨论达成（achievement）类动词的次类时，把 melt, freeze, die, be born, molt, ignite, explode, collapse, darken, warm, cool, sink, improve 等，以及 turn into a NOUN, turn to NOUN, become ADJ 等短语归入达成类，认为这些动词在语义上表示物理状态的变化（change of physical state）。按照 Dowty（1979：122 – 125）蒙太古语义学的分析思路，Vendler（1957）的四类动词的语义结构都由一个状态谓词加上一个或多个算子（operator）或连接词（connective）构成。

例如，完结事件"Nick killed a rat"可以以逻辑结构形式表示为：

（24）［［Nick DID something］CAUSE ［ BECOME¬ ［the rat is alive］］］

即是说，"kill"描述活动的同时还蕴含着一个结果状态，只是从过程角度看，活动跟状态之间是一种隐性过递关系。

2. 显性过递。

显性过递是过递关系通过结构或表达式的显性意义体现出来的过递类型。常见的有动结式表示的过递关系和不同表达式表示的过递关系。前者为动结式显性过递，后者是接续式显性过递。

动结式显性过递多表现为动作完成，其造成的状态常常融合为动结式结构，如"吃饱""跌倒""喝醉""剪断""理清""刷白""填平""推倒"等。例如"你把坑填平"，"填坑"的动作完成后便自然过递为"坑平"的状态。英语中如前文例（21）的几组短语也属于这种类型。一些学者对这种类型的生成机制做过探讨，如Pustejovsky（1991：57）在词汇概念结构和事件结构 ES 之间设计一个 LCS′层专门用于表达事件类型的转变。例如"Hellen hammered the metal flat"这个句子的事件类型变换可以表征为例（25）：

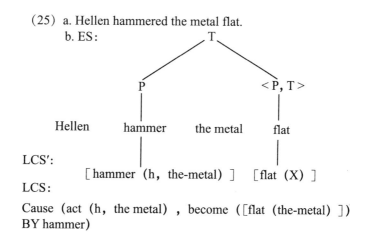

（25）a. Hellen hammered the metal flat.
　　 b. ES:

LCS′: ［hammer (h，the-metal)］　［flat (X)］

LCS:

Cause (act (h，the metal)，become (［flat (the-metal)］)
BY hammer)

例（25）树形图所表示的从过程到转换的事件类型变换中，hammer 代表的是一种过程，而 flat 代表的则是一种结果状态。

Rappaport 和 Levin 等（1998：111）则直接认为，类似"Ivy swept the floor clean"的结果句式的生成其实是一个事件的模式增容（augmentation）过程：

（26）a. Ivy swept the floor clean.

　　　b.　[[Ivy ACT$_{<SWEEP>}$ floor] CAUSE [BECOME [floor < CLEAN >]]]

表示达成的事件模式通过连接中心语 CAUSE 加入到活动方式动词 sweep 的事件模式上，形成一个表达完结的事件模式。这样，活动动词 sweep 的事件模式便通过加入一个次事件得到增容。

尽管事件类型变换与事件增容的认识角度有所不同，但它们有一个共同的认知基础，即活动跟状态之间存在着递的关系，用吕叔湘先生的话说就是："活动结束就转为状态。"（吕叔湘［1942］1990：56）

动结式显性过递是把活动和状态之间的转换过递关系融合为一体的过递类型。活动阶段跟遗留状态阶段虽然性质发生了一些变化，但它们之间仍然存在着紧密的联系，并非渺不相关。两个阶段的联系反映在二者存在着过递关系，实际上也反映了事件的阶段连续性，或称过递性连续。这种过递性连续关系对应于图 2 - 2 和图 2 - 3 中 C_1 和 C_2 标示的临界状态，即表现出接续式显性过递。其表达式如：

（27）C_1. 彤彤在讲台上摆了花篮。

　　　C_2. 讲台上摆了花篮。

例（27C_1）和例（27C_2）都有相同的句法成分"摆了花篮"，但例（27C_1）中"摆了花篮"的实际语义是"摆花篮"的行为已经结束，而例（27C_2）中"摆了花篮"的实际语义是"摆花篮"的行为结束后花篮在讲台上"摆"的状态已经形成。即是说,例(27C$_1$)的"了"表示动作完结,例(27C$_2$)的"了"表示遗留状态起始,换言之,"了"的语法意义具有"完结""起始"两面性。"了"的这种阶段过递标示功能有点像接力赛中接力棒从前一个人手中传递到后一个人手里,接力棒在交接前后的性质有所不同。

"了"语法意义看似矛盾的"完结""起始"两面性,其实不难理解。汉语史的研究表明,时体助词"了"经历了由"终了""了结"义动词到补语,再发展成"形尾"(助词)的虚化过程(王力,[1958]1980:302-303;太田辰夫,[1958]1987:210-212;蒋绍愚、曹广顺,2005:198-212)。按照语法化的观点,动词"了"发展为时体助词后,"终了"或"了结"义变得很虚灵,主要体现为语法意义。语法意义是词语在组合过程中凭借一定的形式而实现的关系意义。以吕叔湘([1942]1990:56)"动作完成就变成状态"的认识为基础,我们发现,"了"在图2-3中C$_1$和C$_2$表示的活动阶段和遗留状态阶段的临界点上是表"终结"义(动作完成)还是表"起始"义(动作完成就变成状态),在很大程度上取决于相关动词的过程特征。动词凸显终结特征时,"了"表"终结"义,如"结束了一天的劳动";动词凸显起始特征时,"了"表"起始"义,如"开始了一天的工作";动词的起始、终结特征不明确时,"了"的语法意义模糊,为"终结""起始"两可状态,如"小丽穿了一件新大衣",有可能是"穿"的动作已经完结,也可能是"穿"的状态开始。

由于"了"语法意义具有两面性,一些由结果或状态补语构成的动结式后接的"了",是表完结还是遗留状态起始,往往难以判断。例如:

(28)彤彤在讲台上摆齐了花篮。

(29)孔乙己在咸亨酒店喝醉了酒。

例(28)的"齐"指向宾语"花篮",例(29)的"醉"指向主语"孔乙己"。由于动结式语义的合成性,可以认为例(28)和例(29)的"摆"和"喝"随着"齐"和"醉"所表结果或状态的产生而终结,但"齐"和"醉"所表示的状态却是随动作终结而形成的。所以,例(28)的"摆齐了"和例(29)的"喝醉了"是描述动作完成还是遗留状态起始,可以见仁见智,主要根据说话人意象图式中截取(profile)的是动作还是遗留状态来确定。回到例(27),例($27C_1$)由于有施事参与,"摆了花篮"更容易理解为动作完结,例($27C_2$)由于施事不出现,"摆了花篮"更容易解读为遗留状态起始。

需要指明的是,"了"既然可以在遗留状态起始事态(图2-3的C_2)的表达式中表示"起始"的语法意义,根据词语组配的语义相容原则(邵敬敏,1997;税昌锡、邵敬敏,2006),描述活动起始事态(图2-3的A)的动词因为具有"起始"特征,也可以跟"了"共现。从语义学的角度看,"动作完成"和"状态起始"间存在着蕴涵与预设关系,即动作完成必然造成某一状态的形成,状态起始必然预设活动的终结。

总之,"了"在事件过程结构中分布于活动起始、活动终结和遗留状态起始三种事态,对应的表达式如:

(30) A. 彤彤在讲台上摆花篮了。

　　　C_1. 彤彤在讲台上摆了花篮。

　　　C_2. 讲台上摆了花篮。

例($30C_1$)和例($30C_2$)表明,"了"除了语法意义具有"完结""起始"两面性外,根据"完结""起始"之间的蕴涵和预设关系,"了"还起到了标示活动阶段和遗留状态阶段之间的过递关系。同理,例(30A)的"了"也预设了活动前阶段"彤彤原来并没有在讲台上摆花篮"的事实。英语也有类似过递类型,前文例(9)、例(14)、例(15)和例(16)已做过初步讨论,又如:

（31） a. John broke the window.

　　　 b. The window broke.

例（31a）的"broke"描述活动终结事态，例（31b）的"broke"描述遗留状态起始事态。

总结本章的讨论，一个完整事件的过程结构包括活动和遗留状态两个阶段，前者又可以切分为活动起始、活动持续和活动终结三种事态，后者也可以切分为遗留状态起始和遗留状态持续两种事态。事件随时间依序展开，具有时空性、动态性、次序性、周期性、接续性和过递性等动态特征，具体表现为事态与事态或阶段与阶段之间的转化递进关系。"了""着""过"在事件过程结构的相应表达式中具有事态标示功能，它们彼此分工，互为补充，一起描述事件展开的全过程。"了"可以标示活动起始、活动终结和遗留状态起始三种事态；"着"可以标示活动持续和遗留状态持续两种事态；而"过"则既可以表示从活动起始到活动终结的活动阶段成为过去，也可以表示从遗留状态起始到因为某种原因致使遗留状态终结的遗留状态阶段成为过去。事件过程结构的上述特征可以对本章开头提到的种种现象做出扼要的说明。

为了不使问题复杂化，本章主要以兼具动态和静态特征的"摆"类附着动词构成的附着事件作为讨论的基础。事实上，事件的不同阶段或事态都存在相应的动词及其相应的语法表现形式，如"开始""着手"等只具有活动起始的过程特征，只能描述事件过程结构模式中的活动起始事态，"结束""终止"等只具有活动终结的过程特征，只能描述事件过程结构模式中的活动终结事态。不同类型的动词尽管存在过程特征上的差异，但这并不妨碍将其置于本章构拟的事件过程结构模式中加以讨论。为了揭示汉语动词过程特征跟事件过程结构对应表达式的互动关系，将来还有必要做更加深入细致的综合系统的探究。

第三章 时体、事态及汉英事态 范畴的类型学差异[*]

时间和空间是事物存在的条件，事件是事物或实体及其相关要素在一定的空间随时间展开的变化过程，其中动词处于枢纽地位。动词语义结构中的过程属性表现在时间和空间两个方面，本章先讨论动词过程结构的时间要素，动词过程特征的空间属性留待第九章和第十章讨论。

跟动词相关的时间意义包括时相、时体和时制。时相（phase）指动词词义所表现的时间意义，时体（aspect）指事件情状（situation）的时间意义，时制（tense）指动作或状态根据说话时间来定位的时间意义。其中时制表示的时间意义不属于动词语义结构中的过程要素，因此不在本章讨论的范围之内。

动词过程结构中的时间要素是语言研究最具吸引力的领域之一，历来受到语言学研究者的高度重视，发表的论著可以说是浩如烟海，具体可参考尚新（2007：1－50）、陈前瑞（2008：13－47）和陈振宇（2008：143－176）的研究。本章的主要目的是要在前人研究的基础上，进一步挖掘语言事实，提出尚待解决的问题，并尝试从新的角度进行讨论。

---

[*] 本章根据"汉英事态范畴的类型学比较"（原载《国际汉语学报》2013 年第 4 卷第 2 辑）改写。第一节为增补的内容。

第一节　传统时相、情状、时体研究及相关问题

从文献看，传统时相、情状和时体研究从不同角度对动词的时间属性进行了多侧面的探索，可谓成果丰硕。不过，动词的时间属性涉及的问题极其复杂，由此导致多种理论的产生（参看陈前瑞，2008：13－24）。尽管如此，一些跟时体相关的语言现象并没有在上述诸范畴的研究中得到充分讨论。下文在简要介绍时相、情状和时体研究现状的基础上提出尚待进一步讨论的问题。

一　时相与情状研究

时相是动词语义结构中所蕴含的时间意义（Brinton 1988：3）。如动词"破裂"的语义结构中蕴含着"非持续"特征，而"生活"的语义结构中蕴含着"持续"特征，由此造成二者句法上的差异。例如：

> （1）a. *周小云和马庆东的婚姻破裂了五年。
>
> 　　　b. 周小云和马庆东共同生活了五年。

例（1a）不成立，因为"破裂"作为非持续动词，与表时段的时间词"五年"在语义上不相容，所以在句法上也受到限制①。类似的动词如"毕业""出门""丢失""回家""结束""失败"等。例（1b）成立，因为"生活"具有"持续"特征，跟"五年"在语义上具有相容性。类似的动词如"走""看守""考察""劳动""工作""学习"等。一方面，动词的时相特征是构成小句所表达事件内在时间结构的重要基础；另一方面，动词的时相特征也多通过与之相关的语义成分，如时间状语、时制以及逻辑蕴涵等的选择限制得以体

---

① 可以说成"破裂了五年了"，不过句中的"五年"仍然不是破裂的延续时间，而是表示从"破裂"开始计时过了五年。第八章将做详细讨论。

现。因此，参照相关语义成分对动词进行时间语义特征的分类又称为情状类型（situation type）（Verkuyl，1972）。Vendler（1957）对动词的情状类型进行了系统研究，他根据终结性、持续性和同质性等时间结构特征将英语中的动词分为四类，即状态、活动、完结和达成，见表 3 - 1。

表 3 - 1　　　　　　　　　**Vendler（1957）动词类型**

	终结性	持续性	同质性	间隔性
状 态（state）	-	+	+	-
活 动（activity）	-	+	+	+
完 结（accomplishment）	+	+	-	-
达 成（achievement）	+	-	-	-

例如：

状态	活动	完结	达成
have	walk	paint a picture	die
like	run	make a chair	find
love	pull	draw a circle	lose
know	drive a car	deliver a sermon	reach
believe	push a cart	recover from illness	recognize

但是，Vendler 对动词的分类并不是在同一个层面上进行的。完结类动词和部分活动动词都涉及动词的论元成分，尤其是完结动词，可以认为是活动类动词与其动词论元合成造成的。实际上，状态、活动和达成动词也可以通过相关成分进行互动，从而改变其终结性特征。例如"活动"类动词在跟相关语义成分结合后可以转化为"完结"动词，如"跑到山顶上""走到湖边""坐到办公桌前"等。又如"爱"是状态动词，"爱他"中的"爱"不具"终结性"特征，而"爱了他一辈子"中的"爱"则有"终结性"特征。再如"爆

炸"是达成动词，在"炸弹爆炸了"中有"终结"特征，但在"炸弹一颗接着一颗地爆炸着"中却不具"终结"特征。可见，涉及动词情状的因素纷繁复杂，因此吸引了大批学者对此进行不懈的探究（Verkuyl，1972；Dowty，1979；Bache，1985；Smith，1991；Olsen，1997；Rothstein，2004）。

也有学者如 Olsen（1997）将动词过程结构中的时间要素及其分类的探讨彻底贯彻到单个动词。他根据动词过程结构中有无终结（telic）、动态（dynamic）以及持续（durative）过程特征的缺省对立（privative opposition）将动词词汇体（lexical aspect）及其时间结构也分为四类，即状态（state）、活动（activity）、完结（accomplishment）和达成（achievement），见表 3 - 2（参看 Olsen，1997；陈前瑞，2003）。

表 3 - 2　　　**Olsen（1997）基于缺省对立的情状类型**

情状类型	终结	动态	持续	例词
状态（state）			+	是、有、喜欢、知道
活动（activity）		+	+	唱、走、推车、游泳
完结（accomplishment）	+	+	+	编织、摧毁、建造
达成（achievement）	+	+		死、赢、遗失、跌倒

缺省对立的显著特点是有标记和无标记在意义上的不对称性，无标记的意义可以涵盖有标记的意义。在缺省对立模式下，动词的有标记特征对句子情状特征的合成起恒常作用，成为句子表达事件内在时间结构的重要基础；而无标记特征只体现可删除的语用含义，具体语境中可能转变为有标记特征。例如"walk in the yard"和"walk to the yard"，前者具有的〔+动态，+持续，Φ〕特征使 walk 具有两种可删除的语用含义，即既可以是"终结"的，也可以是"非终结"的，具体取何义，取决于语用环境条件；后者具有的〔+动态，+持续，+终结〕特征决定了 walk 词汇体的终结意义，其"终结"成为有标记特征。因此，若要确定一个动词的时间结构，跟动词相关的其他名

词性成分、副词性成分、介词结构等也起重要作用。例如："看"虽然具有"动态"特征，但其情状地位并不明确；"看书"增加了"持续"特征，属于"活动"情状；"看《红楼梦》"则更具"终结"特征，是完结情状；而"看一眼"不具有"持续"特征，通常不被列入主要情状类型。

在国外情状研究的背景下，汉语动词的情状研究也存在着两种取向。一是着眼于动词本身，如马庆株（1981）、郭锐（1993）；二是着眼于全句，如邓守信（1986）、陈平（1988）、戴耀晶（1997）、陈前瑞（2003）、左思民（2009）、杨素英等（2009）等。其中左思民（2009）注意到了某些动词具有动态和状态双重特征，提出"单相动词"和"兼相动词"的概念，并根据"动态—静态""持续—瞬时""量变—非量变""强动性—弱动性"的对立，把汉语动词的动相类型分为两大类十小类。值得一提的是郭锐（1993），他另辟蹊径，根据由动词所表动作或状态的内部过程可能具有的起点、终点和续段三要素的差异，把汉语动词的过程结构分为无限结构、前限结构、双限结构、后限结构和点结构五大类十小类。郭锐的分类系统注意到了动词语义结构中的时间因素，具体分析重视跟表示时间过程意义的时体助词的分布特征相结合，在一定程度上，对动词时间结构的把握更具有可操作性。

二　时体研究

研究"时相"和"情状"的目的，除了揭示动词本身的语义结构中跟时间相关成分之间的选择限制关系外，另一个目的是要揭示其与"时体"之间的对应关系。所谓时体（aspect），按照 Comrie（1976：3）的观点，就是"对情状的内部时间构成进行观察的不同方式"。戴耀晶（1997）在 Comrie 定义的基础上，认为"体是观察时间进程中的事件构成的方式"。戴先生有意识地将"事件"看作是跟句子相关的，大于"情状"的范畴。"时相"和"时体"既有联系又有区别。根据 Comrie（1976：41 - 45）的观点，"时相"表达情状的内在时间特征，而"时体"则是说话者对情状内部时间构成的不同观察方式，二者都聚焦于"内在时间构成"。从文献看，时相和时体的区别在于：一方面，前者是词汇的，由动词的词汇意义和动词的派生形态表达，后者是语法的，由动词的屈折形态或迂回形态表达；另一方面，时相具有客观性，涉及动词的既定性质或内在属性，不受说话者观察角度的影响，时体具有主观性，表达说话者对情状的内在时间构成进行切分和认定（参看尚新，2007：20-21）。时相或情状跟时体之间存在互动关系（Dowty，1979；邓守信，1986；Li 和 Shirai，2000）。Li 和 Shirai 根据 Smith（1991）等人的研究成果，对英语时体和情状之间的互动关系概括如下，见表 3-3（参考尚新，2007：19）。

表 3-3　　　　**Li 和 Shirai（2000）情状与时体的互动**

情状 时体	状态	活动	完结	成就	单变
非完整体	状态	进行	进行	前期阶段	重复进行
完整体	?? 起始	终结	结束	结束	终止

从表 3-3 中可知，终结性（telicity）情状（终结、结束和终止）跟完整体之间具有对应关系，非终结性（atelicity）情状（状态、进行和阶段）跟非完整体之间具有对应关系。

"时体"问题一直是语言研究的一大难题。据陈前瑞（2005b）的观点，在"时体"问题上，自 20 世纪 70 年代以来相继产生了多种时体理论体系，如 Comrie（1976）的经典体系，Dahl（2000）的核心语法类型和边缘语法类型，Smith（1991）和 Olsen（1997）的"双部"理论，Binnick（1991）、Michaelis（1998）的"三部"理论，Dik（1997）的"五部"理论，Langacker（1987）的"单部"理论。陈前瑞（2004，2005b）则在充分考察汉语语言事实的基础上提出"汉语四层级的体貌系统"。

不过，真正把注意力集中在"时相"或"情状"跟"时体"之间的对应或互动关系的，主要还是 Smith（1991）和 Olsen（1997）

的"双部"理论。

Smith（1991）在 Vendler（1957）和 Comrie（1976）等研究的基础上，将情状类型直接纳入时体研究的范围，提出时体由两部分构成。第一部分是由词汇手段表现出来的情状类型或情状体（situation aspect），基本的情状类型有五类：状态（state）、活动（activity）、完结（accomplishment）、达成（achievement）及一次性情状（semel-factive）；第二部分是由语法手段所标记的视点或视点体（viewpoint aspect），视点体对所描述的情状进行整体或部分观察，包括三种类型：完整体（perfective viewpoint）、未完整体（imperfective viewpoint）和中性体（neutral viewpoint）（参看陈前瑞，2005b）。在 Smith 看来，每一种情状都有一个隐含的起始点（I）和一个自然的或任意的终结点（F），中间是一个可有可无的时间段，视点则是对 I 和 F 之间的整体或部分进行"聚焦"。完整体是把一个情状当作封闭的，包括起始点和终结点的整体来表述；非完整体是只观察和表述情状的一部分，不涉及情状的终结点；中性体则是指句子没有体标记而又不同于前两者的过程意义。句子的时体意义则由情状体意义和视点体意义互动合成。

Smith（1991）的"情状体"和"视点体"被 Olsen（1997）分别称为"词汇体"（lexical aspect）和"语法体"（grammatical aspect）。Olsen 把"语法体"定义为"某些动词性助词及词缀对情状在既定时间的进展或结果所进行的观察"。在词汇体的基础上，Olsen 进一步说明，语法体的完整体是参照时间观察情状的终点，而非完整体则是参照时间观察情状的内核。因此，语法体可以用事件时间（ET）和参照时间（RT）的交叉关系（ET∩RT）来表示。在带完整体标记的情状中，事件时间和参照时间的交点在终点；在带未完整体标记的情状中，事件时间和参照时间的交点在内核。没有语法时体标记的情状就没有限定事件时间和参照时间的交叉关系。语法体与词汇体所表示的事件时间结构的关系可以表示为图 3 - 1 和图 3 - 2 所示的模式。

完整体：[ET∩RT]@终点

[内核＜终点] ET

参照时间：⋯⋯⋯⋯⋯RT

图 3 – 1 Olsen（1997）完整体的观察模式

非完整体：[ET∩RT]@终点

[内核＜终点] ET

参照时间：⋯⋯RT

图 3 – 2 Olsen（1997）非完整体的观察模式

三 时相、情状、时体研究的局限

尽管不少学者很早就认识到，随时间而变化是被词汇化为动词的活动或事件的基本属性（吕叔湘，［1942］1990：56；von Wright, 1963：17 – 34；Givón, 1984：52；Langacker, 1987：244），但致力于时相和时体研究的学者虽然也是在时间进程中讨论问题，却并没有将这一认识全面贯彻于时相和时体研究中来。换言之，目前的时相和时体研究对动词和事件的过程特征并没有给予足够的重视，已有的林林总总的时相时体分析模式或多或少对动词和事件的过程性都有一定程度的疏忽。因此，一些跟时相和时体有关的语言现象被掩盖了，没有得到有效的讨论。具体表现如下所述：

其一，自 Vendler（1957）以来，对动词情状类型的描写多采用语义特征聚合的方式。这种方式虽然简洁明了，但也最容易掩盖动词过程变化的差异。这种矛盾集中反映在对完结类动词情状特征的描写上，例如 Vendler（1957）所列完结动词的情状特征，包括终结性特征和持续性特征。然而，从逻辑上讲，"终结"和"持续"并不在同一共时层面。Olsen（1997）或多或少注意到了这一矛盾，主张采取缺省对立的描写方式对动词的情状类型进行分类。例如"完结"和"达成"情状的区别是：前者永远具有"持续"特征，后者并不一定是"瞬时"的。但是，对于完结动词而言，因为"终结"和"持续"不是共时性的，上述问题依然存在。Olsen 也注意到，"终结"特征确指事件的持续或变化需要达到某一终点，所以情状在时间轴上应该如图 3-3 所示。

[＋动态]

[＋持续]   [＋终结]

事件时间（ET）————————→

图 3-3   Olsen（1997）情状要素示意图

马庆株（1981）曾对汉语中动词后时量短语的语义所指跟动词语义特征的互动关系进行过讨论，认为："看了三天了"因为动词"看"具有"终结"和"持续"特征而有二解，"三天"既可表动作"看"终结后的延续时间，也可表动作"看"的持续时间；"挂了三天了"除了跟"看了三天了"有类似的两种理解外，还可表"挂"的状态持续了三天，因为"挂"具有"终结""持续"和"状态"特征。事实上，若把"挂了三天了"解读为"挂"的动作持续了三天，此时的"挂"只具有"动态持续"特征而不具"终结"和"状态"两类情状特征；若把"三天"解读为终结后的持续时间，此时的"挂"只具"终结"的情状特征；若把"三天"解读为状态持续的时间，此时的"挂"只具"状态持续"的情状特征。显然，"挂"的"持续""终结""状态"特征反映的是历时情状特征，把它们并列在一起容易使人产生逻辑上的困惑。

其二，马庆株（1981）所讨论的"挂"类动词的"动态"和"状态"双重属性还给该类动词的情状归类出了一道难题。显然，无论是在 Vendler 的经典体系还是在 Oslen 的缺省对立模型里，如果要找到"挂"类动词的情状位置，都需要将"挂"一分为二，即动态的"挂$_1$"和静态的"挂$_2$"。事实上也有学者是这样处理的，如陈平（1988）。英语也有类似的动词，例如：

（2）a. They hang curtains in front of shelves instead.

b. Torn, bleached-looking curtains hang at the sides of the six tall window bays. （引自田臻，2008）

（3）a. The castle was besieged by Henry.

b. The castle was besieged for over 5 years. （引自Fawcett，2008）

例（2a）和例（3a）的动词具有动态特征，例（2b）和例（3b）的动词具有静态特征，其中 hang 和 besiege 的静态情状未能在 Vendler 和 Oslen 的模型中得到体现。

其三，郭锐（1993）对动词过程结构的分类虽然把动词语义的过程属性置于显著位置，并以"起点""终点"和"续段"三要素的有无或强弱来考察动词的过程结构类型，但即使从过程的角度来看，有些动词的过程特征也并不能根据以上原则得到有效阐释。例如：

（4）a. 老张开始在树上挂灯笼了。

b. 老张在树上挂着灯笼。

c. 老张在树上挂了灯笼。

d. 树上挂了灯笼。

e. 树上挂着灯笼。

从随时间展开的过程来看"挂"的实际情状，例（4a）的"挂"凸显动作起始，例（4b）的"挂"凸显续段，例（4c）的"挂"凸显动作终结。那么，怎样看待例（4d）和例（4e）"挂"的过程意义？如果把例（4）中的"挂"看作同一个动词，那么例（4d）和例（4e）的"挂"显然溢出了郭锐的分析模式，因为例（4d）和例（4c）"挂了"的情状意义并不相同，同样例（4e）和例（4b）"挂着"的情状意义也有差异。同样，Smith（1991）的"视点体"和 Oslen（1997）"语法体"的分析模式也难以对例（4c）和例

（4d）以及例（4b）和例（4e）反映的时体现象做出有力的解释。一个可行的方案仍是把"挂"类动词根据其"动态""静态"义的差别区别为"挂₁"和"挂₂"（李临定，1985；刘宁生，1985a，1985b），但这不便于从整体上或系统性的角度认识其不同事态表达式之间的关联性。

第二节　汉英事态范畴的类型学差异

上述介绍表明，传统"时相"研究着眼于动词的内在时间特征，而"情状"和"时体"研究着眼于句子所反映的情状处于事件过程的某一个具体阶段。因此，"时相""情状"和"时体"研究观察的角度总的来说是孤立的，既不联系跟前一阶段之间的过递或继起关系，也不关心在时间流程中可能产生的跟它相关联的后一阶段的情状特征。

鉴于上述问题，我们在第一章和第二章就"事件"和"事态"及其相关问题进行了较为详细的阐述。"事态"是动词及相关成分构成的事件在随时间展开过程中某一阶段或特定时间所呈现的过程特征，既体现事件的过程特征，也体现动词及其相关论元反映的情状跟事件过程结构的对应关系。

可以看出，"事态"跟"时体"和"情状"的差别在于，"事态"把事件的完整过程纳入观察的范围，具体涉及"活动前""活动起始""活动持续""活动终结""遗留状态起始""遗留状态持续"六种事态，其模式我们已在第二章做过讨论。为了行文方便，我们重列事件过程结构模式，如图 3-4 所示。

→ 活动前●活动起始 → 活动持续 → 活动终结●遗留状态起始 → 遗留状态持续 →

图 3-4　事件过程结构模式

而"情状"或"时体"主要关注动词及其相关成分所反映的内在时间特征。

从理论上讲，在一个前后相继的可观察的认知视域内，一个理想的完整事件应该包括上述"活动前""活动起始""活动持续""活动终结""遗留状态起始""遗留状态持续"六种事态。但不同动词的过程特征也存在着差别，关系动词表示事物之间的关系，语义结构中无过程或阶段可言；事件动词以其不同的过程特征反映事件的不同阶段或事态。不过，就事件动词而言，有的可能只有活动阶段的某一种或某几种事态，如"开始"只有活动起始事态，"结束"只有活动终结事态，"看""劳动""写"等则有活动起始、活动持续和活动终结三种事态；有的动词除活动事态外，还有遗留状态事态，如前文讨论到的"摆""挂""贴"等兼具动作和状态的附着动词，就可以展现一个理想模式的六种事态。

总之，时相、情状、时体以及我们着重讨论的事态都反映相关动词的时间属性[①]，但是它们观察的立足点或角度有差别：时相和情状不着重涉及事件随时间而展开的过程性或阶段性；时体和事态涉及事件随时间而展开的过程性或阶段性。

不过，传统的时体观是"对情状的内部时间构成进行观察的不同方式"（Comrie，1976：3），关注的是情状的时间组织和时间视角（Smith，1991：xvi），其中"观察的不同方式"以及"时间视角"允许观察者脱离于事件随时间而展开的延展过程，将目光聚焦于事件随时间展开的具体的某一阶段。而事态则重视对事件随时间展开的全程扫描，虽然具体观察的对象往往也只是事件过程中具体的某一阶段。简言之，在事件的展开过程中，对时体的观察来自于外部视角，对事态的观察着眼于事件展开过程中内在的连续、继起或过递关系。

尽管时体和事态关注的都是事件的过程属性，但以往的研究主要着眼于时体问题，事态因为跟时体密切相关而被掩盖了，未能得到充分讨论，致使一些时体和事态的交叉问题未能得到有效的揭示。事实上，虽然时体和事态都跟事件的过程属性相关，但不同语言主

---

① 时制范畴将参照时间联系到说话时间（先于、同于、后于参照时间），严格说来不属于动词本身的时间属性。而时体范畴将事件时间联系到参照时间，事件时间则跟动词的时间属性直接关联。另参考 Johnson（1981：147 - 148）的研究。

要是采取外部视点策略还是内部观察策略，实际上呈现出一定的类型差异。

就汉语和英语而言，由于观察时体的策略并不完全相同，二者在事态范畴方面也存在着一定的差异。

一 立足于外部视点的英语事态范畴

Bhat（1999）从类型学的角度对时制、时体、情态这些动词性范畴进行过研究，认为不同语言对上述动词性范畴有不同的选择。以此为基础，他提出了有关时制、时体和情态的凸显理论（theory of prominence），即不同语言通常侧重于时制、时体、情态中的某一范畴而非等同对待，被凸显者就成为基本范畴，相应地，与基本范畴相关的一些概念差别就呈现得相当精细。同时，另外两个未被凸显的范畴则会被一些边缘系统，如助词或其他间接手段来体现（参看尚新，2004）。Bhat（1999）把语法化、强制性、系统性、遍布性的程度作为判断时制、时体和情态在某语言中是否凸显的标准，并在对印度诸语言和英语进行比较的基础上，认为英语是时制凸显的语言。尚新（2004）对这一认识进行了进一步的论证。我们认为，上述诸家的论述比较有道理，是站得住脚的。

时制是说话者对发生在客观世界中的某一事件在时间轴上的定位，表达的是事件发生时间与参照时间（通常是说话时刻）的关系（先于、同时、后于说话时刻）（Dahl，1985；Bhat，1999），而事态是事件随时间展开过程中处于具体某一阶段的态势。既然英语是时制凸显的语言，英语的事态也在时制方面得到一定程度的体现。Reichenbach（1947：288）将跟时制相关的时间定义为三个"时间点"（time point）：说话时间点（point of speech，S）、事件时间点（point of event，E）和参照时间点（point of reference，R）。其中参照时间点决定时制的先后和时体的类型。Reichenbach 的参照时间点后来被 Smith（1991）和 Olsen（1997）借鉴，用于分析基于情状体和词汇体的"视点体"和"语法体"（grammatical aspect）的外部视点。Olsen（1997）在词汇体的基础上，认为语法体中的完整体是参照时间观察情状的终点，而非完整体则是参照时间观察情状的内核。因此，语法体可以用事件时间（ET）和参照时间（RT）的交叉关系（ET∩RT）来表示，如上文图 3 - 1 和图 3 - 2 所示。立足于外部参照时间观察情状有利于将一些表示短时性动作的动词当作具有延展过程特征的动词来看待。因此，即使是"起始"义动词或"终结"义动词，在时体表达中，英语除了用完成结构表示完整体外还用进行结构表示非完整体①。例如：

(5) a. He is beginning to see his mistake.

b. The war has just begun.

(6) a. Tom is currently finishing a book on China.

b. Jack has finished writing his book report.

(7) a. The old goat is dying.

b. Apple's Steve Jobs has died, but we have to live with courage.

例（5）的 begin 具有起始特征，例（6）的 finish 具有终结特征，但它们既可以用进行结构表示非完整体，也可以用完成结构表示完整体。例（7）的 die 不具持续特征，但可以用进行结构表示垂死的状态。需要指出的是，例（5）的 begin 无论是用进行结构表示的非完整体，还是用完成结构表示的完整体，对整个事件而言，都处于起始事态。因此，即使是如例（5b）的 has begun 表示的完整体，对于战争而言也只是描述了其起始事态而已。例（6）也是如此，对于书或报告的撰写而言，整个事件已经处于活动终结事态。例（5）和例（6）的 begin 和 finish 的非完整体和完整体的作用在于表明整个事件的起始事态和终结事态是否实现。例（7）跟例（5）和例（6）的不同在于，例（7）描述的是 die 及其相关论元构成的独立事件，

① Quirk（1972）、Olsen（1997）、Biber 等（2000），等等，把英语中的进行结构视为非完整体，将完成结构视为完整体。

其中例（7a）的 is dying 凸显"垂死"的持续过程，例（7b）的 has died 凸显"死亡"的终结性。例（7）的情况还表明，英语的某些完结性动词由于可以从外部不同的参照时间来观察，因此可以有非完整体，表示其处于渐变过程中。

二 立足于内部过程的汉语事态范畴

尚新（2004）把 Bhat（1999）判断某语言是否凸显时制、时体或情态的四项标准，即语法化、强制性、系统性、遍布性程度引入汉语分析，认为汉语是时体凸显的语言。Comrie（1976：3）认为时体作为一个语法范畴，表达的是说话者对情状的内在时间构成进行观察的不同方式。而说话者对情状的内在时间结构进行观察，实际是指时体从外部视点观察情状。外部视点跟时制关系紧密，而内部过程的演进体现为不同的时体类型。由此可见，同样是时间范畴，汉语与英语明显不同：英语凸显时制，允许从外部观察动词的时体特征，而汉语不存在系统的时制语法范畴，动词的时体标记仅反映动作的过程特征。具体表现为，汉语的一些短时性动词通常没有非完整体，不可后附"着"表持续，也不可前加"正""在"或"正在"表进行。如上文例（5）至例（7）的进行结构，在汉语中，就不可后附"着"或前加"正""在"或"正在"。比较：

(8) a. He is beginning to see his mistake.

　　*他开始着认识到他的错误。

　　*他正（在）开始认识到他的错误。

　　他开始认识到他的错误（了）。

b. The war has just begun.

　　战争已经开始了。

(9) a. Tom is currently finishing a book on China.

　　*汤姆目前完成着一部关于中国的著作。

　　? 汤姆目前正（在）完成一部关于中国的著作。

　　汤姆目前就要完成一部关于中国的著作（了）。

    b. Jack has finished writing his book report.

    杰克已经写完了他的读书报告。

（10）a. The old goat is dying.

    ＊那只老山羊死亡着。

    ＊那只老山羊正（在）死亡。

    那只老山羊就要死了。

    b. Apple's Steve Jobs has died, but we have to live with courage.

    苹果公司的斯蒂夫·乔布斯已经去世了，但我们必须勇敢地活着。

    汉语的"着""正""在"或"正在"描写活动或状态处于持续过程，起始动词和终结动词既然不具持续特征，自然不可与之共现。从另一个角度看，能跟"着""正""在"或"正在"共现的动词通常需要具有持续特征，"了"则既可与起始动词共现，也可与终结动词共现，当然还可与兼具起始、终结和持续特征的动词共现，因为"了"的语法意义具有"完结" "起始"两面性（参看税昌锡，2012）。因此，不是所有的动态动词都可与"着""正""在"或"正在"共现，但动态动词绝大多数都可与"了"共现。

    因此，简单地将汉语的"了"对应于英语的完整体的做法，显然是值得商榷的。一个典型的例子是，某些动词跟"了"共现后接时量短语可能存在歧解（参看马庆株，1981）。例如：

（11）a. 广告牌都挂了一天了，还没挂好。

    b. 广告牌早挂好了，都挂了一天了。

    c. 广告牌都挂了一天了，想必很多人都看到了。

    例（11）"挂了一天了"在不同的语境里有不同的理解，不可都视为完整体。尽管其中前一个"了"都表示从"挂"的某一过程特征作为起点开始计时，但例（11a）"挂"表示从活动开始计时已经过去一天的时间，动作仍在继续；例（11b）"挂"表示从活动结束开始计时已经过去一天的时间；例（11c）"挂"表示从活动结束之后的遗留状态起始事态计时已经过去一天的时间，状态仍将继续。例（11b）"挂"后的"了"可以认为是完整体标记，例（11a）和例（11c）"挂"后的"了"却很难认为是完整体标记。可见，例（11）"挂"后"了"的时体或事态标记功能受到了动词"挂"过程特征的严格制约。

尽管汉语中具有强过程特征的动词可以有类似于英语的非完整体和完整体形式，对这类动词在具体语境中的时体或事态特征也可以像英语那样通过外部视点来观察，但从汉语的起始动词和终结动词没有英语那种非完整体形式，"了"的时体或事态义受制于动词的过程特征等事实来看，汉语动词的事态范畴主要立足于事件过程本身，即主要是一种通过内部过程扫描，对事件进行审视的过程。

第三节　汉语动词事态特征跟时体助词的互动

由于英语是时制凸显的语言，动词的时间特征可以依赖语境从外部进行观察，因此事件随时间展开所呈现出来的阶段与阶段，或事态与事态之间的内部转化递进关系长期以来没有引起足够的重视①。而汉语是时体凸显的语言，动词的时间特征随着事件的展开主要是在内部发生变化，不存在系统的时制语法范畴，因此对汉语动词的时间属性的研究沿用英语的研究方法无异于南辕北辙。

基于上述原因，我们认为，对汉语动词时间属性的研究，有必要建立在事件本质上是一个动态变化过程认识的基础上，且在传统"时体"范畴之下建立"事态"这一下位范畴，以便于探讨动词及相关成分构成的事件，在随时间展开过程中某一阶段或特定时间所呈现

---

① 参看第一章第二节对国外学者事件结构研究的介绍，第二章第三节 Lakoff 和 Dowty 等对某些三元例组的讨论。

的过程特征。事件随时间展开呈现出不同的事态,事态实际上由动词的过程特征来体现,最终由语义角色的配置以及时体形态或时体助词标示。鉴于汉语是时体凸显的语言,下文主要讨论汉语动词过程特征跟时体助词在选择限制和事态标示间的互动关系。

一 动词事态特征对时体助词的选择限制

事件动词以不同的时体助词为标志表明事件所处的阶段或事态。在汉语里,"了""着""过"被认为是典型的时体助词,但是并不是所有的事件动词都跟它们有选择关系。比较:

（12） 开始：开始了　　＊开始着　　＊开始过

　　　 出发：出发了　　＊出发着　　＊出发过

　　　 结束：结束了　　＊结束着　　＊结束过

　　　 灭亡：灭亡了　　＊灭亡着　　＊灭亡过

（13） 失败：失败了　　？失败着　　失败过

　　　 丢失：丢失了　　？丢失着　　丢失过

　　　 看见：看见了　　？看见着　　看见过

（14） 劳动：劳动了　　劳动着　　　劳动过

　　　 编织：编织了　　编织着　　　编织过

　　　 讨论：讨论了　　讨论着　　　讨论过

例（12）表明,只具"起始"和"终结"过程特征且不可反复发生的动词只能跟"了"共现,不能跟"着"和"过"共现,换言之,只具"起始"和"终结"特征的动词只能描述事件的起始事态和终结事态。例（13）表明,具有"终结"过程特征,一定条件下又可以反复发生的动词可以跟"了"和"过"共现,能跟"过"共现的原因是这类动词虽不具持续特征但具有可反复性,如"失败过三次""丢失过四次""看见过五回",换言之,具有"终结"和"反复"特征的动词可以描述事件的终结和经历事态。例（13）一定条件下也可以跟"着"共现,但并不表示动作持续,而是表示动作在反复发生，如"敌人的进攻一次又一次地失败着"。

例（14）表明，具有"起始""持续"和"终结"特征的动词一般都能跟"了""着"和"过"共现，可以描述事件随时间展开的"起始""持续""终结"和"经历"四种事态。不过，由于例（14）的动词都是有起点和终点的双限动词（郭锐，1993），即从过程角度看，这些动词的语义结构中既有起始点又有终结点，即前文事件过程结构模式中活动阶段的活动起始和活动终结两种事态（中间经历了或长或短的活动持续事态）。例（12）和例（13）表明，起始动词和终结动词都可以跟"了"共现，因此例（14）的动词跟"了"共现其实是存在歧义的①，分解如下：

（14′）劳动：劳动了（开始劳动／劳动过了）
　　　编织：编织了（开始编织／编织过了）
　　　讨论：讨论了（开始讨论／讨论过了）

例（14）的动词由于具有内在持续和反复性持续特征，在跟"着"和"过"共现时其实也是有歧义的。跟"着"共现既可以表示动作持续，如"会员们正在讨论着这个提案"，也可以表示反复性持续，如"会员们一次又一次地、反反复复地讨论着这个提案"；跟"过"共现既可以表示动作的完整性经历，如"讨论过这个提案后接着讨论下一个提案"，也可以表示动作的反复性经历，如"这个提案曾经反复讨论过"。"过"的经历事态标记功能第四章还将做详细讨论。

例（14）的动词都是动态性活动动词，其过程结构中包括起始、持续、终结和经历四种事态。如果动词兼具动态和静态特征，在随时间展开的过程中这样的动词便可以形成活动阶段和遗留状态阶段前后相继的两个周期，这两个周期都可以跟"了""着""过"共现（详

①　金立鑫（2003）也注意到"S了"和"V了"中的"了"是两个不同的体标记，前者表示"起始"，后者表示"实现"，由此造成句末"V了"构成的句子存在时体歧义。例如，"他吃了"可以分解为"开始吃"和"吃过了"。

见第二章）。以"摆"为例：

> （15）a. 小丽开始在讲台上摆鲜花了。
>
>   b. 小丽在讲台上摆着鲜花。
>
>   c. 小丽在讲台上摆了鲜花。
>
>   d. 小丽在讲台上摆过鲜花。
>
> （16）a. 讲台上摆了鲜花。
>
>   b. 讲台上摆着鲜花。
>
>   c. 讲台上摆过鲜花。

    例（15）和例（16）各例展现动词"摆"及其相关论元构成的事件在随时间展开过程中的全程事态。其中例（15）描述活动展开过程，施事"小丽"是动作主体，作为前景角色在句中充当主语，处所短语"在讲台上"作为动作发生的背景在句中充当状语。例（16）中，施事随着动作结束转为状态后也随之退隐不再作主语，相应地，表方位的处所短语"讲台上"因为作为状态的系属对象成为前景充当主语。此外，例（16）的"摆"由于被理解为相对无界的状态，因此通常没有如例（15c）的有界表达式。但状态也会因为某种原因招致毁损或终结，也会成为"过去"，所以也有例（16c）的经历事态表达式。

    副词"在""正（在）"描述活动正在展开，具有"持续"特征的活动动词通常都能受它们修饰，而不具"持续"特征的起始或终结动词一般不能受它们修饰。比较：

> （17）a. *（?）（正）在开始（出发）
>
>   b. *（正）在结束（灭亡，失败，丢失，看见）
>
>   c. （正）在劳动（编织，讨论，加班，采访，粉刷，
>
> 维修）

    "在"和"正（在）"是标示进行体的动态性副词，因此一些描

述静态持续的动词因为不具有动态特征，不能描述正在展开的过程，所以不能受"在"和"正在"修饰。比较例（18）和例（19）：

（18）a. 彤彤在信封上贴邮票。

　　　 b. 彤彤在信封上贴着邮票。

　　　 c. 彤彤正在信封上贴着邮票。

（19）a. 信封上贴着邮票。

　　　 b. * 信封上在贴着邮票。

　　　 c. * 信封上正在贴着邮票。

例（19）描述"贴邮票"活动终结之后的遗留状态持续事态，具有静态特征，不能受"在"或"正（在）"修饰。事实上，一些表示时体意义的趋向动词，如"起来""下去"等，以及动词重叠通常也局限于具有动态持续特征的动词，而仅具有起始或终结特征的动词，以及活动终结之后的遗留状态动词通常没有上述语法特征。

综上所述，动词的过程特征在很大程度上规约着动词与表时体意义词语的共现。

二　动词事态特征对时体助词事态标示的制约

汉语的时体助词"了""着""过"不仅可以标示动词的时体特征，还可以配合动词的过程特征标示事件在随时间展开过程中的不同事态。例如"开始了一天的工作"和"结束了一天的劳动"，根据词语组配的语义相容原则，前句的"了"跟"开始"共现表"起始"义，后句的"了"跟"结束"共现表"完结"义。这种情形尤以兼具动态和静态特征的附着动词为典型，前文例（4）不同过程阶段跟时体助词的交替共现已有所显示。以"贴"为例：

（20）a. 蓝蓝开始贴广告了。

　　　 b. 蓝蓝在墙上贴了一幅广告。

　　　 c. 墙上贴了一幅广告。

（21）a. 蓝蓝在墙上贴着广告。

　　　b. 墙上贴着广告。

（22）a. 蓝蓝在墙上贴过广告。

　　　b. 墙上贴过广告。

随着"贴"过程特征的改变，与之共现的时体助词所标记的事态也不尽相同。"了"的时体义具"完结""起始"两面性，具体受到动词过程特征的约束。例（20a）"贴广告了"具无界特征，"了"标示活动起始事态；例（20b）"贴了一幅广告"具有界特征，由于施事在场，"了"标示活动终结事态；例（20c）"贴了一幅广告"虽然与例（20b）相同，但施事已经退隐，活动结束后已经进入到无界的遗留状态，因此"了"标示的是遗留状态起始事态。例（21）的"着"是表持续的时体助词，但与不同过程特征的动词共现，所标示的事态也有差别。例（21a）因为施事在场，"着"标示活动持续事态，例（21b）因为施事退隐，事件的活动阶段结束之后进入到遗留状态的延展过程中，"着"标示的是遗留状态持续事态。例（22）的"过"是表"经历"的时体助词，但与不同过程特征的动词共现，所标示的事态也存在差别。例（22a）有施事参与，"过"标示施事进行的活动既已过去，例（22b）无施事，"过"标示遗留状态既已过去。

观察发现，"了""着""过"事态标记功能的上述差异跟事件过程结构具有严格的对应性，如第二章图2-3所示，我们把"了""活动起始"的事态标记功能记为"了$_1$"，"活动终结"的事态标记功能记为"了$_2$"，"遗留状态起始"的事态标记功能记为"了$_3$"。相应地，"着"的"活动持续"的事态标记功能记为"着$_1$"，"遗留状态持续"事态标记功能记为"着$_2$"；"过"的"活动既已过去"的事态标记功能记为"过$_1$"，"遗留状态既已过去"的事态标记功能记为"过$_2$"。第二章图2-3中"了""着""过"在事件过程结构中的分布实际上反映了这些时体助词事态标示功能的差异，转录图2-3如下（本章排序为图3-5）：

$$\rightarrow A_0 \bullet \underbrace{A（了_1）\rightarrow B（着_1）\rightarrow C_1（了_2）}_{过_1} \bullet \underbrace{C_2（了_3）\rightarrow D（着_2）\rightarrow}_{过_2}$$

图 3 - 5　"了""着""过"在事件过程结构中的事态标示模式

需要强调的是，一般认为，时体（aspect）指语法所标记的由动词表示时间活动的长短或类型（戴维·克里斯特尔，2002：29）。这一认识由于不涉及动词过程特征的差异，很难说明如"小张在信封上贴了两张邮票"和"信封上贴了两张邮票"中"贴"和"了"的差异。陈前瑞（2008：7）把"体"的外延扩大，总称为"体貌"（aspectuality），认为"体貌是事件内在的时间结构的表现"，这就把"时体"跟"事件"联系起来了。不过，陈前瑞定义的"事件"（eventuality）"泛指人们在一定的时间点所观察到的动作、状态或现象，其表现形式通常为现实话语中的小句"。这种认识因为缺乏过程观念，也很难解释上述例（20）至例（22）所反映的语言现象。事实表明，传统的动词时体观念跟动词所描述的事态不完全相同，有必要区别对待。如图 3 - 5 所示，事件的展开具有以周期呈现的过程阶段性，因此相同的时体助词可以与不同过程特征的动词共现。

总结本章的讨论，时相、时体、时制以及情状研究虽然侧重点不同，但都涉及动词的时间属性问题。类型学的研究表明，英语是时制凸显的语言，汉语是时体凸显的语言。英语因为凸显时制，主要从外部视点观察事件的内部时间构成，汉语凸显时体，主要通过内部视点对事件过程进行审视，若沿用从外部视点的方法观察事件的时间构成在方法论上则有错位之感。

本章在动态发展及过程观的基础上进一步论证动词及其构成事件的事态范畴，以弥补以往时体研究的不足。"事态"反映动词及其相关成分构成的事件在某一阶段或一定时间内的过程特征。事态范畴的建立有助于揭示如汉语时体凸显类语言动词的时间属性。汉语的时体助词"了""着""过"在事件过程结构的相应表达式中具有事态标示功能，它们彼此分工，互为补充，共同描述事件展开的全过程。

动词的时间属性涉及的因素较为复杂，不同类型的语言在凸显时间要素上虽然有所侧重，但并不是其他要素就不起作用。联系第二章的讨论，说英语是时制凸显的语言，并不是说英语没有时体或事态；反之，说汉语是时体（事态）凸显的语言，也并非说汉语没有时制表达方式。因此，对动词时间要素的研究除了根据语言类型的差异有所侧重外，还需联系其他次要因素做综合系统的研究。事件过程结构的动态特征以及事态观念可以对本章第一节讨论的时相、情状、时体研究存在的种种问题做出扼要的说明。

第四章　汉语过程动词的事态结构[*]

　　从类型学上看，英语是时制（tense）凸显的语言，动词的时体（aspect）问题尽管被认为是反映动作起始、持续或终结等的时间问题，但受时制范畴特征的影响，人们通常可以从说话时间对事件进行时间定位，时体的过程或历时特征历来没有受到足够的重视；汉语是时体凸显的语言，如果按照英语时体研究的思路来观照汉语的时体问题，汉语中跟时体有关的很多语言现象将被掩盖起来。

　　本章按照过程或历时观的思路，在事件过程结构理想模式的基础上，讨论汉语过程动词^①的事态结构并概括其类型。

　　如第二章和第三章所述，"事态"是鉴于"时体"概念不能说明同一时体形态或时体助词所标示的意义可能存有差异而提出的，可以认为是时体范畴之下的次范畴。在汉语时体标记中，"了"和"着"标记事件随时间展开过程中不同事态的过递情况，"过"标记事件的经历事态。

　　汉语中，除"了""着""过"外，"正""在""正在""刚才""已经""曾经""呢""来着""起来""下去""完"等也可以表示

　　* 本章主要内容分别以"汉语动词的事态结构"和"'过'的时体义与经历事态标示功能"为题发表于《国际汉语学报》2015年第6卷第1辑和《华文教学与研究》2015年第2期。前文做了一些改写，后文收入"21世纪第七届现代汉语语法国际研讨会论文集"《汉语语法研究的新拓展》（七）（上海教育出版社2015年版）。

　　① 不具有过程特征的"属性动词"和"关系动词"，如"是""在""肯""能""愿""缺乏""认为""作为""显得""值得""加以""等于""位于""善于""例如""能够""应该""总得"等不在本章讨论的范围。

动词的某些事态特征，但不反映事态的过递关系，且不具系统性，讨论中只作辅助性手段。

第一节 事件过程与动词的事态特征

"时体"（aspect）在汉语文献中又叫做体、体貌（陈前瑞，2008：7）、动相（吕叔湘，［1942］1990：227）、情貌（王力，［1943］1985：151）或时态（龚千炎，1995）等，不过，"时体"更加凸显动词表示的行为或状态的时间因素。Comrie（1976：3）认为时体是"对情状的内部时间构成进行观察的不同方式"，戴耀晶（1997：5）借鉴Comrie的观点，认为"体是观察时间进程中的事件构成的方式"。戴耀晶（1997：4）还认为，时体意义通常由动词来体现，但是动词并不是时体意义的唯一体现者，甚至也不是时体意义的承载单位。时体意义的承载单位是句子，动词只有在句子中才能体现出时体意义，句子中的每个要素都可以对时体意义产生影响。因此，即使是形态相同的动词，其时体意义也可能不完全一致。拿英语例子来说：

（1）a. John cooled the soup.

b. The soup cooled.

例（1a）和例（1b）的动词形态一致，都是过去式，但很难认为它们表达的是完全相同的时体意义。例（1a）有施事，cooled 具有动态特征，例（1b）施事退隐，cooled 不再具有动态特征；例（1a）的 cooled 描述的是不再持续的行为，具有完整性，例（1b）的 cooled 描述的是状态，仍将持续下去。又如：

（2）a. Paul is hanging a lamp from the ceiling.

b. A lamp is hanging from the ceiling.

例（2a）和例（2b）的差异在于，例（2a）的动词具有动态特征，例（2b）具有静态特征。

同一动词的相同时体形态尚且存在如此差别，不同动词的时体问题就可想而知了。跟英语凸显时制相比，汉语凸显时体，因此汉语的类似问题更为显著。"了""着""过"被普遍认为是典型的汉语时体助词，但它们在表达时体意义时呈现出纷繁复杂的状态，成为学术界经久不衰的热门话题。

先看"了"。"了"的语法意义历来受到人们的关注，并先后出现了"完成"说（黎锦熙，［1924］2000：232；王力，［1943］1985：153－156）、"实现"说（刘勋宁，1988）、"完整"说（戴耀晶，1997：35－56）、"达成"说（史有为，2002，2003）、"界限"说（陈忠，2002，2009：27－28）、"界变"说（张黎，2003，2010），等等。众多"学说"的呈现说明了学者们探索事实真相的不懈努力，同时也说明"了"时体意义的复杂性。例如：

（3）我们团倾巢出动，开始了全国范围的巡回演出。（王朔《空中小姐》）

（4）王喜弹完了《幻想曲》，围观者发出了更高的喊声。（陈建功、赵大年《皇城根》）

（5）张三追累了李四了。［沈家煊（2004）用例］

（6）今天的段莉娜是一副出场面的正规打扮，光线又格外地明亮，康伟业认真地把她一看，轮到他大受惊吓了。段莉娜穿着一件图案花色都很乱的真丝衬衣和米色的真丝喇叭裙，半高跟的浅口黑皮鞋，黑色长筒丝袜，胸前挂了一串水波纹的黄金项链，心形的坠子金光闪烁。（池莉《来来往往》）

上述诸例中的"了"都在动词后宾语前，即所谓的"了$_{(1)}$"[①]，

[①] 传统观点认为动词后宾语前的"了"和句尾"了"表示的语法意义存在差异，因此将前者标记为"了$_1$"，把后者标记为"了$_2$"，这种标记跟本书基于事件过程结构对"了"的"了$_1$""了$_2$"和"了$_3$"的事态标记是两回事。为了便于区别，本书将传统的"了$_1$""了$_2$"标记为"了$_{(1)}$"和"了$_{(2)}$"。

但它们的语法意义并不完全一致。例（3）的"了"标示活动开始，例（4）中前一个"了"通常被认为是标示活动完结，后一个"了"是否也标示活动完结很难断定。类似情况典型的如例（5），可以说"追"的动作随着结果状态"累"的形成而完结，可"累"却是动作完结而导致的，处于起始状态①，因此例（5）的"追累了"是描述动作完成还是结果状态起始，很难断定。例（6）中"胸前挂了一串水波纹的黄金项链"的"了"并不表示活动"挂"的完结，跟上文的"穿着"对照，"挂了"还蕴含着"持续"的意思。可见，"了"的上述诸"说"都存在一定的片面性。

再看"着"。"着"既可以标示动作处于持续状态，也可以标示状态处于持续状态。比较：

（7）女病人望着远方，好像那里翱翔着一只鹰。（毕淑敏《预约死亡》）

（8）a. 我独自一人在一个昏暗的套房里摆着一张张扑克牌，周围静得像没有人。（王朔《橡皮人》）

b. 五彩缤纷的尼龙化纤衣服一排排悬挂着，地上摆着各种黄澄澄的假首饰、电子打火机、太阳镜和腰带。（同上）

例（7）和例（8a）的"着"都标示行为的动态持续，例（8b）的"着"则标示状态的静态持续。尤其是例（8a）和例（8b）的"摆着"，前者是动态持续，后者是静态持续，是什么原因导致了相同的动词"摆"具有不同的动态和静态差别？②

最后看"过"。"过"由趋向动词经过虚化后，表示行为成为过

---

① 动结式的语义重心通常在结果补语上。沈家煊（2004）将"张三追累了李四了"分解出三种可能的意义：a. 张三追李四，李四累了（有使成义）；b. 张三追李四，张三累了（无使成义）；c. 李四追张三，李四累了（有使成义）。可见，把动结式后的"了"理解为表示结果状态的起始更为恰切。

② "了"也有类似情形，如"小张在餐桌上盖了一张桌布"和"餐桌上盖了一张桌布"，前句的"盖"具有动态特征，后句的"盖"具有静态特征。"过"的类似现象见例（9）。

去或某种经历（王力，［1958］1980：309 – 310），但也有标示状态成为过去或经历的。比较：

(9) a. 厂长在办公室的门上贴过招聘启事。

　　b. 办公室的门上贴过招聘启事。

(10) 以前她也批评过他，挖苦过他。（蒋子龙《赤橙黄绿青蓝紫》）

(11) 往日都不忍去看被胡乱剪过的头发。（张炜《美妙雨夜》）

(12) 细究起来，大凡你不感兴趣的事情分为两种情况：一种是你尝试过了这事情，觉得毫无兴趣；另一种是你从未尝试过这事情，预先就认定你对它不会有兴趣。（铁凝《门外观球》）

例（9）的两个句子有相同的"贴过招聘启事"，但例（9a）描述行为成为过去或一种经历，例（9b）描述状态成为过去或一种经历。此外，即使表示行为或状态成为某种经历，"过"的语法意义也似有差别。如例（10）跟例（11）相比，前者标示行为成为过去，时过境迁，行为成为一种经历，后者也标示过去的行为，但却跟叙事当时有一定联系，由此，前者不可以跟"了"共现，后者却可以，甚至可以与"了"互换。这种情况在例（12）中得到了印证，该句前一个"尝试"跟当时相关，可以加"了"，后一个"尝试"实际未曾展开，不可以加"了"。

事实表明，汉语的"了""着""过"尤其是"了"和"过"的时体意义并不单纯，在具体的语言环境中也可以表达不同的变体意义。可见，一定条件下，同一种时体形态并不一定表示完全相同的时体意义，研究时体还应该旁及动词的过程特征以及句子的各构成要素对时体意义的影响。

基于上述语言事实，第二章和第三章在讨论传统时体范畴研究局限性的基础上，论证了建立事态范畴的必要性，并得出两点初步结论：（1）并非所有的动词都能跟"了""着""过"共现，换言之，

"了""着""过"跟动词共现受制于动词的过程特征；（2）"了""着""过"跟动词共现，一定条件下可以描述不同的事态，换言之，动词的过程特征对"了""着""过"的事态标记功能具有制约作用。二者都可以在第二章图 2 - 3、第三章图 3 - 5 的基础上得到体现。本章将在上述讨论的基础上进一步揭示汉语动词的事态结构类型，讨论仍然以第二章图 2 - 3、第三章图 3 - 5 为基础。为叙述方便，我们将图 3 - 5 转录如下（本章排序为图 4 - 1）。

$$\rightarrow A_0 \bullet A（了_1）\rightarrow B（着_1）\rightarrow C_1（了_2）\bullet C_2（了_3）\rightarrow D（着_2）\rightarrow$$

$$\underbrace{\qquad\qquad\qquad\qquad}_{过_1}\qquad\underbrace{\qquad\qquad\qquad\qquad}_{过_2}$$

图 4 - 1　"了""着""过"在事件过程结构中的事态标示模式

图 4 - 1 显示，汉语的时体范畴包括三个典型成员：完结·起始体、持续体和经历体，分别对应于"了""着"和"过"。从事件随时间展开所呈现的具体事态来看，"了""着""过"交替分工，互为补充，可以对事件完整过程所经历的各种事态进行精细的刻画（参见第二章）。

不过，除"了""着""过"外，还可以通过某些词汇或语法手段来描述事件的阶段性事态特征，大致有五种类型。

类型一："起始"和"终结"动词。事件的展开具有阶段性，凡阶段皆具有"起始"和"终结"两极，因此，"起始"义动词和"终结"义动词可以跟具有续段特征的动词共现①，分别描述事件的起始事态和终结事态。例如"讨论开始"和"讨论结束"，前者描述"讨论"事件处于活动起始事态，后者描述活动终结事态。典型的起始义动词有"开始""着手"等，典型的终结义动词有"结束""完"等。此外，动结式结构中因为结果补语的作用也使得述语动作被结构赋予终结特征，如"喝醉"中的"醉"、"把茶杯摆好"中的

---

① 具有"续段"特征的"事件名词"也可以跟"起始"义动词和"终结"义动词共现，如"会议开始""会议结束"的"会议"，"表演开始""表演结束"的"表演"。

"好"使"喝"和"摆"具有"终结"特征，进而使得"喝"和"摆"构成的事件处于终结事态①。

类型二：事态副词。具有阶段或续段特征的事件还可以对其在时间进程中的事态从时间域的角度进行具体刻画。除图4-1中的时体助词"着₁"和"着₂"，汉语的事态副词"正""正在""在"以及"已经""曾经"和"还"等也可以描述事件展开过程中的事态持续、进行或经历特征。陈前瑞（2003）引入 Johanson（2000）"聚焦度"（focality）和 Lyons（1995：337）"主观性"（subjectivity）的概念对"正""正在"和"在"进行过比较深入的讨论。按照陈前瑞（2003）的观点，汉语事态副词"正""正在"和"在"之间的聚焦度依次减弱，主观性则依次增强。

类型三：事态语气词。具有阶段特征的事件也可以通过句末语气词"呢""来着"等表示事件的事态特征。"呢"跟"正""正在"或"在"一样，都可以表示事态处于进行的过程中，如"老王查资料呢""小张看书呢"。由于"呢"的这一功能，它还可以跟"正""正在"或"在"共现，如"老王正查资料呢""老王正在查资料呢""老王在查资料呢"。"呢"还可以表示反复进行或长期持续，如"这事我常想呢""一直等你呢"（陈前瑞，2008：253）。"来着"标记最近的过去时间里进行的动作（He，1998），如"你刚才说什么来着"。

类型四：事态趋向动词。具有阶段特征的事件因为本身的持续特征，还可以通过趋向动词"来""去""起""上""下""过来""过去""起来""下来""下去"等表示事件的终结性或持续性延展特征。如"大家七嘴八舌地议论起来""让他说下去"。

类型五：动词重叠或复叠。某些具有阶段特征的事件具有"可反复"特征，可以通过动词重叠或复叠表示动作的短时量或反复性。前者如"看看""说说""洗洗"，后者如"读读写写""说说笑笑"

---

① 玄玥（2011）、沈阳和玄玥（2012）在生成语法理论基础上，从补语的功能角度提出"完结短语"假设，认为现代汉语动结式补语是一种内部情状体，给述语动作一个完结状态。

"跳上跳下""走来走去""走走停停"。

尽管上述五种类型的词汇或语法手段可以使事件随时间展开所呈现的事态特征的描写更加精细，但它们都不具系统性，除"已经""曾经"和"还"外，通常只适用于活动阶段的事态刻画而不适用于遗留状态阶段①。鉴于"了""着""过"已经虚化为时体助词，具有系统的时体意义，不仅可以描述事件活动阶段的相应事态，还可以描述遗留状态阶段的相应事态，因此下文对汉语动词事态结构的讨论将参考图4-1，依据其与"了""着""过"的共现能力，同时将上述各种手段作为辅助手段。

图4-1显示，在汉语时体范畴的三个典型成员"了""着""过"中，"了"和"着"交替分工，刻画事件随时间展开不同事态的过递结构，"过"则刻画活动阶段或遗留状态阶段的经历事态。下文分别讨论。

第二节 "了"和"着"与动词的事态过递结构

因为"过"标示已过去的行为、状态或某种经历，不跟事件随时间展开过程中的事态过递相联系，为不使问题变得更复杂，下文对动词的事态过递结构的讨论宜将"过"暂时搁置，留待第三节集中讨论。

如上文各例以及图4-1所示，时体助词的功能之一是标示由动词的过程特征所体现的行为或状态在事件过程中所处的事态。但是，并不是所有的动词都具有潜在的两个阶段五种事态②，所以动词可以根据其过程特征的差异以及跟"了"（包括"了₁""了₂"和"了₃"）和"着"（包括"着₁"和"着₂"）共现的能力分为不同的事态过递结构类型。

---

① 因此，这些类型的手段尽管可以描述事件的部分时体或事态特征，但从语法范畴的角度看，其时体范畴的地位并不稳定。

② 事件前阶段即非现实事件未随时间而展开，在事件展开过程中不具实际意义，下文略而不论。

一　活动起始动词

活动起始动词只描述事件的活动起始事态（记为 $V_1 \cdot A$），在时体表现上只能跟"了"共现，此时，"了"为图 4-1 中的"了$_1$"，实际标示活动处于起始事态。该类动词中，"开始"最为典型，"开始了一天的劳动""劳动开始了"意思是以"劳动"构成的事件处于活动阶段的起始事态。活动起始动词不具"持续"特征，因此不可能有活动持续过程，不能跟"着$_1$"共现；也因为只具"活动起始"过程特征，不具"活动终结"特征，因此大多可以进入"开始……了"结构，但不能进入"……结束了"（"了"为图 4-1 的"了$_2$"）结构。例如：

（13）兴起：（开始）兴起了$_1$　*兴起着$_1$　*兴起（结束）了$_2$

　　　起跑：（开始）起跑了$_1$　*起跑着$_1$　*起跑（结束）了$_2$

　　　出发：（开始）出发了$_1$　*出发着$_1$　*出发（结束）了$_2$

　　　动身：（开始）动身了$_1$　*动身着$_1$　*动身（结束）了$_2$

受过程特征制约，活动起始动词不能生成遗留状态表达式。由于不具动态性续段特征，除了在一定条件下可以跟"正""在""正在"等动态性副词，以及"呢""来着"等语气词共现外，通常不跟"起来""下去""下来"等趋向动词共现。又因为不具"可反复"特征，通常也不可以有重叠或复叠形式。如果后接时量短语，时量短语表示活动起始后的活动持续时间。

常见的活动起始动词有：产生、出发、出台、出生、出世、出现、创办、创立、诞生、动笔、动工、动身、动手、发动、发端、发明、发起、发轫、发生、发现、开班、开办、开笔、开播、开拔、开创、开场、开工、开机、开讲、开局、开幕、开启、启程、启动、起步、起程、起飞、起航、起锚、起跑、起始、入门、入手、入学、兴起、着手。

二 活动终结动词

活动终结动词只描述事件的活动终结事态（记为 $V_2 \bullet C_1$），在时体表现上也只能跟"了"共现，此时，"了"为图 4-1 的"$了_2$"，实际标示活动处于终结事态。该类动词中，"结束"和"完"最为典型，"结束了一天的工作""一天的工作结束了"意思是以"工作"构成的事件处于活动阶段的终结事态。跟 $V_1 \bullet A$ 类动词类似，该类动词也不具"持续"特征，因此也不能跟"$着_1$"共现。此外，跟 $V_1 \bullet A$ 类动词相反，因为该类动词只具"终结"特征，因此不能进入"开始……了"结构。例如：

(14) 断绝： ＊（开始）断绝了₁ ＊断绝着₁ 断绝了₂

跌倒： ＊（开始）跌倒了₁ ＊跌倒着₁ 跌倒了₂

覆灭： ＊（开始）覆灭了₁ ＊覆灭着₁ 覆灭了₂

停止： ＊（开始）停止了₁ ＊停止着₁ 停止了₂

跟 $V_1 \bullet A$ 类动词不太一样的是，由于受终结特征的影响，活动终结动词跟"了"共现后往往蕴含着活动终结后进入了遗留状态的起始事态（参看吕叔湘，[1942] 1990：56-59）。跟活动起始动词类似，活动终结动词由于不具动态性续段特征，不可以跟"正""在""正在"等副词、"呢""来着"等语气词、"起来""下去""下来"等趋向动词共现。又因为不具"可反复"特征，通常不可以有重叠或复叠形式。如果后接时量短语，时量短语表示活动终结后的延续时间。

常见的活动终结动词有：倒、掉、落、灭、死、塌、完、崩溃、长辞、处死、跌倒、丢失、断绝、断裂、覆灭、覆没、结束、截止、垮台、离散、了断、了结、灭亡、涅槃、逝世、死亡、收到、停止、完毕、完成、完蛋、完稿、完工、完结、完竣、完了、完事、牺牲、消失、圆寂、阵亡、自焚、自尽、自杀、终结、终了，等等。不少动结式和动趋式动词语也属于这种类型，如病倒、充满、打败、打倒、打散、看见、买完、摔坏、长满、震垮、震塌、走散、走失。

三　强活动过程动词

强活动过程动词描述的事件有一个随时间展开的延展过程（duration），该过程依序从起始过递持续再过递到终结事态（记为 $V_3 \cdot ABC_1$）。由该类动词构成的事件，根据其随时间展开的相应事态，依序可以构成"开始……了/……开始了"（"了"为图 4 - 1 的"了$_1$"）、"……着"（"着"为图 4 - 1 的"着$_1$"）和"……结束（完）了"（"了"为图 4 - 1 的"了$_2$"）结构。"……结束（完）了"中的"结束（完）"还可以是表动作结果义的其他谓词性词语或介词短语。例如：

> （15）劳动：（开始）劳动了$_1$　劳动着$_1$　劳动（结束）了$_2$
> 　　　编织：（开始）编织了$_1$　编织着$_1$　编织（好）了$_2$
> 　　　散步：（开始）散步了$_1$　散着$_1$步　散（完）了$_2$步
> 　　　读书：（开始）读书了$_1$　读着$_1$书　读（完）了$_2$书
> 　　　看电影：（开始）看电影了$_1$　看着$_1$电影　看（完）
> 了$_2$电影
> 　　　洗衣服：（开始）洗衣服了$_1$　洗着$_1$衣服　洗（完）
> 了$_2$衣服

例（15）左列描述事件的活动起始事态，动词的"起始"过程特征被凸显；中列描述活动持续事态，动词的"持续"过程特征被凸显；右列描述活动终结事态，动词的"终结"过程特征被凸显。

需要指明的是，正如图 4 - 1 所揭示的，"了"既可以描述起始事态又可以描述终结事态，因此强活动过程动词单独跟"了"共现时，多会产生歧义。例如在没有上下文的情况下，"劳动了""编织了""散步了""读书了""看电影了""洗衣服了"是描述活动起始还是终结事态很难确定。这种不确定性从其后跟时量短语存在歧解得到很好的展现。例如：

（16）劳动了：劳动了三天了。

编织了：编（织）了三天了。

看了：看了三天了。

洗了：洗了三天了。

例（16）各例中的时量短语既可以理解为活动起始后的持续时间，也可以理解为活动终结后的延续时间。正因为如此，"起始"义和"终结"义动词与其组合时，起到了很好地分解"了"语法意义"完结""起始"两面性的作用。"了"的语法意义我们将在第五章做详细讨论。

此外，强活动过程动词所具有的动态性续段特征，允许其有更精细的事态刻画，因此可以跟"正""正在""在"等副词、"呢""来着"等语气词、"起来""下来""下去"等趋向动词共现。又因为具"可反复"特征，该类动词通常可以有各种不同的重叠或复叠式。

强活动过程动词数量很大，不再列举。

四　弱活动过程动词

弱活动过程动词描述的事件自发生即向终结事态转化，着重描述活动造成的结果，其活动起始和活动持续事态都较弱，需要借助表起始义的词语如"开始"和持续义的词语如"慢慢地""一天天""一年年"等才能凸显（记为 $V_4 \cdot A_?B_?C_1$）。受其强终结或结果特征的影响，该类动词跟"了"共现时，"了"的"终结"时体义被充分激活，如"路面加宽了""差距缩小了"中的"了"一般被认为是图 4-1 的"了$_2$"，而不像强活动过程动词（$V_3 \cdot ABC_1$）例（15）和例（16）那样存在歧义。例如：

（17）变老：？叔叔变老了$_1$ → 叔叔开始变老了$_1$

？叔叔变老着$_1$ → 叔叔慢慢地变老着$_1$

叔叔变老了$_2$

降低：? 价格降低了$_1$ → 价格开始降低了$_1$

　　　　? 价格降低着$_1$ → 价格一天天降低着$_1$

　　　　价格降低了$_2$

减少：? 库存减少了$_1$ → 库存开始减少了$_1$

　　　　? 库存减少着$_1$ → 库存一天天减少着$_1$

　　　　库存减少了$_2$

　　跟强活动过程动词（$V_3 \bullet ABC_1$）相比，该类动词所具有的弱动态性续段特征使其事态刻画手段受到限制。除了可以比较自由地跟"在"或"正在"共现外（如"路面正在加宽""差距在缩小"），该类动词需要借助持续义词语才能跟副词"正"、语气词"呢""来着"，以及趋向动词"起来""下来""下去"等共现。此外，因为动态性续段特征较弱，这类动词通常没有重叠或复叠形式。

　　跟活动终结动词（$V_2 \bullet C_1$）相比，该类动词的后一词素不具终结特征，因此当后一词素具有终结特征时，就不再是弱活动过程动词而是活动终结动词了。试与例（17）比较：

（18）跌倒：＊大娘跌倒了$_1$ → ＊大娘开始跌倒了$_1$

　　　　　＊大娘跌倒着$_1$ → ＊大娘慢慢地跌倒着$_1$

　　　　　大娘跌倒了$_2$

　　　丢失：＊钥匙丢失了$_1$ → ＊钥匙开始丢失了$_1$

　　　　　＊钥匙丢失着$_1$ → ＊钥匙慢慢地丢失了$_1$

　　　　　钥匙丢失了$_2$

　　　摔坏：＊茶杯摔坏了$_1$ → ＊茶杯开始摔坏了$_1$

　　　　　＊茶杯摔坏着$_1$ → ＊茶杯慢慢地摔坏着$_1$

　　　　　茶杯摔坏了$_2$

　　例（18）表明，活动终结动词因为完全不具起始和续段特征，因此既不能跟"了$_1$"或"着$_1$"共现，也不能跟起始义动词或持续义词语共现。

弱活动过程动词凸显活动向结果的内在瞬时转变过程，通常不跟时量短语共现。活动终结动词则可以跟时量短语共现表示活动终结后的延续时间。比较：

（19）变老：变老了　　？变老了多年了　　？变老多年了

　　　降低：降低了　　？降低了三天了　　？降低三天了

　　　减少：减少了　　？减少了很久了　　？减少很久了

（20）跌倒：跌倒了　　跌倒了一会儿了　　跌倒一会儿了

　　　丢失：丢失了　　丢失了多年了　　　丢失多年了

　　　摔坏：摔坏了　　摔坏了三天了　　　摔坏三天了

常见的弱活动过程动词有：变老、变小、变红、成熟、减少、加长、加粗、加大、加强、放大、放宽、降低、扩大、扩展、缩小、提高、削弱、压缩、延长、增高、增强、展开、长大、长高。

五　弱活动过程过递遗留状态动词

弱活动过程过递遗留状态动词一般具有弱活动过程动词的过程特征，同时还具有较强的遗留状态过程特征（记为 $V_5 \bullet A_2 B_2 C_1 C_2$）。该类动词主要是描述认识过程的认知或心理动词，常见的如懂、怀疑、觉悟、觉醒、理解、了解、认识、熟悉、醒悟。例如：

（21）理解：？彼此理解了$_1$ → 彼此开始理解了$_1$

　　　　　　？彼此理解着$_1$ → 彼此慢慢理解着$_1$

　　　　　　彼此理解了$_{2+3}$

　　　觉醒：？工人觉醒了$_1$ → 工人开始觉醒了$_1$

　　　　　　？工人觉醒着$_1$ → 工人渐渐觉醒着$_1$

　　　　　　工人觉醒了$_{2+3}$

　　　熟悉：？新生熟悉了$_1$ → 新生开始熟悉了$_1$

　　　　　　？新生熟悉着$_1$ → 新生慢慢熟悉着$_1$

　　　　　　新生熟悉了$_{2+3}$

例（21）反映了该类动词具有弱活动过程动词的一面。同时，跟弱活动过程动词强调活动向结果的内在瞬时转变过程不同，它们在活动终结后即刻进入遗留状态。因此，在后跟时量短语时，时量短语既可以理解为活动终结后的延续时间，也可以理解为活动终结后遗留状态的持续时间。试与例（19）和例（20）比较：

（22）理解：理解了　　理解了多年了　　理解多年了
　　　觉醒：觉醒了　　觉醒了很久了　　觉醒很久了
　　　熟悉：熟悉了　　熟悉了半年了　　熟悉半年了

例（19）一般不跟时量短语共现，例（22）跟时量短语共现比较自由。例（20）为活动终结动词，动作不能持续（尽管造成的结果"坏""倒""失"的状态可以持续）。例（22）同时具有较强的活动终结和遗留状态特征，跟时量短语共现时存在歧义，可以理解为活动终结后的延续时间，也可以理解为活动终结后状态的持续时间。

因为描述自活动终结开始便进入稳定的没有变化的遗留状态，该类动词也不跟"着₂"共现，如不说"＊大家一直熟悉着""＊彼此总是了解着""＊工人总是觉醒着"。"着₂"一般标示特定时段中的遗留状态持续事态。

跟弱活动过程动词（$V_4 \bullet A_? B_? C_1$）类似，该类动词所具有的弱动态性续段特征使其事态刻画手段也受到限制。因此，除了可以比较自由地跟"正在""在"共现外（如"新生正在相互熟悉""工人在觉醒"），它们多需要借助持续义词语才能跟副词"正"、语气词"呢""来着"，以及趋向动词"起来""下来""下去"等共现。不过，该类动词的动态性续段特征比弱活动过程动词稍微强些，通常可以有重叠或复叠形式。

六　遗留状态过程动词

遗留状态过程动词主要描述某种活动终结后导致的遗留状态，具有遗留状态起始并过递遗留状态持续的过程特征（记为 $V_6 \bullet C_2 D$）。例如"给瓶子灌水"这一活动终结后，导致瓶子处于"有水"的遗留状态，因此可以有"瓶子里有了水"（"了"为图 4 – 1 的"了$_3$"）和"瓶子里有着大量的水"（"着"为图 4 – 1 的"着$_2$"）的遗留状态起始和遗留状态持续事态表达式。

该类动词因为不具动态特征，一般没有活动阶段各种事态（活动起始、活动持续和活动终结）的表达式。例如：

（23）包含：＊这本书包含深刻哲理了$_1$。

＊这本书包含着$_1$深刻的哲理。

＊这本书包含了$_2$深刻的哲理。

这本书包含了$_3$深刻的哲理。

这本书包含着$_2$深刻的哲理。

占有：＊下半场红塔队占有绝对优势了$_1$。

＊下半场红塔队占有着$_1$绝对优势。

＊下半场红塔队占有了$_2$绝对优势。

下半场红塔队占有了$_3$绝对优势。

下半场红塔队占有着$_2$绝对优势。

此外，也因为上述原因，该类动词通常不可以跟"正""正在""在"等副词、"呢""来着"等语气词、"起来""下来""下去"等趋向动词共现。又因为不具"可反复"特征，通常也没有重叠或复叠形式。但是，因为具有较强的遗留状态特征，跟"了$_3$"共现后，还可跟时量短语，表遗留状态的持续时间。

常见的遗留状态过程动词有：含（里边含有）、有、占、霸占、包含、混杂、据有、具有、决定、拥有、占据、占有。

七 弱活动终结过递遗留状态过程动词

弱活动终结过递遗留状态过程动词的动态特征或活动过程特征不明显，一般不能进入起始义动词构成的"开始……了$_1$"格式，也不能跟"着₁"共现表示活动持续（记为 $V_7 \bullet C_{1?}C_2D$）。例如，"躺"和"坐"，一般不说"开始躺了""开始坐了"（"了"为图 4-1 的"了₁"）及"（正）在躺着""（正）在坐着"（"着"为图 4-1 的"着₁"）。但是，因为具有较弱的活动终结特征，它们可以跟表示终结事态的动词或表示结果的词语构成动结式，以描述活动终结事态，如"躺下了""站直了""骑在了马背上"（"了"为图 4-1 的"了₂"）中的"躺""站"和"骑"。该类动词可以描述由弱活动终结事态转为遗留状态起始事态（以图 4-1 的"了₃"标示），并可以过递到遗留状态持续事态（以图 4-1 的"着₂"标示）。例如：

（24）抱：＊一捆柴火抱了₂怀里 → 一捆柴火抱在了₂怀里
　　　　　怀里抱了₃一捆柴火
　　　　　怀里抱着₂一捆柴火
　　　跪：＊一个和尚跪了₂佛前 → 一个和尚跪在了₂佛前
　　　　　佛前跪了₃一个和尚
　　　　　佛前跪着₂一个和尚
　　　骑：＊一个牧童骑了₂牛背上　→ 一个牧童骑在了₂牛背上
　　　　　牛背上骑了₃一个牧童
　　　　　牛背上骑着₂一个牧童
　　　躺：＊一个陌生人躺了₂沙发上 → 一个陌生人躺在了₂沙发上
　　　　　沙发上躺了₃一个陌生人
　　　　　沙发上躺着₂一个陌生人

　　此外，因为不具动态性持续特征，该类动词通常不可以跟"正""正在""在"等副词、"呢""来着"等语气词、"起来""下来""下去"等趋向动词共现。不过，由于具有"可反复"特征，它们通常可以有重叠或复叠形式。又因为具有较强的遗留状态特征，其后可跟时量短语，表示遗留状态的持续时间。

常见的弱活动终结过递遗留状态过程动词有：抱、背、穿、担、顶、端、搁、跪、混、搂、拿、捏、骑、捧、抬、挑、握、包含、保存、保留、寄存。

八　活动持续动词

活动持续动词主要描述事件活动阶段的持续事态，很难追溯其起始点，也很难追踪其终结点，因此这类动词通常只跟"着"共现，此时，"着"为图 4-1 的"着₁"（记为 $V_8 \bullet B$）。例如：

（25）惦记：＊心里惦记家乡了₁（？心里开始惦记家乡了₁）

心里惦记着₁家乡

＊心里惦记了₂家乡

飞翔：＊空中飞翔几只小鸟了₁（？几只小鸟开始飞翔了₁）

空中飞翔着₁几只小鸟

＊空中飞翔了₂几只小鸟

飘扬：＊城楼上飘扬一面红旗了₁（？城楼上一面红旗开始飘扬了₁）

城楼上飘扬着₁一面红旗

＊城楼上飘扬了₂一面红旗

漂浮：＊水面上漂浮油珠了₁（？水面上油珠开始漂浮了₁）

水面上漂浮着₁几滴油珠

＊水面上漂浮了₂几滴油珠

该类动词尽管具有动态性持续特征，但不具明确的起始和终结特征，加上不具主观性，因此除了可以受事态副词"正"或动态性修饰语修饰外（如"河里正漂着一块木板""河里正晃晃悠悠地漂着一块木板"），一般不跟"正在""在"等事态副词、"呢""来着"等语气词、"起来""下来""下去"等趋向动词共现。也由于上述原因，该类动词通常没有重叠或复叠形式。但是，由于该类动词具有持续特征，通常可以跟时量短语共现，例如"城楼上的红旗飘扬了一个月了""木板漂浮了多天了""小鸟飞翔了很久了"，这类表达式中的"了"标记一个模糊的起点，适量短语的持续特征跟该类动词的持续特征具有相容性。

常见的活动持续动词有：浮、漂、翱翔、奔驰、奔跑、荡漾、惦记、飞奔、飞翔、浮动、怀念、飘荡、漂浮、想念。

九 遗留状态持续动词

遗留状态持续动词主要描述事件遗留状态阶段的持续事态，跟活动持续动词类似，很难追溯其起始点，也很难追踪其终结点，因此该类动词通常也只跟"着"共现，此时，"着"实际为图 4-1 的"着₂"（记为 $V_9 \bullet D$）。例如：

（26）倒映：*湖面倒映了₃美丽的白塔

湖面倒映着₂美丽的白塔

存在：*脑子里存在了₃稀奇古怪的念头

脑子里存在着₂稀奇古怪的念头

耸立：*岸边耸立了₃一座高高的铁塔

岸边耸立着₂一座高高的铁塔

悬挂：*天花板上悬挂了₃一盏油灯

天花板上悬挂着₂一盏油灯

跟活动持续动词（$V_8 \bullet B$）有所不同，该类动词的持续特征具静态性，因此不像活动持续动词那样可以受动态性事态副词"正"修饰，例如通常不说"海面正倒映着美丽的白塔""脑子里正存着稀奇古怪的念头"。也源于其静态特征，该类动词通常排斥受动态性修饰语的修饰，但可以受静态性修饰语修饰。例如：

（27）倒映：？湖面忽明忽暗地倒映着美丽的白塔

湖面清清楚楚地倒映着美丽的白塔

存在：？脑子里时有时无地存在着稀奇古怪的念头

脑子里总是存在着稀奇古怪的念头

耸立：？岸边向空中耸立着一座高高的铁塔

岸边巍然耸立着一座高高的铁塔

悬挂：？天花板上摇摇摆摆地悬挂着一盏油灯

天花板上稳稳当当地悬挂着一盏油灯

由于不具明确的起始和终结特征，也不具主观性，因此该类动词一般也不跟"正在""在"等事态副词、"呢""来着"等事态语气词、"起来""下来""下去"等趋向动词共现，通常也没有重叠或复叠形式。跟活动持续动词（$V_8 \cdot B$）类似，由于该类动词具有持续特征，通常可以跟时量短语共现，例如"稀奇古怪的念头存在了多天了""岸边的铁塔耸立了多年了""油灯悬挂了半年了"。同样，这类表达式中的"了"标记一个模糊的起点，时量短语的持续特征跟该类动词的持续特征具有相容性。

常见的遗留状态持续动词有：充斥、存在、倒卧、倒映、吊挂、端坐、怀抱、怀揣、环抱、环绕、耸立、悬挂、蕴藏、支撑。

十 活动过程过递遗留状态过程动词

活动过程过递遗留状态过程动词具有活动阶段和遗留状态阶段的所有过程特征，在随时间展开过程中可以描述如图4-1所示事件过程结构模式的所有事态（记为 $V_{10} \cdot ABC_1C_2D$）。以"铺"构成的附着事件为例：

（28）A. 小芳开始在地上铺干草了$_1$

B. 小芳在地上铺着$_1$干草

C_1. 小芳在地上铺了$_2$些干草

C_2. 地上铺了$_3$些干草

D. 地上铺着₂些干草

例（28A）至例（28D）描写"铺"及相关成分构成的完整事件的全过程。其中：例（28A）的"铺"凸显"活动起始"事态；例（28B）的"铺"凸显"活动持续"事态；例（28C₁）的"铺"凸显"活动终结"事态；例（28C₂）的"铺"凸显"遗留状态起始"事态；例（28D）的"铺"凸显"遗留状态持续"事态。

跟强活动过程动词（$V_3 \bullet ABC_1$）类似，该类动词描述活动阶段所具有的动态性续段特征允许其有更精细的事态刻画，因此可以跟"正""在""正在"等副词、"呢""来着"等语气词、"起来""下来""下去"等趋向动词共现。又因为其描述的活动阶段具有"可反复"性，通常可以有不同形式的重叠或复叠。

需要指明的是，正如图 4-1 所揭示的那样，由于"了"既可以描述起始事态又可以描述终结事态，单独跟"了"共现时，这类动词所具有的"活动起始""活动终结"和"遗留状态起始"三重事态特征可能造成三重歧义。例如，"铺了三天了"中的"三天"既可以理解为动作"铺"开始后活动持续的时间，也可以理解为"铺"终结后的延续时间，还可以理解为"铺"终结后的遗留状态持续时间。有学者（刘宁生，1985a，1985b；李临定，1985；等等）认为，这类动词有两个意义变体："动作"和"状态"，并认为这两个语义范畴的对立足以在这类动词中列出两个义项。这种认识虽有一定合理性，但也容易割裂在同一事件展开过程中，不同事态表达式的动词时体义之间的联系。

常见的活动过程过递遗留状态过程动词还有：安、摆、别、插、缠、盛、垫、叠、叮、钉、堆、放、盖、挂、裹、糊、画₁（肖像）、刻₁（诗词）、晾、搂、埋、抹、铺、拴、锁、贴、填、涂、写₁（地址）、绣₁（名字）、压、栽、粘、种、煮、装。

归纳上述讨论，汉语动词的事态过递结构类型可以归结为表 4-1。

表4-1　　　　　　　　　汉语动词的事态过递结构类型

类别	例词	事态特征①				
		了₁	着₁	了₂	了₃	着₂
$V_1 \bullet A$	出发，开始，起航，起飞，兴起，着手	+	-	-	-	-
$V_2 \bullet C_1$	丢，死，完，断绝，结束，灭亡，终结	-	-	+	-	-
$V_3 \bullet ABC_1$	吃，读，看，写，劳动，闲聊，琢磨	+	+	+	-	-
$V_4 \bullet A_?B_?C_1$	加宽，减少，扩大，缩小，延长，增高	?	?	+	-	-
$V_5 \bullet A_?B_?C_1C_2$	懂，理解，了解，明白，认识，熟悉	?	?	+	+	-
$V_6 \bullet C_2D$	包含，混杂，具有，决定，占据，占有	-	-	-	+	+
$V_7 \bullet C_{1?}C_2D$	背，顶，蹲，拿，捏，扛，握，卧，坐	-	-	?	+	+
$V_8 \bullet B$	奔驰，奔跑，荡漾，飞翔，漂浮，飘荡	-	-	-	+	-
$V_9 \bullet D$	存在，倒映，端坐，耸立，悬挂，支撑	-	-	-	-	+
$V_{10} \bullet ABC_1C_2D$	安，摆，插，缠，盛，挂，贴，粘，装	+	+	+	+	+

从表4-1可以看出，即使是描述事件随时间展开的事态过递动词，也不一定都能跟"了"和"着"共现。存在以下三种情况：

其一，只能跟"了"共现。又有两种情形：一是跟"了"共现，标示活动起始事态，这类动词通常是起始义动词（$V_1 \bullet A$）；二是跟"了"共现，标示活动终结事态，这类动词通常是终结义动词（$V_2 \bullet C_1$）。

其二，只能跟"着"共现。也有两种情形：一是跟"着"共现，标示活动持续事态，这类动词又叫做活动持续动词（$V_8 \bullet B$）；二是跟"着"共现，标示遗留状态持续事态，这类动词又叫做遗留状态持续动词（$V_9 \bullet D$）。

其三，既可以跟"了"共现，也可以跟"着"共现。又有四种情形：一是"了"和"着"交替分工只描述活动阶段的起始、持续和终结事态，包括"强活动过程动词"（$V_3 \bullet ABC_1$）和"弱活动过

————————————

① 该表的事态特征对应于图4-1所示的事件依时序展开的过程分布，以时体助词标记，即"了₁"表示活动起始事态，"着₁"表示活动持续事态，"了₂"表示活动终结事态，"了₃"表示遗留状态起始事态，"着₂"表示遗留状态持续事态。

程动词"（$V_4 \bullet A_? B_? C_1$）；二是"了"和"着"交替分工以描述遗留状态阶段的起始和持续事态，这类动词又叫做遗留状态过程动词（$V_6 \bullet C_2 D$）；三是"了"和"着"交替分工所描述的活动阶段还延至遗留状态事态，或者经过短暂的活动阶段后过递到遗留状态阶段，二者都存在弱事态情形，前者一般为弱活动过程过递遗留状态动词（$V_5 \bullet A_? B_? C_1 C_2$），后者一般为弱活动终结过递遗留状态过程动词（$V_7 \bullet C_{1?} C_2 D$）；四是"了"和"着"交替分工可以描述事件完整过程的五种可能的事态，这类动词通常为活动过程过递遗留状态过程动词（$V_{10} \bullet ABC_1 C_2 D$）。

第三节　"过"的时体义与"经历"事态标示功能

上文讨论"了"和"着"跟动词事态过递结构类型的关系，本节讨论"过"的时体义及其经历事态标示功能。

从时体范畴的研究现状看，经历体是世界各种语言时体类型研究中相对薄弱、较少涉及的领域（曹茜蕾，2009）。Comrie（1976：58）对经历体（experiential perfect）下的定义是："一个特定的状态在发展至今的过去的某一时间至少发生过一次。"Dahl（1985：141）也提出过类似的定义："经历体的基本用法是在句子中明确指出某种类型的事件在某一特定的时间点之前的特定时期里至少发生过一次。"但迄今系统讨论经历体的文献并不多见。

汉语经历体的形态标记是"过"，但根据戴耀晶（1997：57）的考察，作为时体标记的"过"在 20 世纪 40 年代几部重要的语法论著里都未曾谈及，直至 50 年代以后，将"过"看成与"了""着"一样的时体标记并从时体意义上展开讨论的论著才逐渐多起来①。就语法意义而言，王力（[1958]1980：309 - 310）认为，"过"表示

---

① 曹茜蕾（2009）从功能的角度认为"过"表达的是说话人对言谈内容的真实性，特别是对一个过去曾经发生的事件的确认态度，因此应该重新归入显指标记。本书认为，"过"及其变体跟"了"和"着"及其变体一样，其功能本质上都是明确说话人对事件所处的事态的确认，即它们都具有事态标示功能。

行为成为过去，且所表示的过去的意念比完成貌所表示的更为强烈，往往表示一种经历。吕叔湘（〔1980〕1996：216）认为动词后的时体助词"过"可以表达两种语法意义：一是"表示动作完毕"；二是"表示过去曾经有过这样的事情"。孔令达（1985，1986b）根据吕叔湘等所描写的差异将"过"区分为"过(1)"和"过(2)"①。在此基础上，龚千炎（1995：80）和戴耀晶（1997：58）认为表示"完毕"义的"过"附在动词后虽有所虚化，但因为还有实在意义，并不是时体标记，因此表示经历意义的"过"才是时体范畴主要讨论的对象。

迄今为止，汉语界对"过"的研究主要集中在其语法化过程的讨论上（曹广顺，1995；杨永龙，2001；彭睿，2009；玄玥，2011a；等等）。戴耀晶（1997：57 – 67）和孔令达（1985，1986a，1986b，1995，2005）系列论文从共时角度讨论了"过"的语法意义及相关问题。值得一提的是，陈振宇和李于虎（2013）对"经历体"提出了比较严格的定义，认为"'经历'的基本意义是某种类型的事件在某个时点之前的一段时间里至少发生一次，并且这一事件是可重复的。后者也可以解释为，句子必须关心一个动作或状态的类，而不是单个、特殊的动作或状态"。这一定义强调"经历体"的"可重复性"，对准确认识经历体有积极意义。

其实，"过"跟英语的完成体有相似之处，英语的完成体可以表达多种跟现实相关的时体意义（参考 Comrie，1976：56 – 61）。例如：

（29） a. Bill has gone to America. （比尔去了美国。）

　　　 b. Bill has been to America. （比尔去过美国。）

例（29）的动词都是完成体，但例（29a）描述的是比尔发出动

---

① 文献中一般把"过"的上述两种意义标示为"过₁"和"过₂"，为了跟下文"过"在事件过程结构中的两种分布相区别，此种情况的标号本处加圆括号以示区别。

作"去"的结果，例（29b）描述的是比尔去过美国至少一次的经历。鉴于此，我们把"过"的"完毕"义和"经历"义统一纳入经历体讨论。

本节在前人研究的基础上着重讨论三个问题：其一，并不是所有的动词都可以跟"过"共现，能跟"过"共现的动词需要具有怎样的语义特征；其二，按照传统观点，"过"可以"表示动作完毕"，也可以"表示过去曾经有过这样的事情"，这两种看似有别的语法意义之间存在怎样的联系；其三，"过"在事件的动态展开过程中具有怎样的事态标示功能。

一 "过"的历时特征与动词的类

不是所有描述事件随时间展开的动词都可以跟"过"共现。戴耀晶（1997：58 – 67）认为"过"具有动态性、完整性和历时性（experience），其中历时性是经历体最重要的语义特征。戴耀晶认为，"过"的动态性是一种历时变化性，具有终结动态性的特点；"过"的完整性是一种历时整体性，指句子所表达事件的整体性质，观察的着眼点是在事件的外部，即从外部观察事件构成的结果；"过"的历时性也叫曾然性，指的是相对某个参照时间而言，句子所表述的事件是一个在参照时间之前发生并与参照时间脱离的事件，即它是一个经历上的事件。可见，戴耀晶对"过"的讨论主要着眼于事件的外部，目标是揭示"过"所标示的事件的时体特征。

尽管从事件外部可以观察"过"所标示事件的时体特征，但不能很好地揭示动词跟"过"之间的选择限制关系或共现制约。例如"翱翔""抵达""结束""开幕""完成""耸立"等动作或行为都有可能在过去发生，但它们通常不能跟"过"共现。因此，动词跟"过"共现的语义基础不能仅仅依赖"过"的时体意义。根据词语组配的语义相容原则，要揭示动词跟"过"共现的条件，首先应该关注"过"和动词二者内在的语义特征。

王力（［1958］1990：309）认为，动词"过"在虚化为时体助词之前表示动向，即从甲处所到乙处所的过程。孟琮等（1999：

161）把动词"过"释义为"从一个地点或时间移到另一个地点或时间；经过某个空间或时间"。可见，从内部看"过"的语义构成，其历时性体现在包括了"入点（起点）""历程"和"出点（终点）"三要素的完整过程，语义焦点是出点或终点的出现，其语义模式如图4-2所示（参考孔令达，1995，稍有改动）。

处所
空间某一方向⟶ ● X⟶Y⟶Z₁● Z₂ ⟶
入点　　历程　　出点

图4-2　动词"过"的语义模式

例如"我们过了长江大桥"，"过"的意义涉及长江大桥作为起点的一端和作为终点的另一端，起点和终点之间即长江大桥本身的长度便是"过"的历程。图4-2的 Z_2 表示经历入点 X、历程 Y 和出点 Z_1 后拥有了"过"的整体意义。即使是正在发生而没有抵达出点（或"终点"）的"过"的行为，其出点和历程也可以通过"过"所涉及的对象本身而推断出来，如"我们将过长江大桥""我们正过长江大桥"，其中"过"虽没有抵达出点，但可以预见该出点就是即将抵达的桥的另一端。

通过虚化（或"语法化"）而来的"过"，附在动词后表示"经历"的时体意义，这实际上是动词"过"的上述空间意义投射在时间上的隐喻。因此"过"跟动词共现的条件也应该是，动词的过程结构中需包括"起始""持续"和"终结"事态特征，且"过"的语义焦点是"终结点"的出现。描述活动阶段和遗留状态阶段的动词只要具有上述三项事态特征都可以跟"过"共现，分别如图4-3、图4-4所示。

活动
时间　→ ● A⟶B⟶C₁● C₂→
起始点　　历程　　终结点

图4-3　"过"的活动经历事态语义模式

遗留状态

时间 → ● C₂ ——→ D ——→ [E₁] ● [E₂] →

起始点　　历程　　终结点

图 4-4　"过"的遗留状态经历事态语义模式[①]

换言之，在随时间展开的过程中，不具"起始""持续"和"终结"事态特征的动词通常不可以跟"过"共现表示完整性经历[②]。

上述认识可以通过表 4-1 动词事态过递结构类型得到验证。活动起始动词（$V_1 ● A$）只有起始特征而没有持续和终结特征，不能跟"过"共现，如"＊出发过""＊起飞过""＊起航过""＊开始过""＊兴起过"。

活动终结动词（$V_2 ● C_1$）只有终结特征而没有起始和持续特征，不能跟"过"共现，如"＊结束过""＊灭亡过""＊死亡过""＊完成过""＊终结过"。

弱活动过程动词（$V_4 ● A_?B_?C_1$）的起始和持续特征较弱，需要借助起始义和持续义词语才能凸显起始和持续特征，通常也不能跟"过"共现，如"＊减少过""＊扩大过""＊加宽过""＊缩小过""＊延长过""＊增高过"。

弱活动过程过递遗留状态动词（$V_5 ● A_?B_?C_1C_2$）跟弱活动过程动词（$V_4 ● A_?B_?C_1$）类似，因为起始和持续特征较弱，通常情况下也不能跟"过"共现，如"＊觉醒过""＊了解（知道）过""＊认识过""＊熟悉过""＊醒悟过"。

遗留状态过程动词（$V_6 ● C_2D$）一般描述恒定的遗留状态，语义结构中不具潜在的终结特征，一般不跟"过"共现，如"＊包含过""＊混杂过""＊具有过""＊决定过"。

[①] 遗留状态阶段很难有一个明确的终结事态，一般通过事态外别的手段使其终结。例如"墙上挂着一幅地图"描述"挂"的活动终结后处于遗留状态持续事态，当有人从墙上取下该地图后，"挂"的状态持续事态自然终结。

[②] 本节据图 4-1、图 4-3 和图 4-4 主要涉及"过"的完整性经历义。少数动词在随时间展开的过程中虽不具有"起始""持续"和"终结"特征，但具有"可反复"特征，也可以跟"过"共现表示反复性经历，如"罗马作家普利尼就曾首次着手过对寿星的调查"中的"着手"，"只有死过一次的人才知道健康比什么都幸福"中的"死"。

活动持续动词（$V_8 \cdot B$）主要描述活动持续事态，很难追溯其起始点和终结点，一般不跟"过"共现，如"*浮过""*漂过""*翱翔过""*飞翔过""*漂浮过""*飘荡过""*荡漾过"。

遗留状态持续动词（$V_9 \cdot D$）主要描述遗留状态持续事态，跟活动持续动词类似，也很难追溯其起始点和终结点，通常也不跟"过"共现，如"*倒映过""*端坐过""*耸立过""*悬挂过"。

下列三种事态过递结构的动词因为语义结构中具有起始、持续和终结过程特征，通常可以比较自由地跟"过"共现表示完整性经历。

强活动过程动词（$V_3 \cdot ABC_1$）具有较强的起点、持续和终结过程特征，因此可以跟"过"共现，如"吃过""读过""写过""看过""劳动过""闲聊过""琢磨过"。其中，'过'为图 4-1 的"过$_1$"。

弱活动终结过递遗留状态过程动词（$V_7 \cdot C_{1,}C_2D$）可以描述遗留状态起始和遗留状态持续事态。这种遗留状态持续事态可以通过某种外在因素而终结，因此可以跟"过"共现，如"背过""顶过""蹲过""扛过""拿过""躺过""握过""坐过"。其中，"过"为图 4-1 的"过$_2$"。

活动过程过递遗留状态过程动词（$V_{10} \cdot ABC_1C_2D$）既可以描述活动阶段的全过程又可以描述遗留状态阶段的全过程，所以可以自由地跟"过"共现，如"安过""摆过""插过""缠过""盛过""挂过""贴过""粘过""装过"。由于该类动词具有动态和静态双重特征，跟"过"共现时，究竟描述的是活动经历事态还是遗留状态经历事态，需要根据具体语境而定。例如：

（30）a. 嘎子在口袋里装过一个红薯。

　　　b. 口袋里装过一个红薯。

例（30a）有施事在场，"过"标示"装"的活动经历事态，"过"为图 4-1 的"过$_1$"；例（30b）施事退隐，"过"标示"装"的遗留状态经历事态，"过"为图 4-1 的"过$_2$"。

二 "过"的时体意义：完整性经历与反复性经历

前文的讨论表明，并不是所有描述事件过程的动词都能够跟"过"共现，只有那些在随时间展开过程中具有起点、持续和终结事态特征的动词才能比较自由地跟"过"共现。动词跟"过"共现表示动作随时间展开的经历过程。

"经历"有完整性经历和反复性经历两种类型。

完整性经历是动作在随时间展开过程中呈现出一种自始至终没有间断的连续状态，其经历义随着动作的终结而形成。例如：

（31） 吃过饭散步。

上过几天学。

报纸看过后放回原处。

读过《围城》便知道方鸿渐是什么类型的人。

例（31）的"吃饭""上几天学""看报纸""读《围城》"都是有起点、续段和终点的连续性活动。这种完整性经历往往可以通过后续成分凸显其过程性，如"读过《围城》便知道方鸿渐是什么类型的人"中的"便知道方鸿渐是什么类型的人"。如果没有后续成分"便知道方鸿渐是什么类型的人"，"读过《围城》"还可以理解为曾经发生过"读《围城》"的行为。也可以通过时量短语凸显其过程性，如"上过几天学"中的"几天"，如果省略"几天"，"上过学"也可以理解为"曾经上过学"。由于"过"具有"终结"特征，还可以跟"了"共现以凸显连续性经历处于终结事态，如"吃过了饭""上过了几天学""看过了报纸""读过了《围城》"。

从前文的讨论看，强活动过程动词（$V_3 \bullet ABC_1$）、弱活动终结过递遗留状态过程动词（$V_7 \bullet C_{1;}C_2D$），以及活动过程过递遗留状态过程动词（$V_{10} \bullet ABC_1C_2D$）的活动阶段和遗留状态阶段一般可以有完整性经历事态表达式。其他类型的动词由于不具有完整的起始、续段（持续）和终结过程特征，通常没有完整性经历事态表达式。

反复性经历指动词本身不一定包括完整的起点、续段（持续）和终点过程特征，但具有"可反复"特征，即动词构成的事件在一定时间内具有反复发生〔表现为一种反复性续段（持续）特征〕的可能性。当以某一参照时间为终点对这种可能反复发生的事件进行回溯时，动词便具有了反复性经历的时体意义，如图 4－5 所示。

$$\begin{cases} E_1 [V] + E_2 [V] + E_3 [V] + \cdots\cdots E_n [V] \to \\ T_1 \underline{\hspace{6cm}} T_n \to \end{cases}$$

图 4－5　反复性经历的语义模式

从 T_1 到 T_n，动作在一维的时间轴上反复发生，以 T_n 为视点回溯动作反复发生的历程，动作的反复发生便构成了一种经历，即"反复性经历"。

动作的可反复性特征跟动词本身是否具有持续特征没有必然联系。因此，一些虽不具有"起点""续段（持续）"和"终点"等接续性过递特征，但具有"可反复"特征的动词也可以跟"过"共现。例如：

（32）掉过头发秃过顶。

　　　丢过钱包才知道小心。

　　　摔过跟斗跌过跤。

　　　失败过才知道失败的滋味。

例（32）跟"过"共现的动词都是活动终结动词（$V_2 \bullet C_1$），但都具有"可反复"特征，因此都可以跟"过"共现。

不过，并不是所有的活动终结动词都具有"可反复"特征，如"完""结束""了断""灭亡""终结"等，这些动词不具有"可反复"特征，一般不跟"过"共现。可见，活动终结动词内部根据是否具有"可反复"特征，还可以分为"可反复性活动终结动词"和"不可反复性活动终结动词"两类。

动词的"可反复"特征允许其可以跟动量短语共现，动词的"续段（持续）"特征允许其可以跟时量短语共现。具有起点、续段和终点特征的强活动过程动词（包括 $V_3 \bullet ABC_1$ 和 $V_{10} \bullet ABC_1C_2D$ 的活动阶段）表示的动作也可以反复发生，这类动词除了可以有"完整性经历"外，还可以有"反复性经历"。因此，例（31）的动词跟"过"共现后既可以跟动量短语共现，也可以跟时量短语共现，而例（32）的动词跟"过"共现后只能跟动量短语共现，不能跟时量短语共现。比较：

（31′）吃过：吃过三次牡蛎　　吃过三天牡蛎

　　　　喝过：喝过三次茅台　　喝过三天茅台

　　　　看过：看过三次电影　　看过三天电影

　　　　上过：上过三次夜班　　上过三天夜班

（32′）跌过：跌过三次跤　　　*跌过三天跤

　　　　掉过：掉过三次头发　　*掉过三天头发

　　　　丢过：丢过三次钥匙　　*丢过三天钥匙

　　　　摔过：摔过三次跟斗　　*摔过三天跟斗

　　　　失败过：失败过三次　　*失败过三天

所以，如例（31′）所示，强活动过程动词因为具有起始、续段和终结特征，在跟"过"共现时其实是有歧义的，"过"标示的既可以是完整性经历，也可以是反复性经历，具体依语境而定。比较：

（33）a. 吃过熊掌。

　　　b. 终于吃过熊掌了。

　　　c. 曾经多次吃过熊掌。

例（33a）是描述完整性经历还是反复性经历，不易确定；例（33b）通常描述"吃熊掌"从动作起始到终结的完整过程成为一种经历；例（33c）描述"吃熊掌"的反复性经历①。

　　无论是完整性经历还是反复性经历，概括起来都包括三个要素，即起始、持续（包括连续性持续和反复性持续）和终结，换言之，跟"过"共现的动词或动词短语通常具有有界特征。动作或状态是否具有有界特征，有时跟动作或状态描写的事理有关。比较例（34）和例（35）：

　　　　（34）吃饭：＊老王吃过饭
　　　　　　　睡觉：＊老李睡过觉
　　　　　　　洗脸：＊老孙洗过脸
　　　　（35）读书：老王读过书
　　　　　　　写信：老李写过信
　　　　　　　看戏：老孙看过戏

　　例（34）反映的是人的永久性或经常性的行为，正常情况下只要活着就会经常发生，很难跟终结相联系，所以不能跟"过"共现②。例（35）不是人与生俱来的经常性行为，可以在人的生命历程中随时发生，具有有界特征，所以可以跟"过"共现。不过，例（34）如果被限定为某一具体环境的具体动作或行为，从而不仅具有起始和持续特征，而且具有终结特征，也就可以跟"过"共现了。比较：

　　　　（34'）吃饭：＊老王吃过饭
　　　　　　　　老王在这家餐馆吃过饭

---

① 据观察，宾语的"有定""无定"特征也会影响到"过"做"完整性经历"或"反复性经历"释解的倾向性。当宾语为有定名词时，"过"更倾向于释解为"完整性经历"，当宾语为无定名词时，在缺乏语境的情况下，"过"更倾向于释解为"反复性经历"。因此，当前文例（30）的宾语为无定名词时，"装过"更倾向于释解为反复性经历，如"嘎子在口袋里装过红薯""口袋里装过红薯"。

② 孔令达（1985）认为，这类表示经常性动作的动词，由于每个人天天要做，从表达的角度看，并没有传递新的信息，故一般不说。

老王吃过蛋炒饭

睡觉：＊老李睡过觉

老李在牛棚里睡过觉

老李三天三夜没睡过觉

洗脸：＊老孙洗过脸

老孙忙到现在还没洗过脸

老孙用雪水洗过脸

跟例（33a）类似，例（35）和例（34′）的"吃过饭""睡过觉"和"洗过脸"因为"吃""睡"和"洗"除了具有"起始""持续"和"终结"特征，还具有"可反复"特征，因此既可以是完整性经历，也可以是反复性经历。例如"老王吃过饭就去看电影了""老王多次在这家餐馆吃过饭"，前者的"过"表示完整性经历，后者的"过"表示反复性经历。

三 "过"的"经历"事态标示功能

"经历"可能涉及活动，也可能涉及遗留状态，存在"活动经历"和"遗留状态经历"的分别。例如：

（36）a. 老王在树上挂过灯笼。

b. 树上挂过灯笼。

例（36a）和例（36b）都有相同的"挂过灯笼"，但由于论元角色配置不同，二者表达的意思其实是有差别的。例（36a）有施事"挂过灯笼"中的"过"标示活动成为过去或经历（"过"为图 4 - 1 的"过₁"）；例（36b）描述活动终结后的遗留状态，施事退隐，"挂过灯笼"中的"过"标示"挂"的遗留状态成为过去或经历（"过"为图 4 - 1 的"过₂"）。换言之，例（36a）描述图 4 - 1 所示的活动自 A 至 C₁ 所示活动过程的经历事态，例（36b）描述图 4 - 1 所示自 C₂ 标示的遗留状态起始事态，经遗留状态持续事态 D 到因某种原因致使遗留状态终结的遗留状态经历事态。当然，"挂"无论描述活动还是描述遗留状态，都可以反复发生或存现，因此例（36a）和例（36b）分别还可以表示相应的反复性经历事态。

综上所述，"过"标记的是活动经历事态还是遗留状态经历事态，同样受制于动词的过程特征。可反复性活动终结动词（$V_2 \bullet C_1$类动词中的一部分）和强活动过程动词（$V_3 \bullet ABC_1$）跟"过"共现表示活动经历。具体而言，前者表示反复性活动经历，后者既可以表示反复性活动经历，也可以表示完整性活动经历。弱活动终结过递遗留状态过程动词（$V_7 \bullet C_{1?} C_2 D$）跟"过"共现表示遗留状态经历。而活动过程过递遗留状态过程动词（$V_{10} \bullet ABC_1 C_2 D$）跟"过"共现存在歧义，既可以表示活动经历，也可以表示遗留状态经历，具体表示何种经历主要由不同表达式中动词的过程特征决定，如例（36a）和例（36b）所反映的情形。

需要指出的是，跟事件随时间展开的其他事态一样，经历事态也并不一定只关涉已经发生过的已然事件，还可以涉及说话人认定或假设在某一时间里已经展开过的事件。例如〔同例（12）〕：

（37）细究起来，大凡你不感兴趣的事情分为两种情况：一种是你尝试过了这事情，觉得毫无兴趣；另一种是你从未尝试过这事情，预先就认定你对它不会有兴趣。（铁凝《门外观球》）

例（37）中的"尝试过"和"从未尝试过"都是作者假定已经发生过的行为，前者具有已然性，后者具有未然性。

综上所述，我们赞同戴耀晶（1997：63）"历时性（experience）是经历体最重要的语义特征"的观点。不过，有别于从事件外部观察"过"的历时性，认为"'过'的历时性表现为与参照时间相脱离的历史曾然性"（戴耀晶，1997：67），我们对"过"的"历时性"的观察着眼于"过"本身的内在语义结构。简言之，从内部语义结构看，"过"的历时性特征体现于包括"起点""历程"和"终点"三要素共同构成的完整过程。这一认识有助于揭示动词跟"过"的共现制约以及"过""经历体"意义的"历时性"本质，也有助于揭示"过"事态标示功能的历时性差异。

人们通常把"过"区别为"表示动作完毕"的"过₍₁₎"和"表示过去曾经有过这样的事情"的"过₍₂₎"，其实前者跟表"动作完毕"义的"了"（即图 4 - 1 的"了₂"）之间存在较大差别，即"过₍₁₎"实际表示活动或状态的完整性经历。换言之，"过₍₁₎"和"过₍₂₎"在时体意义上没有本质差别，所不同的是，"过₍₁₎"表示完整性经历，"过₍₂₎"表示反复性经历。

在事件随时间的展开过程中，"过"可以标示活动经历事态，也可以标示遗留状态经历事态，具体标示何种经历事态主要由具体表达式中动词的事态特征决定。

第四节　汉语动词的事态结构类型及相关问题

一　汉语动词的事态结构类型

如果将事件随时间展开的过程和是否具有经历事态进行综合考察，汉语动词的事态结构类型可以在表 4 - 1 的基础上进一步概括为表 4 - 2。

表 4 - 2　　　　　　　　汉语动词的事态结构类型

类别	例词	事态特征①							
		了₁	着₁	了₂	（过₁）	了₃	着₂	…	（过₂）
V₁ • A	出发，开始，起航，起飞，兴起	＋	－	－	（±）	－	－	…	（－）
V₂ • C₁	丢，死，完，断绝，结束，灭亡	－	－	＋	（±）	－	－	…	（－）

① 该表的事态特征对应于图 4 - 1 所示的事件依时序展开的过程分布，以时体助词标记，即"了₁"表示活动起始事态，"着₁"表示活动持续事态，"了₂"表示活动终结事态，"了₃"表示遗留状态起始事态，"着₂"表示遗留状态持续事态。表中"过₁"和"过₂"以小括号表示其在事件随时间展开的事态过递中不具实际意义，但可以标示活动或遗留状态的经历事态，"着₂"和"过₂"之间的省略号表示遗留状态可能以某种不确定因素而终结，不存在相应的事态助词。

续表

类别	例词	事态特征							
		了$_1$	着$_1$	了$_2$	（过$_1$）	了$_3$	着$_2$	…	（过$_2$）
V$_3$ • ABC$_1$	读，看，写，劳动，闲聊，琢磨	+	+	+	（+）	–	–	…	（–）
V$_4$ • A$_?$B$_?$C$_1$	扩大，加宽，减少，延长，增高	?	?	+	（±）	–	–	…	（–）
V$_5$ • A$_?$B$_?$C$_1$C$_2$	了解，理解，明白，认识，熟悉	?	?	+	（±）	+	–	…	（–）
V$_6$ • C$_2$D	包含，混杂，具有，决定，占有	–	–	–	（–）	+	+	…	（±）
V$_7$ • C$_{1?}$C$_2$D	背，顶，扛，拿，捏，握，坐	–	–	?	（–）	+	+	…	（+）
V$_8$ • B	奔跑，惦记，浮动，飞翔，漂浮	–	+		（±）	–	–	…	（–）
V$_9$ • D	存在，端坐，耸立，悬挂，支撑	–	–		（–）		+	…	（±）
V$_{10}$ • ABC$_1$C$_2$D	安，摆，插，缠，盛，挂，装	+	+	+	（+）	+	+	…	（+）

　　一般认为，"了""着""过"是汉语动词时体范畴的标记词，不过正如前文所讨论和论证，并通过表4－2所反映的，从事件随时间而展开所具有的过程特征来看，"了""着""过"在事件展开的过程中还起到事态标记的功能。其中，"了"和"着"标示事件随时间展开的动态性事态，而"过"则标记事件展开后的经历事态，因事件阶段特征的不同，存在"过$_1$"和"过$_2$"两个变体。除表示属性或关系的动词（如"是""等于""位于""认为""作为"）外，描述事件展开的动词从本质上讲是反映事物运动和变化的，但是并非所有的描述事件展开的动词都可以跟"了""着""过"共现。

　　上文第二节讨论了动词跟"了"和"着"的共现制约。受动词过程特征的限制，有的动词只跟"了"共现，不跟"着"共现，有的动词只跟"着"共现，不跟"了"共现，有的动词既可以跟"了"共现也可以跟"着"共现。这样，"过"跟"着"和"了"便存在对应与不对应关系，下文分别作简要讨论。

二　"过"跟"着"的对应与不对应

　　"过"反映动作的经历事态，动词须具有"续段（持续）"特征；"着"反映动作的进行或持续事态，动词也需要具有"续段（持续）"特征。表面看，能跟"着"共现的动词也能跟"过"共现，其实不然。据观察，那些只具有"续段（持续）"特征而不涉及起始和终结事态并且不具有"可反复"特征的动词，包括第二节讨论的活动持续动词（$V_8 \bullet B$）和遗留状态持续动词（$V_9 \bullet D$），通常只跟"着"而不跟"过"共现。例如：

（38）奔跑：山上奔跑着一匹野马　? 山上奔跑过一匹野马
　　　飞翔：空中飞翔着几只小鸟　? 空中飞翔过几只小鸟
　　　漂浮：水里漂浮着几滴油珠　? 水里漂浮过几滴油珠
　　　飘扬：城楼上飘扬着一面旗帜　? 城楼上飘扬过一面
旗帜

（39）倒映：海面倒映着美丽的白塔　? 海面倒映过美丽的
白塔
　　　端坐：佛前端坐着一个和尚　? 佛前端坐过一个和尚
　　　耸立：岸边耸立着一座铁塔　? 岸边耸立过一座铁塔
　　　悬挂：天花板上悬挂着一盏油灯 ? 天花板上悬挂过一
盏油灯

上述情况反映了"着"跟"过"不对应的一面。

强活动过程动词（$V_3 \bullet ABC_1$）、弱活动终结过递遗留状态过程动词（$V_7 \bullet C_{1?}C_2D$）和活动过程过递遗留状态过程动词（$V_{10} \bullet ABC_1C_2D$）的语义结构中具有起始、续段（持续）和终结特征，且具有可反复性，因此可以比较自由地跟"着"和"过"共现。例如：

（40）编织：编织着　　　　编织过
　　　读书：读着书　　　　读过书
　　　劳动：劳动着　　　　劳动过
　　　散步：散着步　　　　散过步
　　　看电影：看着电影　　看过电影
（41）别：书包上别着一枚校徽　　书包上别过一枚校徽

跪：佛前跪着一个香客　　　佛前跪过一个香客
骑：牛背上骑着一个牧童　　牛背上骑过一个牧童
躺：沙发上躺着一个病人　　沙发上躺过一个病人
（42）摆：彤彤在讲台上摆着鲜花　彤彤在讲台上摆过鲜花
　　　　讲台上摆着鲜花　　　讲台上摆过鲜花
盖：司机在汽车上盖着篷布　司机在汽车上盖过篷布
　　汽车上盖着篷布　　　　汽车上盖过篷布
铺：小芳在地上铺着干草　　小芳在地上铺过干草
　　地上铺着干草　　　　　地上铺过干草
贴：圆圆在信封上贴着邮票　圆圆在信封上贴过邮票
　　信封上贴着邮票　　　　信封上贴过邮票

其中例（40）是活动过程动词，"着"标示活动持续，"过"标示活动经历；例（41）的动词描述遗留状态，"着"标示遗留状态持续，"过"标示遗留状态经历；例（42）兼有活动和遗留状态特征，"着"既可以标示活动持续，也可以标示遗留状态持续，"过"既可以标示活动经历，也可以标示遗留状态经历。上述情况反映了"着"跟"过"对应的一面。

三　"过"跟"了"的对应与不对应

"了"可以标示活动起始（了$_1$）、活动终结（了$_2$）和遗留状态起始（了$_3$）三种事态，跟动词的"续段（持续）"特征没有关系。而"过"的语义结构中包含起始、历程（续段或持续）和终结三个要素，能跟"过"共现的动词除了具有"起始"和"终结"特征外，是否具有"续段（持续）"特征也是非常重要的因素。动词的"续段（持续）"特征跟"过"的"经历"体意义紧密相关。如上文所讨论到的，"经历"有"完整性经历"和"反复性经历"两种类型，后者决定于动词是否具有"可反复"特征。上述诸因素造成"了"跟"过"之间存在复杂的对应与不对应关系。

先看对应的一面。"过"跟"了"之间的对应关系存在如下四种情形。

其一，动词的事态结构中包括起始、持续和终结三个要素，这类动词一般都具有"可反复"特征，因此既可以跟"了$_2$"共现，也可以跟"过$_1$"共现，具体涉及前文第二节讨论的强活动过程动词（$V_3 \bullet ABC_1$）。例如：

（43）劳动：劳动了$_2$　　劳动过$_1$

　　　　编织：编织了$_2$　　编织过$_1$

　　　　散步：散步了$_2$　　散过$_1$步

　　　　读书：读了$_2$书　　读过$_1$书

　　　　看电影：看了$_2$电影　　看过$_1$电影

有所不同的是，"了$_2$"只标示活动终结事态，而"过$_1$"标示的是包括起始、持续和终结事态构成的完整经历事态。

其二，活动过程过递遗留状态过程动词（$V_{10} \bullet ABC_1C_2D$）因为具有活动持续和遗留状态持续双重特征，且具有"可反复"特征，不但可以跟"了$_2$"和"过$_1$"共现，还可以跟"了$_3$"和"过$_2$"共现。可见，"过"跟这类动词共现存在歧义，既可以标示活动经历事态，也可以标示遗留状态经历事态。例如：

（44）摆：小芳在桌上摆了$_2$鲜花　　小芳在桌上摆过$_1$鲜花

　　　　桌上摆了$_3$鲜花　　　　桌上摆过$_2$鲜花

　　　盖：司机在汽车上盖了$_2$篷布　　司机在汽车上盖过$_1$

篷布

　　　　汽车上盖了$_3$篷布　　　汽车上盖过$_2$篷布

　　　铺：老张在地上铺了$_2$干草　　老张在地上铺过$_1$干草

　　　　地上铺了$_3$干草　　　　地上铺过$_2$干草

　　　贴：圆圆在信封上贴了$_2$邮票　　圆圆在信封上贴过$_1$

邮票

　　　　信封上贴了$_3$邮票　　　信封上贴过$_2$邮票

其三，部分活动终结动词（$V_2 \cdot C_1$）尽管不具有"起始"和"持续"特征，但具有"可反复"特征。反复发生的行为在时间轴上也构成一种历程，所以这类动词不仅可以跟"了$_2$"共现，还可以跟"过$_1$"共现。例如：

（45）失败：失败了$_2$　　失败过$_1$
　　　垮塌：垮塌了$_2$　　垮塌过$_1$
　　　跌倒：跌倒了$_2$　　跌倒过$_1$
　　　摔坏：摔坏了$_2$　　摔坏过$_1$

其四，弱活动终结过递遗留状态过程动词（$V_7 \cdot C_{1?}C_2 D$）有可能由于某种原因而终止，并具有"可反复"特征，因此既可以跟"了$_3$"共现，也可以跟"过$_2$"共现。例如：

（46）别：书包上别了$_3$一枚校徽　　书包上别过$_2$一枚校徽
　　　跪：佛前跪了$_3$很多香客　　佛前跪过$_2$很多香客
　　　骑：牛背上骑了$_3$一个牧童　　牛背上骑过$_2$一个牧童
　　　躺：沙发上躺了$_3$一个病人　　沙发上躺过$_2$一个病人

再看不对应的一面。"过"跟"了"之间的不对应关系也有四种情形。

其一，部分活动终结动词（$V_2 \cdot C_1$）既不具"起始"和"持续"特征，又不具"可反复"特征，因此只能跟"了$_2$"共现而不可以跟"过$_1$"共现。例如：

（47）闭幕：闭幕了$_2$　　＊闭幕过$_1$
　　　结束：结束了$_2$　　＊结束过$_1$
　　　了断：了断了$_2$　　＊了断过$_1$
　　　灭亡：灭亡了$_2$　　＊灭亡过$_1$

其二，弱活动过程动词（$V_4 \bullet A_? B_? C_1$）的"起始"和"持续"特征较弱，且不具"可反复"特征，通常只跟"了$_2$"共现而不跟"过$_1$"共现。例如：

（48）扩大：扩大了$_2$　　*扩大过$_1$

延长：延长了$_2$　　*延长过$_1$

增高：增高了$_2$　　*增高过$_1$

变老：变老了$_2$　　*变老过$_1$

其三，活动起始动词（$V_1 \bullet A$）描述事件的起始事态，不具"过程"或"持续"特征，也不具"可反复"特征，因此只能跟"了$_1$"共现，不能跟"过$_1$"共现。例如：

（49）开始：开始了$_1$　　*开始过$_1$

出发：出发了$_1$　　*出发过$_1$

起航：起航了$_1$　　*起航过$_1$

开幕：开幕了$_1$　　*开幕过$_1$

其四，弱活动过程过递遗留状态动词（$V_5 \bullet A_? B_? C_1 C_2$）和遗留状态过程动词（$V_6 \bullet C_2 D$）具有遗留状态起始和恒定的遗留状态持续特征，其内在语义结构中不大可能有终结点，也不具"可反复"特征，因此只能跟"了$_{2+3}$"和"了$_3$"共现，通常不能跟"过$_2$"共现。例如：

（50）熟悉：熟悉了$_{2+3}$　　*熟悉过$_2$

明白：明白了$_{2+3}$　　*明白过$_2$

觉醒：觉醒了$_{2+3}$　　*觉醒过$_2$

知道：知道了$_{2+3}$　　*知道过$_2$

（51）包含：包含了$_3$　　*包含过$_2$

充满：充满了$_3$　　　＊充满过$_2$

决定：决定了$_3$　　　＊决定过$_2$

具有：具有了$_3$　　　＊具有过$_2$

本章在图4－1所示事件过程结构中"了""着""过"的事态标示模型基础上，初步讨论了时体助词"了""着""过"的事态标示功能，并以此为基础对汉语动词的事态结构及其类型进行了揭示。

研究表明，"了""着""过"各有分工，互为补充，一起可以标示事件随时间展开所呈现的活动起始、活动持续、活动终结、遗留状态起始、遗留状态持续，以及活动经历和遗留状态经历七种事态，从而对一个完整事件进行比较精细的刻画。其中"了"和"着"跟动词的交替共现可以描述事件随时间展开的动态性过递过程，"了"可以标示活动起始、活动终结和遗留状态起始三种事态，"着"可以标示活动持续和遗留状态持续两种事态。"过"则标示活动或遗留状态的经历事态，不参与事件不同事态动态性过递过程的展开。根据动词内在语义结构中是否具有"活动起始""活动持续""活动终结""遗留状态起始""遗留状态持续"，以及是否具有"完整性经历"或"反复性经历"等事态特征，汉语描述事件展开的动词大致可以分为十种事态结构类型。

"了"的时体意义具有"完结""起始"两面性，动词的内在语义结构中只要具有"起始"或"终结"特征便可以跟"了"共现，具体包括活动起始动词（$V_1 \cdot A$）、活动终结动词（$V_2 \cdot C_1$）、强活动过程动词（$V_3 \cdot ABC_1$）、弱活动过程动词（$V_4 \cdot A_?B_?C_1$）、弱活动过程过递遗留状态动词（$V_5 \cdot A_?B_?C_1C_2$）、遗留状态过程动词（$V_6 \cdot C_2D$）、弱活动终结过递遗留状态过程动词（$V_7 \cdot C_{1?}C_2D$）和活动过程过递遗留状态过程动词（$V_{10} \cdot ABC_1C_2D$）八类。活动持续动词（$V_8 \cdot B$）和遗留状态持续动词（$V_9 \cdot D$）因为内在语义结构中不具起始和终结特征，一般不可以跟"了"共现。其中，强活动过程动词（$V_3 \cdot ABC_1$）因为具活动起始和活动终结特征，跟"了"共现存在双重歧义；活动过程过递遗留状态过程动词（$V_{10} \cdot ABC_1C_2D$）因为具有活动起始、活动终结和遗留状态起始特征，跟"了"共现存在三重歧义。

"着"表示"持续"时体意义，内在语义结构中具有"持续"或"续段"过程特征的动词通常可以跟"着"共现，包括强活动过程动词（$V_3 \bullet ABC_1$）、遗留状态过程动词（$V_6 \bullet C_2D$）、弱活动终结过递遗留状态过程动词（$V_7 \bullet C_{1?}C_2D$）、活动持续动词（$V_8 \bullet B$）、遗留状态持续动词（$V_9 \bullet D$）和活动过程过递遗留状态过程动词（$V_{10} \bullet ABC_1C_2D$）六类。弱活动过程动词（$V_4 \bullet A_?B_?C_1$）和弱活动过程过递遗留状态动词（$V_5 \bullet A_?B_?C_1C_2$）在受到持续义词语修饰时，其"持续（续段）"特征得以激活或加强，这种情况下也可以跟"着"共现。其中活动过程过递遗留状态过程动词（$V_{10} \bullet ABC_1C_2D$）因为具有活动持续和遗留状态持续特征，跟"着"共现存在歧义。

"过"的时体意义表示有起点、历程和终结三要素的"经历"，而"经历"的历程可以通过活动或状态的连续过程而形成，也可以通过活动或状态的反复而形成。因此，当动词内在语义结构中具有"起点""续段"和"终结"过程特征，以及具有"可反复"特征的动词便可以跟"过"共现，包括强活动过程动词（$V_3 \bullet ABC_1$）、部分活动终结动词（$V_2 \bullet C_1$）、弱活动终结过递遗留状态过程动词（$V_7 \bullet C_{1?}C_2D$）以及活动过程过递遗留状态过程动词（$V_{10} \bullet ABC_1C_2D$）四类。其中活动过程过递遗留状态过程动词（$V_{10} \bullet ABC_1C_2D$）因为具有活动过程和状态过程特征，跟"过"共现存在事态歧义。

可见，并不是所有描述事件展开的动词都能跟"了""着""过"共现，因此"了""着""过"之间存在复杂的对应和不对应关系。

"过"标示的经历事态分为完整性经历和反复性经历两类，其中反复性经历在事件过程结构模式中具有不确定性。从跟"了"和"着"共现及其在事件过程的过递结构中事态呈现的情况看，汉语描述事件展开的动词有单事态和多事态的分别，即有的动词一般情况下呈现一种事态，有的动词在事件的展开过程中可以呈现多种事态。

对孟琮等（1999）的考察表明，汉语中多事态动词占绝大多数，有 1992 个。其中：强活动过程动词（$V_3 \bullet ABC_1$）1456 个，占该词典义项出条总数的 68.78%；弱活动过程动词（$V_4 \bullet A_? B_? C_1$）308 个，占出条总数的 14.55%；活动过程过递遗留状态过程动词（$V_{10} \bullet ABC_1 C_2 D$）140 个，占出条总数的 6.61%；弱活动终结过递遗留状态过程动词（$V_7 \bullet C_{1?} C_2 D$）66 个，占出条总数的 3.12%；弱活动过程过递遗留状态动词（$V_5 \bullet A_? B_? C_1 C_2$）15 个，占出条总数的 0.71%；遗留状态过程动词（$V_6 \bullet C_2 D$）7 个，占出条总数的 0.33%。另外，汉语中也有少数动词一般只呈现一种事态，即单事态动词，有 47 个。其中：活动终结动词（$V_2 \bullet C_1$）21 个，占出条总数的 0.99%；活动起始动词（$V_1 \bullet A$）12 个，占出条总数的 0.57%；活动持续动词（$V_8 \bullet B$）8 个，占出条总数的 0.38%；遗留状态持续动词（$V_9 \bullet D$）6 个，占出条总数的 0.28%。另有一般不直接反映事态过程的动词 78 个，占出条总数的 3.68%[①]。分类结果见附录一。

---

　　① 　这类动词通常表示事物之间恒定的关系或属性，不过，关系或属性的建立也有过程性，其过程性不像事件动词那样在动词语义结构内部展开，而是在命题结构上体现。例如"一切权利属于人民"的起始事态和经历事态通常说成"一切权利属于人民了"和"一切权利曾经属于人民"，其中的"了"和"曾经"语义指向整个命题而不只是动词"属于"。

第五章　"了"语法意义的过程阐释[*]

　　汉语时体系统中，关于"了"语法意义的阐释无疑是头等重要的问题。前面各章把"事态"当作一个范畴，并置于事件过程结构之上，相关讨论涉及"了"的语法意义，对"了"的语法意义已有初步讨论。本章以类型学为研究背景，集中探讨造成"了"语法意义复杂化的原因，以及跟"了"语法意义相关的问题。

　　赵世开和沈家煊（1984）、潘文国（2003）考察过汉语"了"跟英语相应的说法，得出过差不多一致的结论。结论显示，不管是动词后宾语前所谓的"了(1)"，还是句尾所谓的"了(2)"[①]，其语法意义与英语都不存在严格的对应关系："了(1)"或"了(2)"主要对应于英语的一般过去时，其次是一般现在时，再次是各种时制的完成体。此外，也不排除跟将来时和进行体对应，还有相当数量的例子跟非限定动词（分词、动名词、不定式）有某种对应关系。

　　对"了"语法意义的研究，汉语学界习惯于以国外各种时体理论为基础进行讨论。但是，上述赵世开、沈家煊、潘文国等学者的研究表明，比附于英语的某种时体（如完整体或完成体等）来讨论

---

　　[*]　本章主要内容以"基于事件过程结构的'了'语法意义新探"为题发表在《汉语学报》2012 年第 4 期。中国人民大学复印报刊资料《语言文字学》2013 年第 4 期转载。编入本书时增补了第五节和第七节。

　　[①]　传统观点认为动词后宾语前的"了"和句尾"了"表示的语法意义存在差异，因此将前者标记为"了₁"，把后者标记为"了₂"，这种标记跟本书基于事件过程结构对"了"的"了₁""了₂"和"了₃"的事态标记是两回事。为了便于区别，本书将传统的"了₁""了₂"标记为"了(1)"和"了(2)"。

"了"的语法意义，只能得出"似是而非"的结论，因为汉语的"了"跟英语具体的某一时体并不存在简单的一一对应关系，而是一对多的关系。那么，导致这种复杂局面的原因何在？我们认为，问题的根源在于"了"有其鲜明的个性，是其个性造成了上述复杂的对应关系。那么，"了"的语法意义究竟是什么？

本章仍以过程哲学相关理论为基础，尝试从事件过程结构出发，探讨事件过程结构跟动词过程特征之间的互动关系，揭示"了"在事件过程结构中的事态标示功能，进而对"了"的语法意义及相关语言事实提出新的解释。

第一节 文献对"了"的认识及存在的问题

在汉语时体范畴的研究中，"了"的语法意义及功能特征[①]至今仍是颇具争议的话题。句法分布上，"了"可以出现在句中动词之后也可以出现在句子末尾，语法意义上，人们多认为二者存在较大差别，因此把"了"区分为"了$_{(1)}$"和"了$_{(2)}$"（吕叔湘，［1980］1996：314－321）。

动词后"了$_{(1)}$"的语法意义较复杂，导致学界的反复讨论。黎锦熙（［1924］2000：232）、王力（［1943］1985：153－156）等"了$_{(1)}$"的"完成"说提出后不断受到质疑，如吕叔湘（1958，1961），太田辰夫（［1958］1987：208－210）等[②]。刘勋宁（1988）列举大量事实，认为"了"所表现出来的"完成"义只是特定条件

---

① 补语性质和句末纯表语气的"了"不在本章讨论范围。参看马希文（1983）和金立鑫（2003）的研究。

② 吕叔湘（1958）对"完成说"表示怀疑："汉语动词后边的'了'，一般都说是表示完成，但是作用跟俄语的完成体或者英语的完成体不完全相同，有过翻译经验的人都知道。"吕叔湘（1961）又举例说："曾经有人提出一个问题：'这本书我看了三天'，意思是我看完了；'这本书我看了三天了'，意思是我还没有看完。为什么用一个'了'字倒完了，再加一个'了'字倒反而不完了呢？这就是很值得研究的一个问题。"太田辰夫（［1958］1987：208－210）对"了"的语法意义也持犹疑态度，在他看来，"了"既可表"开始态"，如"下雨了"，也可表"完了态"，如"昨日偷闲看花了"。

下的偶发现象，而不是它的固有语义特征，为了弥补"完成"说的不足，他把"了$_{(1)}$"看作动词"实现体"的标记。石毓智（1992）在刘勋宁"实现"说的基础上，提出"实现过程"说，认为"了"要求所搭配的词语所指从前时点到自身实现之间有个动态变化过程。石毓智的"实现过程"说可以认为是对刘勋宁"实现"说的补充。此后，竟成（1993）的"实现—延续"说，龚千炎（1995：71－79）的"完成，实现时态"说，戴耀晶（1997：35－56）的"完整"说，金立鑫（1998）的"完成—延续"说等都意识到了单一"实现"说的缺陷，力求在"实现"说的基础上进行某些延伸讨论。史有为（2002，2003）在承认"实现"说的合理性基础上，认为"达成"说更具兼容性，可以兼顾达到、整个过程的完成、状态过程、变成等过程特征。

上述各家关于"了"语法意义的认识，从局部或不同侧面看都有合理性，但讨论主要是在 Comrie（1976：3）"时体"（aspect）概念，即"时体"是"对情状的内部时间构成进行观察的不同方式"的认识基础上进行的，一定程度上忽视了事件、事态与动词过程特征互动对"了"语法意义制约的事实。

最近十年来，有学者将事件不同阶段的转化关系纳入了讨论范围。

陈忠（2002）针对"实现"说列举了各种类型的多动词句中"了"的分布问题，以此证明"实现"说的局限性。例如：

（1）a. 他去商店买了点东西。

b.？他去了商店买了点东西。

例（1）的"去商店"是实现了的动作或"处于事实的状态下"，但加"了"后接受度反而减弱。为了弥补"实现"说的缺陷，陈忠（2002，2009：27－28）在 Bybee（1994：83）对完整体与时间界限（temporal boundaries）关系认识的基础上提出"界限"说，认为"了"的"完整体"意义是"界限"意义的转喻，"实现"与

"变化"是不同的语境变体，都可归结为"有界"。"界限"说值得重视，但也不容易解释例（2）中"了"的差异。

（2）a. 小张在树上挂了一盏灯笼。
b. 树上挂了一盏灯笼。

例（2a）和例（2b）的"了"句法环境相同，但语法意义不同。前者表示动作"挂"已经结束，可以认为是"有界"，后者表示状态"挂"的开始并处于持续过程中，不能认为是"有界"①。

张黎（2003，2010）从认知及类型学的角度提出"界变"说，认为"界就是一个意象图式中的一个片断，该片断具有同质性。而在语言的认知图式中，从一个意象片断向另一个异质的意象片断转换时，就发生了界变。'了'的作用在于指出这个界变，画出界与界间的界限。因此'了'的作用也可以说是划界"。"界变"说摄入了某些语境或主观因素，给"了"语法意义的概括带来了一些不确定因素。如"她唱了起来"和"她唱了下去"，依"界变"说，前者表"动作开始态的界变"，后者表"动作持续态的界变"，事实上，这种差别是由准体貌助词"起来"和"下去"而不是"了"造成的。

与陈忠"界限"说、张黎"界变"说相比，卢福波（2002）"过程转换"说似乎更强调过程转换后的结果，认为"了"是站在某时点往前看的，有结点的沿着时间流程方向发展的动态过程。这种思路能较好地解释"五年前，他离开了父母"的"了"，但要解释"他向四周看了一眼"的"了"则不免犹疑。

总的来看，"界限"说、"界变"说和"过程转换"说都注意到了活动或过程之间的递进转化关系，对"了"语法意义的认识具有启发意义。如张黎（2003）"不论动词后'了'，还是句末'了'，主要表现两种功能意义：一是结束某种动作、状态或事件；二是进入

---

① 二者的界性特征可以通过添加时量短语来凸显。例（2a）添加时量短语表示动作"挂"终结后的延续时间，如"小张在树上挂了一盏灯笼，都挂了三天了"；例（2b）添加时量短语表示"挂"状态的持续时间，如"树上挂了一盏灯笼，都挂了三天了"。

某种动作、状态或事态"的认识能较好地解释"开始了一天的工作"和"结束了一天的劳动"中"了"的功能差异。但例（1b）为何不合法，例（2a）和例（2b）中"了"语法意义的差异缘何产生，仍然颇费思量。此外，"看了三天了"有二解，"挂了三天了"有三解（马庆株，1981），除了因为"看"和"挂"的语义特征或过程特征存在差异外，动词后的"了"如何起作用仍然需要进一步讨论。

第二节 "了"的事态标示功能

一 事件过程结构中的"了"

受 Comrie（1976：3）"时体"（aspect）是"对情状的内部时间构成进行观察的不同方式"的影响，以往的时体研究不大关注动词或者情状随时间展开过程中所体现出来的某些交叉或过递现象，注意力主要集中在不同时体形式所表现出来的情状差异及其句法特征上（Comrie，1976；Dahl，1985；Smith，1991；Binnick，1991；Olsen，1997；Dik，1997；Michaelis，1998）[①]。事实上，就动词而言，特定条件下，不同的句子即使动词形式相同也不一定表示完全相同的意义，如例（2）的"挂"。又如英语的例子：

> （3） a. The window was broken by Mike.
>
> b. The window was broken for quite a long time.
>
> c. ? The window was broken by Mike for quite a long time.

例（3a）和例（3b）的"was broken"虽然形式相同，但语义有差别，例（3c）则让人感觉怪异。例（3a）有施事 Mike 在场，broken 具动态特征；例（3b）的 broken 描述动作完成后的状态，具静态特征，既然动作已经成为过去，施事需要退隐；例（3c）让人感

---

① 国外学界相继出现过相关体貌研究，如 Comrie（1976）的经典体系，Smith（1991）的"双部"理论，Michaelis（1998）的"三部"理论，Dik（1997）的"五部"理论，Langacker（1987）的"单部"理论。参看陈前瑞（2008：13 – 24）的研究。

觉怪异的原因在于 broken 不可能同时既是动态的又是静态的。这种情况反映了动词的时体标记某些条件下可能存在重叠现象，即相同的时体标记有可能表示不同的情状。

上述情况跟事件随时间展开过程中的事态转化有关。从动态和过程观的角度看，任何事件的发生都需要经历一个或长或短的活动过程，在时间流程中，一个完整事件的活动过程大致需经历活动起始、活动持续和活动终结三种事态（state of event）。活动终结即转为事件的遗留状态（吕叔湘，[1942] 1990：56）。因此，一个完整事件的全过程可以表述为如下模式，如图 5 - 1 所示（同图 2 - 1、图 3 - 4，参考第一章和第二章的讨论)[1]。

→ 活动前 ● 活动起始 → 活动持续 → 活动终结 ● 遗留状态起始 → 遗留状态持续 →

图 5 - 1　事件过程结构模式

为方便叙述，以上模式可码化为图 5 - 2。

$$→ A_0 ● A → B → C_1 ● C_2 → D →$$

图 5 - 2　事件过程结构的码化模式

图 5 - 1、图 5 - 2 中 "●" 表示事件不同阶段的临界点。也就是说，一个完整事件的过程结构可以分解为三个阶段（stage）六种事态。根据第一章和第二章的讨论，所谓事态，是指动词及其相关成分构成的事件在某一阶段或一定时间内的过程特征。

从事态的角度看，A_0 表示事件的活动前阶段或活动前事态；A 经 B 到 C_1 反映事件的活动阶段，依次经历活动起始、活动持续和活动终结三种事态；C_1 和 C_2 反映事件活动阶段进入遗留状态阶段的临界点；C_2 至 D 反映事件完成后的遗留状态，依次经历遗留状态起始和

---

① 事物的变化往往从一种状态变成另一状态，再从另一状态变成又一状态，如此循环反复以至无穷。本书的讨论实际涉及人们认知视域中的一个变化周期。

遗留状态持续两种事态。其中，B 和 D 表示的活动持续和遗留状态持续呈现的是一种均匀的、没有变化的事态。以"贴"及其相关论元构成的事件为例：

> （4）A_0. *彤彤没有/不/将要贴春联。*
>
> A. *彤彤开始贴春联了。*
>
> B. *彤彤在门上贴着春联。*
>
> C_1. *彤彤在门上贴了一副春联。*
>
> C_2. *门上贴了一副春联。*
>
> D. *门上贴着一副春联。*

例（$4A_0$）至例（4D）反映"贴"及其相关论元构成的事件的全过程。其中活动前阶段 A_0 表示事件没有进入展开的过程中，在事件过程结构中不具实际意义[①]。例（4A）至例（$4C_1$）依次描述"彤彤贴春联"这一事件的活动阶段起始、持续和终结三种事态，例（$4C_2$）至例（4D）依次描述活动终结后事件遗留状态起始和遗留状态持续两种事态。例（4A）至例（$4C_1$）描述事件展开的活动过程，不能没有施事；例（$4C_2$）至例（4D）是通常所说的存现句，描述活动终结后的遗留状态，活动既已终结，施事需要退隐，但处所不能省略。

可见，在传统"时体"范畴之下建立"事态"范畴有助于解释不同时体形式或标记的交替变化所反映的动作随时间展开的事态相继或过递关系。例（4）中，例（4A）至例（4D）的动词或动词性短语之后交替有时体助词"了"或"着"与之共现，意在指明"贴"及其相关论元构成的事件随时间展开过程中所处的相应事态。其中，例（4A）至例（$4C_1$）的"了"和"着"标示活动过程随时间展开

---

① 事件是否处于展开过程中，与事件实际发生与否无必然联系。有的事件可被说话人设定在将来展开，如"我理了发就去散步""快要下雨了""马上要开动员大会了"（引自赵世开、沈家煊，1984），作为时体助词，"了"的作用是标示事件在展开过程中所处的特定阶段或事态。

的相应事态，例（4C$_2$）至例（4D）是通常认为的存在句，"了"和"着"标示活动终结后遗留状态的相应事态。更为重要的是，"事态"这一概念易于说明类似例（2a）、例（4C$_1$）和例（2b）、例（4C$_2$）中"挂了""贴了"的差异，即"了"的体貌义具有"完结""起始"两面性（详细讨论见本章第三节），但前者表示活动终结事态，后者表示遗留状态起始事态；又如例（4B）和例（4D）中的"贴着"，虽然都是"未完整体"，但前者表示活动持续事态，后者表示活动终结后的遗留状态持续事态。

总之，时体助词"了"和"着"都具有事态标示功能。"着"不在本章的讨论范围内，下文主要讨论"了"的事态标示功能。

从图5-2和例（4）反映的情况看，"了"可以标示活动起始A、活动终结C$_1$和活动终结后的遗留状态起始C$_2$三种事态。

二 "了"的活动终结和遗留状态起始事态标示功能

吕叔湘（〔1942〕1990：56-59）注意到动作和状态之间的转化递进关系，认为"动作和状态是两回事，但不是渺不相关的两回事，事实上是息息相通的"，"动作完成就变成状态"。吕先生的认识其实就是图5-2中C$_1$和C$_2$标示的事件活动阶段和遗留状态阶段的临界状态，只是吕先生没有注意到相应表达式中"了"的作用。事实上，"了"在C$_1$和C$_2$的相应表达式中通常是不可省略的。以例（2a）、例（2b）和例（4C$_1$）、例（4C$_2$）为例：

（2′）a. 小张在树上挂了一盏灯笼。 ？小张在树上挂一盏灯笼。

b. 树上挂了一盏灯笼。 ？树上挂一盏灯笼。

（4′）C$_1$. 彤彤在门上贴了一副春联。 ？彤彤在门上贴一副春联。

C$_2$. 门上贴了一副春联。 ？门上贴一副春联。

例（2′）和例（4′）略去"了"后，句子的可接受度减弱。据沈家煊（1995、2004），"一盏灯笼"和"一副春联"都是有界名词，要求动词"挂"和"贴"也是有界的，"了"的作用则是使动词有界化。沈先生的观点显然是正确的，但是例（2a）、例（2b）和例（4C_1）、例（4C_2）的"了"虽然处在相同的句法环境中，意义却有差别：例（2a）和例（4C_1）的"了"标示活动终结事态；例（2b）和例（4C_2）的"了"标示活动终结后的遗留状态起始事态。因此，"了"的作用除表示有界的"完结"外，还可以标示动作"完结"后的状态"起始"。税昌锡（2008）指出，图 5－2 中 C_1 和 C_2 反映了活动终结和遗留状态开始的过递关系，其中的"了"像接力赛中的接力棒从一个人手中传到另一人手里，接力棒在交接前后的功能有所不同。C_1 的"了"凸显活动终结事态，C_2 的"了"凸显遗留状态起始事态。"了"的上述差异实际上是由事件的不同事态（由动词的过程特征来体现）引起的，动词过程特征的不同还会导致 C_1 和 C_2 相应表达式中动词的论元配置及其性质的变化。例如：

（2″）a. 小张在树上挂了一盏灯笼。　？在树上挂了一盏灯笼。

b. 树上挂了一盏灯笼。　？小张树上挂了一盏灯笼。

（4″）C_1. 彤彤在门上贴了一副春联。　？在门上贴了一副春联。

C_2. 门上贴了一副春联。　？彤彤门上贴了一副春联。

对比可见，活动终结事态 C_1 还保留有动态特征，其语言表达式中不能省略施事，而遗留状态起始事态 C_2 不再保留动态特征，其语言表达式中若出现施事则有冗余之嫌。此外，相关处所在活动终结事态 C_1 的表达式中体现为介词短语，描述活动发生的场所，而在遗留状态起始事态 C_2 的表达式中体现为方位短语，成为凸显事物状态的系事。

三　"了"的活动起始事态标示功能

对例（2a）、例（2b）和例（4C_1）、例（4C_2）的讨论表明，

"了"在标示事件的过程结构中具有"桥接"功能或"接力棒"效应，"了"标示的是终结事态还是起始事态，很大程度上取决于动词及其相关论元所描述事件的事态。例（2a）的"挂"和例（4C$_1$）的"贴"凸显的是其"活动终结"事态，相应地，"了"表"终结"义；例（2b）的"挂"和例（4C$_2$）的"贴"凸显的是其"遗留状态起始"事态，"了"表"起始"义。

"了"的事态标示功能及其语法意义既然取决于动词及其相关论元所描述事件的事态，一些描述活动起始的动词后跟"了"，其功能自然是标示活动起始（图5-2的A）。最典型的是起始义动词性词语。例如：

（5）演戏要背剧本，编快板要遣词造句，就这样开始了"读"与"写"。（邓友梅《邓友梅选集》自序）

（6）当金秀拆开这九年后的第一封信的时候，她简直觉得恍若梦中，直到院子里响起了全义的脚步声，才把她从这梦中震醒。（陈建功、赵大年《皇城根》）

（7）"我爱你。"马青重复了一遍，看到少妇仍没反应，十分别扭地又说，"别闹了，宝贝儿。"少妇笑了起来。（王朔《玩主》）

（8）他唱起了一支歌，怀着隐秘的激情回到了休养所。（王蒙《海的梦》）

显然，例（5）至例（8）中，"开始了'读'与'写'""响起了全义的脚步声""笑了起来""唱起了一支歌"的"了"具有标示活动起始的功能。

综上所述，"了"在事件过程结构中具有标示活动起始、活动终结和遗留状态起始三种事态的功能，具体标示何种事态，则由动词的过程特征来确定。活动终结和遗留状态起始间是互为蕴涵的关系，"了"的活动起始标示功能则可以认为是遗留状态起始的隐喻。可见，以往"完成""实现"等语法意义的认识不能全面反映"了"

的实际情况。

第三节 "了"语法意义的"完结""起始"两面性

"了"在事件过程结构及其表达式中的分布跟图5－2的A、C_1和C_2有对应关系，分别标示活动起始、活动终结和遗留状态起始三种事态。可是，"了"的语法意义到底是什么？

总结前文，可以得出结论："了"在C_1标示的活动终结事态的相应表达式中表"终结"义；在A和C_2标示的活动起始和遗留状态起始事态的相应表达式中表"起始"义。换言之，"了"的语法意义具有"完结""起始"两面性。

汉语史的研究表明，体貌助词"了"经历了由"终了、了结"义动词到补语，再发展成"形尾"（助词）的虚化过程（王力，［1958］1980：302－303；太田辰夫，［1958］1987：210－212；蒋绍愚、曹广顺，2005：198－212）。按照语法化的观点，动词"了"发展为体貌助词后，"终了""了结"义变得很虚灵，主要体现为语法意义。语法意义是词语在组合过程中凭借一定的形式而实现的关系意义，以吕叔湘（［1942］1990：56）"动作完成就变成状态"的认识为基础，我们发现，"了"在图5－2中C_1和C_2表示的活动阶段和遗留状态阶段的临界点上是表"终结"（动作完成）义还是表"起始"义（动作完成就变成状态），很大程度上取决于相关动词的过程特征。换言之，"了"的语法意义具有两面性，动词凸显终结特征时，"了"表"终结"义，动词凸显起始特征时，"了"表"起始"义，动词的起始、终结特征不明确时，"了"的语法意义模糊，为"起始""终结"两可状态。需要指明的是，"了"既然可以在遗留状态起始事态（图5－2的C_2）的表达式中表示"起始"的语法意义，根据词语组配的语义相容原则（邵敬敏，1997；税昌锡、邵敬敏，2006），描述活动起始事态（图5－2的A）的动词因为具有"起始"特征，也可以跟"了"共现。从哲学和逻辑学的角度看，"动作完成就变成状态"的认识可以触发我们关于"动作完成"和

"状态起始"间蕴涵与预设关系的思考，即动作完成必然造成某一状态的形成，状态起始必然预设活动的终结。例（2）"小张在树上挂了一盏灯笼"和"树上挂了一盏灯笼"中相同的"挂了"就有"起始""终结"两种意义，只是前句凸显的是动作"挂"已完成，后句凸显的是动作"挂"的遗留状态。吕叔湘（[1942] 1990：56）对叙事句和表态句之间转换关系的分析，对动作和状态之间过递或继起关系的认识也具有启示意义。他认为"凡是叙事句的动词含有'已成'的意味的，都兼有表态的性质。最明显的是被动意义的动词，换句话说，就是这类表态句的主语是动词的止点（止词）"。如"兵破于陈涉，地夺于刘氏"，如果把"于陈涉"和"于刘氏"略去，"兵破，地夺"就成了表态句，"破"是"兵"的状态，"夺"是"地"的状态。以吕先生的认识为基础，我们发现完成体及物动词句的动词相对于施事而言是动作完成，相对于受事而言则是状态的形成。例如：

> （9）a. 张三吃了那个苹果。
>
> 　　b. 那个苹果被张三吃了。
>
> 　　c. 那个苹果被吃了。

　　例（9）的"吃"这一活动对于施事"张三"来说已经结束，对于受事"那个苹果"而言则是随施事动作的结束而进入到"被吃了"的状态。当人们认为"了"仅表"完成""实现"或"达成"等意义时，实际上只注意到施事发出动作的一面，受事受动作影响形成的状态则被忽视了。换言之，即使在例（9a）"吃"这种动作性很强的动词后，"了"的语法意义也有两面性：一方面表示施事的动作已经结束，另一方面也蕴含着受事随之进入动作结束后的状态中；例（9c）的"了"虽然凸显苹果进入到"被吃"后的遗留状态，但也蕴含着"吃"的活动已经终结的事实；例（9b）的"吃了"是表示苹果进入到"被吃"后的状态还是表示张三结束了"吃"的动作，随观察者的视角而定，观察者侧重于施事时为动作的结束，侧重于受事时则表动作结束后的状态。如果动词兼有动作和状态双重特性，上述语义关系将更为显明，如例（2）的"挂"。又如：

（10）a. 店老板七点钟就开了门。
b. 店门七点钟就开了。

例（10a）和例（10b）的区别在于，例（10a）由于施事在场，"开了"凸显的是动作完成的一面，受事"门"随之进入的"开"的遗留状态被隐含；例（10b）由于施事退隐，"开了"凸显的是动作结束后遗留状态起始的一面，同时蕴含着的"开"的动作已经终结的意义则被隐性化了①。更值得注意的是，一些由结果或状态补语构成的动结式后接的"了"，表完结还是遗留状态起始，往往难以判断。例如：

（11）张志豪在前门外喝醉了酒。
（12）繁重的工作累倒了老王。

例（11）的"醉"指向主语张志豪，例（12）的"倒"指向宾语老王。由于动结式语义的合成性，可以认为例（11）的"喝"和例（12）的"累"随着"醉"和"倒"所表结果或状态的产生而终

---

① 动词语义的这种蕴涵关系，国外生成语义学家如 McCawley（1968，1973）、Dowty（1979）、Jackendoff（1990）、Rappaport 和 Levin（1998）等，通过对动词词义进行分解的方法早就注意到了，如 McCawley（1968）将 KILL 的语义分析为"CAUSE TO BECOME NOT ALIVE"。把类似动词 KILL 的语义分解为带 CAUSE、BECOME 等基本谓词的形式有利于解释句子之间的蕴涵关系。如：a. The soup was cool. b. The soup cooled. c. Mike cooled the soup. 用谓词分解法分析，a 句表示状态"BE COOL"，b 句表示状态的变化，是基本谓词 BECOME 加状态的组合，c 句表示致使状态的改变，是基本谓词 CAUSE 加状态变化的组合形式。b 句和 c 句都包含着表示状态的"BE COOL"这一语义成分，因此 b 句和 c 句蕴涵着 a 句。Croft（1991：173）则认为，简单事件是单一方向发展的使因链，涉及力量的传输，而力量的传输是不对称的，不同的参与者分别担任启动者（initiator）和终点（endpoint）。如"Harry broke the window"表达的事件是一个包含三个部分的使因链：第一部分是 Harry 作用于窗户，第二部分是窗户改变了状态，第三部分是窗户处于结果状态（即破了）。McCawley 和 Croft 的分析说明，具有使成意义的动词通常都具有过程或阶段的合成性，因此由该类动词构成的事件一般都可以进行局部性分解。

结,但"醉"和"倒"所表示的状态却是随动作终结而形成的。所以,例(11)的"喝醉了"和例(12)的"累倒了"是描述动作完成还是遗留状态起始,可以见仁见智,主要根据说话人意象图式中截取(to profile)的是动作还是遗留状态来确定。

如果句中动词描述的是状态(包括静态和动态),后跟的"了"则有可能被理解为状态起始并进入到延展过程中。例如:

(13)李蕊今天穿了一件鲜红色毛衣。

(14)老张在炕上坐了很久。

(15)炉子上烤了几个红薯。

例(13)、例(14)和例(15)的"了",在凸显动词所表状态之前,有一个短暂的活动展开并终结的过程,但动词所表示的状态处于延续过程中则是动词本身的"状态持续"特征以及句中其他成分如"今天""很久"等赋予的。换言之,只有动词本身具有持续特征,才能表达状态起始并进入到状态的延展过程,否则上述解读便不复存在。如"后村昨天夜里死了一头牛",因"死"无持续特征,"死了"解读不出状态的延展过程。

值得一提的是,与例(15)类似的例子,"了"既有"烤"类动词所表动作完成的一面,又有表"事态出现变化"的一面,按照传统"了$_{(1)}$""了$_{(2)}$"的分别,应标记为"了$_{(1+2)}$"。事实上,吕叔湘等(1980:316-317)对"动+了(不带宾语)"和"形+了"的"了"是表"完成"还是表"事态出现变化"就颇为犹疑,认为"动+了(不带宾语)"的"'了'一般是'了$_2$'或'了$_{(1+2)}$',有时也可能是'了$_{(1)}$'";而"形+了"的"了""可以表示一种变化已经完成,出现新的情况,应该算是'了$_{(1+2)}$';但如果只着眼于当前的情况,也可以说只是'了$_{(2)}$'"。我们认为这种犹疑态度正是"了"语法意义"完结""起始"两面性所导致的。

其实,"了"语法意义的"完结""起始"两面性,很早就有学者在语言事实的描述中涉及了,但没有提出两面性的概念,更没有深层次的理论思辨。吕叔湘（［1942］1990：57）在谈到形容词作表态谓语时认为，"形容词做表态谓语，有时不是表示一种无始无终的一瞬间的状态，而是表示一种状态的开始，或是表示一种状态的完成"。吕先生在文中虽未具体讨论"了"的语法意义，但他所举状态开始的例子都带有"了"，如"说到这里，声音渐渐低了下去，一会儿忽然高了起来""一到十月，这些树叶便红了起来"。太田辰夫（［1958］1987：208－210）在论及"动态"范畴时，对"了"是表"开始态"还是"完了态"也颇为踌躇，认为"了"可以是"开始态"的后附助词，如"下雨了""吃饭了"的"了"，也可以是"完了态"的后附助词，如"将军破了单于阵，便把兵书仔细看（沈传师诗）""死了万事休（寒山诗）"。

第四节　动词的过程特征对"了"语法意义的制约

如上所述，"了"语法意义的两面性很大程度上取决于与之相关的动词性词语的过程特征，本节中，我们将以具体事例就其作进一步阐释。举两个极端的例子：

（16）a. 开始了一天的工作。

　　　b. 结束了一天的劳动。

例（16a）和例（16b）中"了"的句法环境一致，但语法意义明显不同，这是由动词"开始"和"结束"的过程特征造成的。例（16a）"开始"的"活动起始"过程特征不容置疑，"了"的语法意义自然表现出"起始"一面，"工作"开始后随之进入持续状态；例（16b）"结束"的"活动终结"过程特征也毋庸置疑，"了"的语法意义自然呈现出"完结"一面，"劳动"终结后动作将不再持续。因此，"了"跟具"起始"特征的动词如"出发""开始""起飞""着手"及跟具"终结"特征的动词如"完""丢失""结束""了结""死亡""完结""忘记"等共现时，语法意义明显不同。

不过，语言中大量动词的过程特征需要借助体貌助词或其他手段来凸显，如"戴""躺""读""挂""看""拿""贴""写""坐""劳动""工作"等。这种情况大致可以分为三种类型。

类型一：动词具有动态特征，只有图5-1和图5-2所示事件过程结构活动阶段的过程特征，"了"跟这类动词共现时，表"完结"义还是"起始"义要受到动词在具体表达式中的过程特征的约束。例如：

（17） a. 甜甜开始写信了。

b. 甜甜写了一封信。

例（17a）的"写信"作为一个相对无界的动作（沈家煊，1995，2004），"了"起标示活动起始的功能，表"起始"的语法意义，这也使得它在相同的句法环境中可以与"开始"等起始义动词共现。例（17b）表达一个相对有界的事件，"了"需要紧跟动词"写"以标示一个相对有界或活动终结的动作，表"完结"的语法意义[①]。

类型二：动词兼有动态和静态特征，可以有图5-1和图5-2所示事件过程结构活动阶段和遗留状态阶段所有的过程特征，"了"跟这类动词共现时，除表"活动起始"或"活动终结"外，还可表"遗留状态起始"。因此，这类动词跟"了"共现时，表"终结"义还是"起始"义，需要根据相应的表达式来确定，这类动词经常是描述置放关系的附着动词，如"插""缠""堆""放""盖""挂""铺""塞""贴""装"等，例（2）和例（4）对此已有所阐释。又如：

---

① 尽管如此，由于"了"的语法意义具有"完结""起始"两面性，加上"写"的内在语义结构中包含"起始"和"终结"过程特征，因此例（17b）并不排除将其解读为"写"的动作开始后进入到某种状态，不一定是有始有终的完整过程，如"甜甜写了一封信，可是没写完"（参考 Tai, James H. - Y., 1984）。前文例（9a）"张三吃了那个苹果"也不排除类似解读，如"张三吃了那个苹果，有点涩，没吃完便扔了"。

（18）a. 彤彤开始在讲台上摆鲜花了。

　　　b. 彤彤在讲台上摆了一束鲜花。

　　　c. 讲台上摆了一束鲜花。

例（18a）和例（18b）的"了"反映的是与例（17a）和例（17b）类似的情形，例（18b）和例（18c）虽然由相同的短语"摆了一束鲜花"构成，但"摆"的过程特征和"了"的语法意义并不完全一致。例（18b）描述的是活动阶段的终结事态（图 5 - 2 的 C_1），动词"摆"仍具动作特征，因此施事"彤彤"通常不可省略。比较：

（18'）b. 彤彤在讲台上摆了一束鲜花。

　　　? 在讲台上摆了一束鲜花。

例（18c）因为描述的是活动终结后的遗留状态起始事态，动词"摆"表示的动作已结束，呈现的是其静止的遗留状态起始特征，因此施事可隐。不过遗留状态跟活动终结之间毕竟是继起或过递的关系，因此例（18c）也可以通过一定的句法手段找回施事成分。比较：

（18"）c. 讲台上摆了一束鲜花。

　　　讲台上被彤彤摆了一束鲜花。

　　　彤彤把一束鲜花摆在了讲台上。

例（18c）施事成分的有无，会导致动词"摆"的过程特征以及"了"语法意义的不同，有施事成分的"讲台上被彤彤摆了一束鲜花""彤彤把一束鲜花摆在了讲台上"更倾向于理解为描述活动的终结事态，"摆"凸显的是其"终结"特征，"了"的语法意义体现为"终结"义。

类型三：动词表示的动作活动阶段短暂，主要描述短时活动结束后的遗留状态。这类动词通常只有图 5 – 1 和图 5 – 2 所示遗留状态阶段的过程特征，"了"跟这类动词共现时，通常标示"遗留状态起始"事态，"了"表现为"起始"的语法意义。这类动词通常是描述姿态的附着动词，如"蹲""跪""躺""站""坐"等。例如：

（19） a. ＊一个陌生人开始在沙发上坐了。

b. ＊一个陌生人在沙发上坐了。

c. 沙发上坐了一个陌生人。

遗留状态阶段毕竟需要经过活动阶段的过递转化，这类动词若要强调活动过程的起始或终结事态，可以通过添加动态性的介词短语或趋向补语来弥补动词本身过程特征的不足。试与例（19a）和例（19b）比较：

（20） a. 一个陌生人开始往沙发上坐了。

b. 一个陌生人在沙发上坐下了。

例（20）"了"的时体意义指向的不再是动词本身，而是动态性的"状—动"或"动—补"短语。

第五节 "了"的计时起点标记功能

动词后接时量短语构成的"动词 + 了 + 时量短语 + 了"结构，其中时量短语的语义多指现象很早就受到人们的关注（吕叔湘，1961；马庆株，1981）。马庆株（1981）意识到不同类型的动词后接时量短语所表示的延续时间段，都能通过动词本身的语义特征判断出一个计时起点来。但这个计时起点究竟是怎样标示的，马先生并未详细阐明。其实这个计时起点便是通过该结构中动词后的"了"来标记的，也就是说，"了"在上述结构中是通过标记它前面动词所体现的"起始"、"完结"或者"遗留状态起始"事态作为计时起点来限制它后面时量短语的语义所指的。因此,前文所述"了"的事态标示功能也体现在它与其后所跟时量短语语义多指的关系上。例如:

（21）a.（调查）开始了三天了。
　　　b.（调查）结束了三天了。
（22）a. 劳动了三天了。
　　　b. 躺了三天了。

　　例（21a）和例（21b）的"开始"和"结束"本身表示活动阶段的两极,前者的"三天"表示活动"调查"开始后的持续时间,后者的"三天"表示活动"调查"终结后的延续时间。例（22a）和例（22b）的"劳动"和"躺"的终结特征较弱（参看郭锐,1993）,根据它们的过程特征的差异,前者的"三天"表示活动起始后动作的持续时间,后者的"三天"表示遗留状态起始后状态的持续时间。

　　例（22a）和例（22b）的"劳动"和"躺"都具有持续特征,而"三天"既然表示相应事态的持续时间,因此动词后的"了"似乎可以省略,说成"劳动三天了""躺三天了"。不过细细品味,动词后有"了"无"了"存在细微差别。有"了"凸显"三天"的计时起点,无"了"凸显相关事态的延续状态,计时起点被淡化。按常理,"开始"或"结束"义动词表示的是短暂行为,不可能持续,但在不大强调计时起点的情况下,上述结构中这类动词后的"了"也有可能被省略。例如:

　　（23）文化大革命开始不久,我就失去了自由,老舍先生拂袖而去的消息我却是在极奇特的方式中猜到的。（邓友梅《记忆中的老舍先生》）
　　（24）没想到,土改结束快三十年了,乡亲们还受着这样的委屈!（张一弓《赵镢头的遗嘱》）

尽管如此，例（23）的"不久"和例（24）的"三十年"仍然是以"开始"时或者"结束"时作为计时起点的延续时间，二者都可以在动词和时量短语之间加"后"说成"文化大革命开始后不久""土改结束后快三十年了"。可见，动词后时量短语前的"了"一定程度上起到了凸显计时起点的功能。动词后"了"的计时起点标记功能，对于那些过程特征需要借助时体助词或其他手段才能被凸显的动词所构成的表达式尤显重要。例如：

（25） a. 看了三天了。

b. 看三天了。

（26） a. 挂了三天了。

b. 挂三天了。

例（25a）和例（26a）"三天"的语义所指都是有歧义的。马庆株（1981）从辨析动词的区别性语义特征出发，认为"看了三天了"中的"三天"具有双重所指，既可以指"看"所表行为动作完成或实现后所经历的时间，如"那本书我早看完了，看了三天了"，也可以指"看"所表行为动作的持续时间，如"那本书我都看了三天了，还没看完"，因为"看"具有"完成"和"持续"的语义特征；而"挂了三天了"中的"三天"具有三重所指，除了跟"看"相同的两种所指外，还可以指行为动作所造成状态的持续时间，如"灯笼一直在树上挂着，都挂了三天了"，因为"挂"除了具有"完成"和"持续"特征外，还具有"状态特征"。例（25b）和例（26b）动词后省略"了"后，歧义度减弱，"三天"通常被理解为动作或状态持续的时间，"三天"所表时量的所指显然没有例（25a）和例（26a）丰富。

可是，动词的"完成"、"持续"和"状态"特征并非共时平面稳定的静态性特征，而是动词所表动作随事件在时间流程中展开（如图5－1、图5－2所示）所体现出来的动态性过程特征。"看"为活动动词，在其构成的事件随时间展开过程中依次体现出"活动起始""活动持续"和"活动终结"的过程特征；而"挂"所构成的事件在随时间展开过程中不仅具有活动阶段的"活动起始""活动持续"和"活动终结"的过程特征，还可以过递为活动终结后的遗留状态。联系前文对"了"语法意义的讨论，"看了三天了"和"挂了三天了"中"三天"的语义歧指，归根结底，是由"了"对"看"和"挂"所构成事件在随时间展开过程中可能作为计时起点的不确定性造成的，即"了"是标示活动起始、活动终结还是遗留状态起始，具有某种不确定性，正是这种不确定性，造成了时量短语的语义歧指。

综上所述，"动词＋了＋时量短语＋了"结构中时量短语的语义多指现象说明，在事件随时间展开的过程中，动词所表现出来的不同的过程特征对时量短语的语义所指具有约束限制作用。而"了"除了可以标示活动起始、活动终结或遗留状态起始事态外，还在上述结构中起到了标记计时起点的作用，即在该结构中，时量短语所表示的延续时间段是从"了"标示的活动起始、活动终结或遗留状态起始事态作为起点开始计时的。可见，"了"的事态标示功能和计时起点标记功能是融为一体的。同时，"动词＋了＋时量短语＋了"结构中时量短语的语义多指现象还说明，"了"的语法意义并不单一地表示"完成""实现"或者"达成"等，而是如前文第三节所论证的，具有"完结""起始"双重属性。也正是这种语义多指现象，在一定程度上使该结论的得出具有合理、可解释性。

需要指明的是，"了"所标记的计时起点不一定是一个明确的时点，也可能是隐藏于跟参照时间相对的已经过去的一个时段之内的某一时点。例如：

（27）a.？邱萍今天回来了。

　　　b. 邱萍今天早上八点钟就回来了。

　　　c. 邱萍今天早上回来了。

　　　d. 邱萍昨天回来了。

e. 邱萍回来了。

例（27a）感觉怪异的原因是，相对于参照时间（说话时刻）而言，"今天"尚未结束，无法表示"回来"的动作已经完结并处于以此计时的相应的遗留状态起始事态。例（27b）"今天早上八点钟"已经过去，可以表示"回来"在此时终结并处于以此计时的相应的遗留状态起始事态。例（27c）、例（27d）和例（27e）的"回来"都是已经终结了的行为，但随着具体终结时间逐渐模糊，"了"标示的相应遗留状态计时起点也随之变得模糊。

第六节 "了$_{(1)}$""了$_{(2)}$"语法意义的同一性

"了"的分合问题历来存在争议，影响较大的是吕叔湘（1980：314）《现代汉语八百词》。该书认为，"'了'有两个，'了$_{(1)}$'用在动词后，主要表示动作的完成。如动词有宾语，'了$_{(1)}$'用在宾语前、'了$_{(2)}$'用在句末，主要肯定事态出现了变化或即将出现变化，有成句的作用"。"了$_{(1)}$""了$_{(2)}$"的区分是建立在语法意义存有差异的基础上的，但是前文的论证表明："了$_{(1)}$"不仅可以表示动作的完成，还可以表示动作或遗留状态的开始。与"了$_{(1)}$"相似，"了$_{(2)}$"不仅可表事态出现了变化或即将出现变化，还可表事件的完整性。换言之，"了$_{(1)}$""了$_{(2)}$"的语法意义具有同一性。

事件从活动开始到活动结束，再转入相应的遗留状态体现了事物运动前后相继过程的时序变化。活动终结即为遗留状态的起点，该关节正是动词带"了"的认知环境。动词后"了$_{(1)}$"语法意义的"完成"说或"实现"说等注意到活动终结事态 C_1 的存在，忽视了 C_1 跟遗留状态起始事态 C_2 间的过递关系。不过，句尾"了$_{(2)}$"的"肯定事态出现了变化"却大致反映了遗留状态起始即 C_2 的存在。比较：

（28）a. 我已经买了车票。

b. 我已经买了车票了。

例（28a）的"了"表示"买车票"这一活动的结束，即图 5-2 的 C_1。但是，活动结束随之进入相应的遗留状态，即图 5-2 的 C_2，这种遗留状态正是例（28b）句尾"了"的认知基础①。对于不具静态特征的动作动词（如"买"）而言，动作结束后，需要"了$_{(2)}$"标示遗留状态开始，即所谓的"肯定事态出现了变化"；对兼具动态、静态特征的动词来说，其后的"了"在跟事件过程结构相应的表达式中既有可能表"活动终结"，也有可能表"遗留状态起始"（事态出现了变化），例（2a）、例（2b）、例（4C_1）、例（4C_2）和例（18b）、例（18c）已做分析。再如：

（29）a. 司机在车上盖了篷布。

　　　b. 车上盖了篷布。

例（29a）的"了"标示"盖篷布"这一活动处于终结事态，"盖"仍保留动态特征；例（29b）是典型的存现句，"了"标示"盖篷布"这一活动终结后"篷布"的遗留状态起始事态，"盖"以其静态特征描述动作完成后"篷布"和"车上"存现方式的起始事态。显然，例（29a）和例（29b）的"了"随动词过程特征的改变而产生了差别，若按吕叔湘（1980：314）的观点，例（29a）的"了"因表"完成"应看作"了$_{(1)}$"，例（29b）的"了"因表"事态出现了变化"应看作"了$_{(2)}$"。显然，这将使"了"语法意义的讨论陷入更加扑朔迷离的境地。

如果说例（29a）通过"了"标示"盖"的动作终结特征跟例（29b）通过"了"标示"盖"的状态起始特征之间具有继起关系，那么后者的"了"将可理解为本身蕴含了"终结"或"完成"的语法意义。但是，如前文的讨论，"完成"说或"实现"说对起始

---

① 吕叔湘主编《现代汉语八百词》（[1980] 1996：316）就有类似认识，原文为"动＋了$_1$＋宾＋了$_2$既表示动作已经完成，又表示事态有了变化（二者本来密切相关）"。

义动词后的"了"很难自圆其说，因为说"开始了'读'和'写'"的"了"表"开始'读'和'写'"的动作已经"完成"令人费解，说"唱起了一支歌"的"了"表"唱起一支歌"的动作已经"实现"也让人困惑。"界限"说（陈忠，2002）或"界变"说（张黎，2003，2010）虽然注意到了事物运动具有起始和终结的边界问题，但具体语例仍给人们带来了疑惑。如要说明"开始了一天的工作"和"结束了一天的劳动"中"了"的语法意义，还需对"界限"或"界变"做更多的说明，如前者的"了"表"起始界限"或"起始界变"，后者的"了"表"终结界限"或"终结界变"。

综上所述，时体助词"了"既然由动词意义的"了结"通过语法化过程发展而来，据"动作终结"与"状态起始"相互蕴涵的关系，其语义虚化的结果自然是使其具有"终结"和"起始"两面性。或者可以认为"终结"和"起始"是"了"语法意义的两个变体，受制于动词在事件过程结构中的过程特征。这种认识可以使"了"在相同语法环境中的语法意义可能存有差异的现象得到较好的解释。例如：

（30）a. 台上演了一出梆子戏。

　　　b. 村里死了一头老牛。

　　　c. 汤锅里煮了几只水饺。

　　　d. 床上躺了一个病人。

例（30a）至例（30d）都是以存现构式造成的句子，但是例（30a）的"演"和例（30b）的"死"都是"强终点动词"（郭锐，1993），"了"标示活动终结事态，终结事态不可能持续，"了"表示的是"动作完成"义；例（30c）和例（30d）的动态动词"煮"和静态动词"躺"都是"弱终点动词"（郭锐，1993），"了"标示的活动起始事态和遗留状态起始事态都将转化为相应的持续事态，因而都有相应的持续事态表达式，如"汤锅里煮着几只饺子""床上躺着一个病人"。换言之，例（30c）和例（30d）的"了"并不表"动作完成"而表"动作起始"的语法意义，这类动词因为具有持续特征而随着起始事态进入到延展过程。

上文讨论的是动词后宾语前的"了"，即所谓的"了₍₁₎"。其实，句末"了₍₂₎"所谓"事态出现变化"的语法意义，是观察者的视角仅停留在"完结""起始"两面性中的"起始"面而已。跟"了₍₁₎"类似，"了₍₂₎""事态出现变化"的"起始"义在具体语法环境中也可以存有动态起始和状态起始的差别。例如：

（31）一直没开腔的陆掌珠突然说话了。（池莉《你以为你是谁》）

（32）吴桂芬果然给逗笑了。（同上）

（33）陆掌珠说出了"死"字之后反而不哭了，泪也干了。（同上）

（34）时代不同了，衡量知识分子的标准也应该不同。（同上）

例（31）的"说话"和例（32）的"笑"具有动态特征，句末"了"表图 5 - 2 中 A 所示的动态起始变化，动词前后还可以与"起始"义的动态动词或准体貌助词同现。比较：

（31′）一直没开腔的陆掌株突然开始说话了。

（32′）吴桂芬果然笑起来了。

例（33）的"不哭"和"干"，以及例（34）前一分句的"不同"描写状态，句末"了"表图 5 - 2 中 C_2 所示的状态起始变化，动词或形容词前可以与表"已然"义的副词共现。比较：

（33′）陆掌珠说出了"死"字之后反而不再哭了，泪也已经干了。

（34′）时代已经不同了，衡量知识分子的标准也应该不同。

跟动词后宾语前的"了"相同,例(31)至例(34)"了"语法意义上的差别也是受到句末动词性词语过程特征的影响而产生的。以此推理,若句末动词具有"终结"过程特征,"了"将更容易被理解为"终结"义。例如:

(35) 别做犯法的事,犯法了要坐牢的,人一坐牢一切都完了。(池莉《你以为你是谁》)

(36) 我以为我这儿已没她的一点痕迹,那些甜蜜的信我都烧掉了。(王朔《空中小姐》)

例(35)的"完"和例(36)的"烧掉"具有较强的"终结"特征,句末"了""事态出现变化"的语法意义相对较弱。不过,因为活动终结和遗留状态起始存在着过递或继起的关系,有些句末"了"由于动词过程特征的游离性而带上游离的特点。例如:

(37) 仆人们以为是在北平读书的大小姐回家了。(苏童《妻妾成群》)

(38) 寂静中鸽子飞回来了,在阳台上咕咕地叫。(池莉《你以为你是谁》)

例(37)的"回家"可以理解为位移行为,此时,"了"表位移行为的终结,"回家了"表示"到家了"之意;"回家"也可以理解为回家后跟家人生活的状态,此时,"了"表状态起始,即"事态出现变化","回家了"表示"在家里了"之意。例(38)可做类似分析。金立鑫(2003)也注意到"S了"和"V了"的"了"是两个不同的体标记,前者表示"起始",后者表示"实现",由此造成句末"V了"构成的句子存在时体歧义。例如:

(39) 他吃了(开始吃/吃过了)

他做了（开始做／做过了）

他看了（开始看／看过了）

例（39）"了"的时体歧义仍然是动词过程特征的不确定性导致的。据郭锐（1993），"吃""做""看"都是双限结构动词，都具有"起点""终点"和"续段"三个要素，在句子缺乏相应成分明确表示其描写的事件处于何种事态的情况下，"了"语法意义的"起始""终结"两面性允许其既可标示起始事态，也可标示终结事态，从而导致歧义的产生。这一点可以从句末单限结构动词后的"了"不存在时体歧义得到佐证。例如：

（40）a. 调查开始了。

　　　b. 劳动结束了。

例（40a）"了"的语法意义受"开始"影响而凸显"起始"义，例（40b）"了"受"结束"的影响而凸显出"终结"义。

前文讨论到"动词＋了＋时量补语＋了"结构，其中动词后"了"具有计时起点标记功能。其实，句尾"了"也同样蕴含着一个以"起始"或者"完结"事态形成之时为起点的向将来延展的语法意义。例如：

（41）a. *他10点才动身了。　　他10点才动身。

　　　b. 他10点就动身了。　　*他10点就动身。

（42）a. *会议10点才结束了。　　会议10点才结束。

　　　b. 会议10点就结束了。　　*会议10点就结束。

例（41）的"动身"具有起始特征，其中例（41a）的"才"表示"动身"发生时间晚，并不处于延展的过程中，所以句尾加"了"反而觉得怪异；例（41b）的"就"表示"动身"已经发生并处于延展的过程中，句尾"了"表示以"动身"发生时间为起点向未来延展，这种情况若句尾不加"了"反而觉得怪异。例（42）的"结束"具有完结特征，句尾"了"的隐现情况跟例（41）类似。

综上所述，"了(1)"和"了(2)"的语法意义具有同一性，都具有事件过程结构的"活动起始""活动终结"和"遗留状态起始"的事态标示功能，换言之，其语法意义都具有"起始""终结"两面性（其中"起始"一面必然蕴含着向未来延展的意义），其语法意义的最终确定都受到动词的过程特征以及事件的事态特征的制约。

第七节 事态转化与"了(1)""了(2)"的语义辖域

"了(1)"和"了(2)"的语法意义都具有"完结""起始"两面性，受制于动词性词语在事件过程结构中所呈现的过程特征，这就解释了如例（2a）和例（2b），例（4C₁）和例（4C₂），例（18b）和例（18c），以及例（29a）和例（29b）中同一动词短语中的"了(1)"为什么语法意义却不同，也便于解释如例（40a）"调查开始了"和例（40b）"劳动结束了"中句尾"了"即"了(2)"的细微差别。一般认为"了(2)"表示"事态出现了变化或即将出现变化"（吕叔湘，［1980］1996：314-320），但是例（40a）和例（40b）句末的"了"还是有所不同，即前者表示进入"开始态"，联系前一事态，可以说是"出现了变化"，"调查"仍将继续；后者表示进入"结束态"，不存在与之相关的前事态，也无所谓"出现变化"，"劳动"不再延续。

石毓智（1992）认为，"了(1)""了(2)"的使用条件并没有什么差别，跟它们所搭配的词语都须具有动态性质，即所搭配的词语所指从前时点到自身实现之间有个动态变化过程，至于实现后是否仍是动态，不作要求。联系图 5-1、图 5-2 和前文的讨论，我们发现，"了(1)"和"了(2)"不仅具有事态标示功能，还可以标示事态间的转化关系，即可以标示前一事态向后一事态的转化关系。如果忽略事态间的联系，"了(1)"和"了(2)"就只有前文第二节所讨论的"事态标示功能"。具体来说，"了(1)"和"了(2)"可以标示从活动前事态

（活动未展开）转化为活动起始事态，从活动未终结（不一定有活动持续过程）事态转化为活动终结事态，从状态（或遗留状态）前事态（不一定有活动终结事态）转化为状态（或遗留状态）持续事态。究竟是何种事态之间的转化，依动词的过程特征而定。

事态转化可以是瞬间或短暂性行为，不一定非有一个明确的动态变化过程。如：

（43）a. 炸弹爆炸了　炸弹突然爆炸了　＊炸弹慢慢地爆炸了

　　　　b. 2012 届学生毕业了　2012 届学生昨天毕业了＊2012届学生渐渐地毕业了

其中，"2012 届学生昨天毕业了"的"昨天"在人们的意象图式中是一个时间点而非时间段。

当然，事态转化也可以是一个动态变化过程。比较：

（44）a. 嘎子突然明白了张连长的意图。
　　　　b. 嘎子慢慢地明白了张连长的意图。

从"不明白"到"明白"，既可以在短时间内发生，也可以是一缓慢的过程。

石毓智（1992）认为"都小孩了"（比较：都大人了）、"苹果生了"（比较：苹果熟了）不能说的原因是，"小孩"和"生"是"初始事物"或"初始状态"，不存在动态变化过程。其实也可以这样解释："初始事物"或"初始状态"逻辑上不存在事态从何转化而来的问题，因此不能跟"了"共现。但上述例子如果被否定，情况则完全相反，如"都不是小孩了""苹果不再是生的了"。道理其实是一样的，从"小孩"到"不是小孩"，从"生"到"不生"，它们的事态都发生了转化，"了"的功能正是标示这种转化后新事态的出现。

"了$_{(1)}$"和"了$_{(2)}$"既然具有相同的标记事态转化的功能，那么它们分别标示的是什么事态的转化呢？这跟它们的句法分布有关系。除位于单动词之后外，"了"在动宾短语中的分布如下①：

甲式：动 + 宾 + 了$_{(2)}$：吃饭了　看书了　喝酒了

乙式：动 + 了$_{(1)}$ + 宾：吃了饭　看了书　喝了酒

丙式：动 + 了$_{(1)}$ + 宾 + 了$_{(2)}$：吃了饭了　看了书了　喝了酒了

石毓智（1992）认为"'了'的语义要求只对于其前的词语有限制"。根据石毓智（1992）的分析以及我们的观察，甲、乙、丙三种格式中的"了"的语义辖域可以标示为：

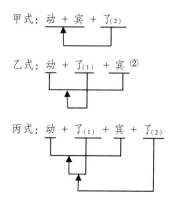

甲式中"动 + 宾"是正在展开的活动，"了$_{(2)}$"标示活动从没有发生转为活动起始事态，如图 5 - 2 中的 A 所示。正由于此，甲式中的"宾"通常为无界名词，不能是有界名词，如不能说"吃一碗饭

---

① 下文的讨论只涉及"动词 + 名词"短语，"了"在"动词 + 时量短语"中的功能特征相对复杂一些，可参看税昌锡（2006）的相关讨论。

② 乙式的宾语提前作主语后，原来的"了$_{(1)}$"处在句末位置，也就增加了"了$_{(2)}$""出现了变化"的事态转化意味，因此句尾动词后的"了"实际上表示了"了$_{(1+2)}$"即"完结""起始"双重语法意义（参考吕叔湘，[1980] 1996：316 - 317）。这一点可以从丙式的宾语提前后"了$_{(1)}$""了$_{(2)}$"重叠得到佐证。

了""喝一碗酒了"。乙式中的"了$_{(1)}$"标示活动转为终结事态，如图5-2中的C_1所示，但是宾语可以是无界名词，也可以是有界名词。丙式中的"了$_{(2)}$"标示如乙式所示的活动终结后转为遗留状态起始事态，如图5-2中的C_2所示[①]。其中甲式和丙式中的"了$_{(2)}$"表示的事态起始义必然预设（to presuppose）"原来并非如此"的意义（Levinson，1983：181-182）[②]，同时也必然蕴含（to implicate）着事态向未来延展的意味。这也许是导致一些学者认为"了$_{(2)}$"表示"事态出现了变化或即将出现变化"，"新情况的出现"，在语篇中"表达说话人对事件在事件进展链条上的关注"（徐晶凝，2012），甚至在特殊语境中可能表示"最近将来时"（陈前瑞，2005a；陈前瑞、王继红，2012）的逻辑根源。

凡是具有动态特征的及物动词，无论是起始动词、终结动词，还是兼具起始、终结和续段特征的强活动过程动词，都能构成上述甲、乙、丙三种格式。

需要强调的是，既然时间和空间是事物存在的条件，那么从理论上讲，任何事件的发生都有一个或短或长的随时间展开的过程。基于图5-1和图5-2所示的过程结构模式，根据事件活动持续事态持续时间的久暂，以及事件本身的过程特征，可以将事件分为"起始性事件""终结性事件"和"过程性事件"等类型。

类型一：起始性事件。起始性事件由"起始义"动词构成，起始义动词最典型的是"开始"，此外"出发""起飞""起航""着

---

① 图5-2中C_1和C_2反映了这样一些事实：对于圆圈来说起点便是终点，对于体育项目接力赛中的接力棒来说，接力棒从一个人手中交到下一人手里，"点"和"接力棒"虽然在交接前后的功能有所差别，但其本质却是一致的。正因如此，我们认为"了$_{(1)}$"和"了$_{(2)}$"具有同一性，其语法意义的"完结""起始"两面性反映了事态过递中的时序像似关系。

② 其实，乙式中"了$_{(1)}$"所表示的"终结"义也可以起到相同的预设效果，例如"风筝断了线"预设了"风筝原来没断线"的事实。所以，我们认为，无论"了$_{(1)}$"还是"了$_{(2)}$"，都有标记事态的功能，从动态观的角度看都是标示事态转化的。鉴于"了$_{(1)}$"也可以预设"原来并非如此"的意义，只说"了$_{(2)}$"表示"事态出现了变化或即将出现变化"，这种认识并不全面。

手"等都有较强的"起始"特征。起始性事件的"起始性"表现在，当它们跟时量短语共现时，时量短语表示相关事件的活动持续时间。例如：

（45）小组讨论开始了一个小时了。

例（45）的"小组讨论"仍在进行。例（45）其实可以离析出两个事件：一是"小组讨论"，二是"（小组讨论）进行了一个小时了"。"一个小时"表示的是"小组讨论"从句中"了"标示的"开始"时刻计时持续了一个小时。由于句尾"了""出现新情况"的"事态转化"作用，例（45）也可以理解为"小组讨论"自"开始"后过去了一个小时，即"开始"动作发生在一个小时前。从句法上看，句中"了"后可以停顿，也可以插入"都""已经"等时间副词。比较：

（45′）小组讨论开始了，都/已经一个小时了。

就起始性事件本身（如上述"开始"事件）而言，其随时间展开的过程非常短暂，没有明显的持续事态（图 5 - 2 的 B），起始事态（图 5 - 2 的 A）和终结事态（图 5 - 2 的 C_1）几乎重叠，因此不能跟"着"共现①，如不能说"开始着小组讨论""小组讨论开始着"。尽管如此，起始性事件仍然有"活动起始""活动终结"和"遗留状态起始"事态的表达式。例如：

（46）a. 老张开始工作了。

　　　b. 老张开始了一天的工作。

　　　c. 老张开始了一天的工作了。

---

① "起始"义动词既无续段也不可能反复，所以也不跟"过"共现，详见第四章。

例（46a）的"了"（即"了$_{(1)}$"）语义指向"开始工作"，表示"工作"从未展开状态进入到展开状态，同时标示事件处于如图 5 – 2 中 A 所示的活动起始事态。例（46b）的"了"指向"开始"，表示"开始"的短暂行为已经终结，同时标示事件处于如图 5 – 2 中 C$_1$ 所示的活动终结事态。例（46c）句尾"了"（即"了$_{(2)}$"）指向"开始了一天的工作"，表示"开始了一天的工作"终结后转为遗留状态，同时标示事件处于如图 5 – 2 中 C$_2$ 所示的遗留状态起始事态。例（46a）和例（46c）句尾"了$_{(2)}$"分别标示活动起始和遗留状态起始事态，例（46b）和例（46c）句中"了$_{(1)}$"标示活动终结事态。按照传统时体观念，例（46a）和例（46c）的句尾"了"标示"完成体"[①]，例（46b）和例（46c）的句中"了"标示"完整体"[②]。但是，由于"开始"几乎不具有"续段"特征，"活动起始"和"活动终结"几乎重合，所以人们一般忽略上述过程差异而将例（46a）至例（46c）的三种表达式都理解为事件处于活动起始事态[③]。

类型二：终结性事件。终结性事件由"终结义"动词构成，终结义动词最典型的是"结束"和"完"，此外"断""死""毕业""灭亡""牺牲""消失"等也具有较强的终结性特征。终结性事件的"终结性"表现在，当它们跟时量短语共现时，时量短语表示相关事件终结后的延续时间。例如：

（47）技能竞赛结束了一个小时了。

例（47）的"技能竞赛""一个小时"前就不再持续了。跟例（46）类似，例（47）也可以离析出两个事件，一是"技能竞赛"，二是"（技能竞赛）结束了一个小时了"。"一个小时"表示的是"技能竞赛"从句中"了"标示的"结束"时刻计时持续了一个

---

① "完成体"表示过去发生的动作对另一时间来说仍有影响。参看 Comrie（1976：52）的研究。

② "完整体"表示一个已经完成了的行为。参看 Comrie（1976：18）的研究。

③ 参看 Comrie（1976：19 – 20）、郭锐（1993）的研究。

小时。由于句尾"了""出现新情况"的"事态转化"作用，例（47）也可以理解为"技能竞赛"自"结束"后过去了一个小时，即"结束"动作发生在一个小时前。从句法上看，句中"了"后可以停顿，也可以插入"都""已经"等时间副词。比较：

（47'）技能竞赛结束了，都（已经）一个小时了。

跟"起始事件"类似，就终结性事件本身（如上述"结束"事件）而言，其随时间展开的过程也非常短暂，没有明显的持续事态（图 5 - 2 的 B），起始事态（图 5 - 2 的 A）和终结事态（图 5 - 2 的 C_1）几乎重叠。因此，终结动词不能跟"着"共现①，如不能说"结束着竞赛""竞赛结束着"。尽管如此，终结性事件仍然有"活动起始""活动终结"和"遗留状态起始"事态的表达式。以"断"构成的终结事件为例：

（48）a. 风筝断线了。

　　　b. 风筝断了线。

　　　c. 风筝断了线了。

跟例（46）类似，例（48a）的"了"（即"了$_{(1)}$"）语义指向"断线"，表示"线"从未"断"状态进入到"断"的状态，同时标示"风筝断线"事件处于如图 5 - 2 中 A 所示的"活动起始"② 事

---

①　在跟"了"和"着"的共现问题上，"终结"义动词不比"起始"义动词单纯，存在两种类型：一是其内在语义结构中既无续段也不可能反复，所以也不跟"过"共现，如"结束""完""终结"等；二是"终结"义动词表示的动作可以反复发生，"反复"也是一种有始有终的"持续"，所以可以跟"着"和"过"共现，如"敌人一次又一次地失败着""我们也曾失败过"中的"失败"。

②　理论上讲，凡动作皆有起点、续段和终点，但是"起始义"动词和"终结义"动词的续段特征不明显，导致"起点"和"终点"几乎重叠，致使人们忽略其"续段"的存在，但是它们都能构成格式甲、乙和丙的表达式，因此我们认为"起始义"动词也有一个比较虚的"活动终结"事态，同理，"终结义"动词也存在一个比较虚的"活动起始"事态。

态。例（48b）的"了"指向"断"，表示"断"的短暂行为已经终结，同时标示事件处于如图 5 - 2 中 C_1 所示的活动终结事态。例（48c）句尾"了"（即"了$_{(2)}$"）指向"断了线"，表示"断了线"终结后转为遗留状态，同时标示事件处于如图 5 - 2 中 C_2 所示的遗留状态起始事态。例（48a）和例（48c）句尾"了$_{(2)}$"分别标示"断"的"活动"起始和遗留状态起始事态，例（48b）和例（48c）句中"了$_{(1)}$"标示"断"的"活动"终结事态。按照传统时体观念，例（48a）和例（48c）的句尾"了"标示"完成体"，例（48b）和例（48c）的句中"了"标示"完整体"。但是，由于"断"几乎不具有"续段"特征，"断"的"活动起始"和"活动终结"几乎重合，所以人们一般忽略上述过程差异而将例（48a）至例（48c）的三种表达式都理解为事件处于活动终结事态。

类型三：过程性事件。过程性事件由有起点、续段和终点特征的强活动过程动词构成，典型的强活动过程动词如"吃""砍""看""挖""洗""写""修""绣"等。强活动过程动词有如下三方面的特点。其一，因为具有"起点"和"终点"特征，所以可以跟上文"起始义"动词和"终结义"动词共现，以凸显相应的活动起始和终结事态，如"开始读《红楼梦》"和"读完《红楼梦》"，前者凸显"读《红楼梦》"的活动起始事态，后者凸显"读《红楼梦》"的活动终结事态。换言之，"起始义"动词和"终结义"动词可以起到标示强活动过程动词相应事态的作用①。其二，也由于既具有"起点"又具有"终点"特征，当后跟时量短语时，时量短语既可以表示从活动起始计时的活动持续时间，也可以表示从活动终结计时的延续时间。如"《红楼梦》我读了一年了"，"一年"既可以是"开始读"为计时起点的活动持续时间，也可以是"读完"为计时起点的完结

---

① 过程动词具有"续段"特征，因此可以跟"着"共现，过程动词所具有的"起点""续段"和"终点"以及"可反复"特征允许其可以跟"过"共现，如"读着《红楼梦》""读过《红楼梦》"。

状态的延续时间①。其三，还由于过程动词具有明显的续段特征，"了"在由它们构成的甲、乙、丙三种表达式中也能标示明确的活动起始、活动终结和遗留状态起始三种事态。例如：

（49）a. 圆圆吃苹果了。

　　　 b. 圆圆吃了苹果。

　　　 c. 圆圆吃了苹果了。

例（49a）的"了"标示"吃苹果"的活动处于起始事态（即图 5 - 2 的 A），例（49b）的"了"标示"吃苹果"的活动处于终结事态（即图 5 - 2 的 C_1），例（49c）的句尾"了"标示如例（49b）表示的活动终结（吃了苹果）后所遗留的"完结"状态起始事态（即图 5 - 2 的 C_2）。跟"起始性事件"和"终结性事件"相比，"过程性事件"的甲、乙、丙三种表达式明显具有"阶段"特征，这是过程动词的"续段"特征导致的。

上文讨论的是比较典型的活动事件。有些动词兼有动态和遗留状态特征，活动终结后动词本身可以描述遗留状态。例如：

（50）a. 彤彤在墙上贴海报了。

　　　 b. 彤彤在墙上贴了海报。

　　　 c. 彤彤在墙上贴了海报了。

　　　 d. 墙上贴了海报。

　　　 e. 墙上贴了海报了。

例（50a）至例（50c）跟例（49a）至例（49c）类似，不再分析。例（50d）和例（50e）跟例（50b）和例（50c）的差别是，前者处在活动阶段，施事不能省略，后者从活动阶段转入遗留状态阶

---

① "动词＋了＋时量短语＋了"中时量短语的语义所指比较复杂，详细讨论见第八章。

段，施事需要退隐。

某些表示事物属性或关系的词语也存在事态转化问题。例如例（51）中的"属于"：

（51）a. 这就意味着我违背了多年以来的积习，不再属于沉默的大多数了。（余华《十八岁出门远行》）

b. 我知道在场的姑娘，乃至妇人，几乎都爱上了他，可他后来竟属于了我，或者说我竟属于了他。（刘心武《多桅的帆船》）

例（51a）后一分句的句尾"了"标示从"原来属于沉默的大多数"到已经处在"不再属于沉默的大多数"的状态起始中，例（51b）后两分句的句中"了"标示从"不属于"到"属于"过程的终结，并进入到"属于"的起始事态。这类动词不具动态特征，可以认为是如图 5 – 2 中 C_1 和 C_2 所示的状态转化。

"像""是""等于""以为""值得"等表示事物恒定的属性或关系，很难确定其起点和终点，因此不可以跟"了$_{(1)}$"共现。但是，属性或者关系作为一个完整的命题也可能存在"从此到彼"或"从彼到此"的转化问题，也存在如图 5 – 2 中 C_2 标示的状态起始事态，因此也可能跟"了$_{(2)}$"共现。比较：

（52）a. * 小刚是了大学生。

b. 小刚是大学生了。

少数活动动词既无明确的起始点和终结点，也不存在"从此到彼"或"从彼到此"的事态转化问题，通常不可以跟"了$_{(1)}$"和"了$_{(2)}$"共现，如"飞翔""奔驰""奔跑""漂浮""端坐""倒卧""倒映"等（参看第四章第二节）。例如：

（53）* 山上奔跑了一匹野马。　* 山上奔跑了一匹野马了。

　　＊岸边耸立了一座铁塔。　　＊岸边耸立了一座铁

塔了。

　　＊佛前端坐了一个和尚。　　＊佛前端坐了一个和

尚了。

　　总结本章的讨论，"了"的语法意义具有"完结""起始"两面性，可以标示事件随时间展开过程中的活动起始、活动终结和遗留状态起始三种事态，其中活动起始和遗留状态起始还蕴含着从起始向未来延展的含义。"了"语法意义的"完结""起始"两面性受到与之相关的动词性词语或整个句子在事件过程结构中所体现的过程特征的制约，由此，导致其意义的复杂化。

　　研究表明，句中"了"（即所谓"了$_{(1)}$"）和句末"了"（即所谓"了$_{(2)}$"）的语法意义具有同一性，"了$_{(1)}$""了$_{(2)}$"的分别仅有区别句法分布的作用，不具区别语法意义的价值①。

　　联系本章开头谈到的"了"跟英语时制和时体复杂的对应关系，"了"语法意义的"完结""起始"两面性是造成这种复杂局面的主要原因。其跟"终结"过程特征的动词共现时所表示的单面"完结"语法意义表明，"了"跟英语一般过去时所表示的完整体（perfectivity）具有对应性；其跟"完结""起始"双面特征的动词所表示的"完结""起始"双面性，以及跟"起始"（包括活动起始或遗留状态起始）过程特征的动词共现所表示的单面"起始"语法意义（即传统认为的"事态出现了变化"）表明，"了"跟英语的完成体（perfect）、表示状态变化的一般体，甚至某些类型的未完整体（im-

――――――――――

　　① 石毓智（1992）持与此类似的观点。此外，肖治野和沈家煊（2009）、沈家煊（2011：104－109）认为，句尾"了"有表达"行域"和"言域"的区别，并认为"了"从行域到言域的词义引申是一种"虚而又虚"的演变。例如"他们俩告别了"和"再见了"，前者的"了"表示"新事态"的出现，属于行域，标记为"了$_行$"，后者的"了"表示"新言态"的出现，属于言域，标记为"了$_言$"。本书认为，"了$_行$"和"了$_言$"可以看作句尾"了"的两个语用变体，在更高的层面上都是表示"某种情况的出现"，其语法意义本质上是一致的。

perfective）具有对应性，这是因为"了"的"起始"语法意义通常蕴含着向未来延展的意义。

在动词时制和时体范畴的表现形式上，由于英语时制更为凸显，而汉语则凸显时体，因此不像英语动词在体现时体的同时还要求体现时制，汉语动词只体现时体而不管时制，这也从时制一面造成"了"跟英语动词不同时制的对应局面，从而增加了"了"跟英语动词时制和时体对应的复杂性。汉语动词只体现时体而不管时制，这也说明"了"跟英语非限定动词存在对应的可能。

本章主要以单动词句或动结式谓语句为对象讨论"了"的语法意义，所得结论同样适用于多动词句中对"了"语法意义及其隐现的认识。单动词句或动结式谓语句描述的是单一事件，多动词句描述的是复合事件，因此多动词句中，只要动词的过程特征跟"了"的语法意义相匹配，"了"就有出现的必要，反之则不能出现。例如：

（54）a. 他回家乡参观了一座新农场。

　　　b.？他回了家乡参观了一座新农场。

　　　c. 他回了一趟家乡参观了一座新农场。

　　　d.？他回一趟家乡参观了一座新农场。

例（54a）的前事件"回家乡"不具"完结"或"起始"特征，加"了"接受度反而变弱，如例（54b）。例（54c）前后两个事件都具"完结"特征，需要"了"与之共现，前事件不出现"了"，句子的接受度就会变弱，如例（54d）。从本书事件过程结构及"了"事态标示功能的认识看，例（54c）实际描述了两个事件，可以用逗号标示，即"他回了一趟家乡，参观了一座新农场"。

本章在事件过程结构的基础上讨论"了"的语法意义，其实，"了"的应用，甚至"了"的句法分布等问题还受到语境和篇章的制约，对"了"的研究还需要从语境和篇章的角度进行多维探讨。

第六章　事件过程与存现构式
中的"了"和"着"*

描述事物或实体存现方式的各类表达式历来受到学界的重视。从中外文献看，人们对存现构式的研究基本上着眼于结构式的内部构成，关注的是其构成要素及意义分类。

英语是时制凸显的语言，时体在其存现句中不占突出位置，因此研究英语存现句的文献很少涉及时体。汉语是时体凸显的语言，存现句的存现方式跟其描述的事件过程即事件处于何种事态关系密切，突出表现在存现句中时体助词"了"和"着"的事态标示功能不同上面。

本书第一章和第二章的研究表明，在时间的流程中，一个完整事件大致需经历活动起始、活动持续和活动终结三种活动事态，活动事态具有"动态"特征。活动终结即转为事件的遗留状态，遗留状态具有"静态"特征。为了方便讨论，我们不避重复，将事件过程结构模式重列如下，如图 6 - 1 所示（同图 2 - 1、图 3 - 4、图 5 - 1）。

→ 活动前●活动起始 → 活动持续 → 活动终结●遗留状态起始 → 遗留状态持续 →

图 6 - 1　事件过程结构模式

---

* 本章主要内容以"事件过程与存现构式中的'了'和'着'"为题发表于《语言科学》2011 年第 3 期。编入本书时略有增补。

为了便于叙述，以上模式可以码化为图 6 - 2（同图 5 - 2）。

$$\rightarrow A_0 \bullet A \rightarrow B \rightarrow C_1 \bullet C_2 \rightarrow D \rightarrow$$

图 6 - 2   事件过程结构的码化模式

图 6 - 1 和图 6 - 2 中的"$\bullet$"表示事件不同阶段的临界点。也就是说，一个完整事件的过程结构可以分解为三个阶段六种事态（state of event）。A_0 表示事件的活动前阶段或活动前事态；A 经 B 到 C_1 反映事件的活动阶段，依次经历活动起始、活动持续和活动终结三种事态；C_1 和 C_2 反映事件从活动阶段进入遗留状态阶段的临界状态；C_2 至 D 反映事件完成后的遗留状态，依次经历遗留状态起始和遗留状态持续两种事态。其中，B 和 D 表示的活动持续和遗留状态持续呈现的是一种均匀的、没有变化的态势。

以"挂"及其相关论元构成的附着事件为例：

（1）A_0. 小李没有/不挂灯笼。

A. 小李开始挂灯笼了。

B. 小李在树上挂着灯笼。

C_1. 小李在树上挂了一盏灯笼。

C_2. 树上挂了一盏灯笼。

D. 树上挂着一盏灯笼。

例（$1A_0$）至例（1D）反映"挂"及其相关论元构成的事件的全过程。其中例（$1A_0$）描述活动前阶段，动作实际并未发生，在事件的展开过程中不具实际意义①。例（1A）至例（$1C_1$）依次描述事件活动阶段的起始、持续和终结三种事态，例（$1C_2$）至例（1D）依次描述活动终结后的事件遗留状态起始和遗留状态持续两种事态。

---

① 鉴于此，下文的讨论主要涉及活动阶段（A、B 和 C_1）和遗留状态阶段（C_2 和 D）。

例（1）中的"了"和"着"在事件随时间展开的过程中，其功能是标示"挂"及其相关论元构成的事件所处的相应事态。"了"既可以标示如例（1A）和例（1C₁）描述的活动阶段的起始和终结事态，也可以标示如例（1C₂）描述的遗留状态起始事态。"着"既可以标示如例（1B）描述的活动持续事态，也可以标示如例（1D）描述的遗留状态持续事态。

跟汉语通过时体助词及动词论元的隐现来描述事件在事件过程结构中的不同事态一样，英语也通过动词时体形态及其论元的隐现来描写事件的不同事态。例如：

（2）a. Paul is hanging a lamp from the ceiling.

b. A lamp is hanging from the ceiling.

（3）a. John broke the chair.

b. The chair broke.

c. The chair was broken.

例（2a）和例（2b）动词的形态完全相同，都是进行体，但过程特征并不同。例（2a）的"is hanging"是施事"Paul"正在施行的动作，整个句子描述事件处于活动持续事态；例（2b）的"is hanging"因为施事已经退隐而不再具有动作特征，整个句子描述事件处于活动终结后的遗留状态持续事态。例（3a）和例（3b）动词的形态也完全相同，都是一般过去式，具有完整体特征，但过程特征也不一样。例（3a）的"broke"是施事"John"施行的完整行为，整个句子描述事件处于活动终结事态；例（3b）的"broke"由于施事退隐，动作特征减弱，整个句子描述活动终结后的遗留状态起始事态；例（3c）的"broken"则以过去分词的形式参与构造句子来描述事件处于遗留状态持续事态。

跟英语比较，"了"和"着"的共现问题反映了汉语存现构式的个性差异。本章在前人研究的基础上，以图6-1和图6-2所示事件过程结构模式为参照，讨论存现构式中动词跟"了"或"着"共现的条件限制，二者可替换现象的认知基础，以及"了"字存现句和"着"字存现句的句法、语义、语用和语篇差异。经历体助词"过"不参与事件随时间展开的事态过递，"过"字存现句本章不拟讨论。

第一节　已有的研究和存在的问题

存现句的范围尚存争议，本章讨论的存现句指存现动词①充当谓语中心语构成的表示人或事物存在、出现或消失的句子，其基本构式为"处所词＋存现动词＋存现实体"②。本章重点关注存现动词跟"了"或"着"的共现及相关问题③。汉语存现构式中，存现动词有的只跟"了"共现，不跟"着"共现，如例（4）；有的只跟"着"共现，不跟"了"共现，如例（5）；有的既可以跟"了"共现，又可以跟"着"共现，如例（6）和例（7）。

（4）河那边来了一个陌生人。　*河那边来着一个陌生人。
　　　脸上露出了神秘的微笑。　*脸上露出着神秘的微笑。
　　　村里死了一头老牛　　　　*村里死着一头老牛。
（5）*水上漂了一根木头。　　　水上漂着一根木头。
　　　*河里游了一群野鸭。　　　河里游着一群野鸭。
　　　*山上奔跑了一匹野马。　　山上奔跑着一匹野马。
（6）汤锅里煮了几只水饺。　　　汤锅里煮着几只水饺。
　　　火炉上烤了几个红薯。　　　火炉上烤着几个红薯。

---

①　"存现动词"是能造成存现句的动词的总称，可以根据语义特征的差异分为"出现""呈现""隐现""附着"等小类，具体讨论见下文。

②　时间和空间是事物存在的条件，因此一个严格意义的存现事件既涉及时间论元也涉及处所论元，例如"昨天夜里后村走失了一头水牛"中的"昨天夜里"和"后村"。不过，一定语境中，有的时间论元较为凸显，如"昨天夜里下了一场雪"，有的处所论元较为凸显，如"门外下着雨"。前者可称为"时间存现句"，后者可称为"处所存现句"。本章主要讨论后者，文中的"存现句"皆指"处所存现句"。

③　存现动词也可以跟"过"共现，如"村里闹过鬼""墙上挂过画"。但在事件随时间展开的过程中，"过"没有地位，因此存现句中的"过"不在本章讨论的范围。

　　　　　广播里播了寻人启事。　　广播里播着寻人启事。
（7）手里拿着一把镰刀。
　　　　　桌上留了一张纸条。　　　桌上留着一张纸条。
　　　　　墙上挂了一幅地图。　　　墙上挂着一幅地图。

　　根据动词语义特征的差异，可以将存现句的存现状态分为动态存现和静态存现两种，前者如例（4）、例（5）和例（6），后者如例（7）。

　　存现动词与"了"或"着"的共现问题，学界已有所涉猎，主要集中在静态存现句中"着"的语法意义及其跟"了"的替换问题上（戴耀晶，1991；顾阳，1997；潘海华，1997；任鹰，2000；王葆华，2005；刘杰，2009；等等）。戴耀晶（1991）从"了"和"着"所表时体意义的对立出发，认为"了""着"替换后意义并不相同，带"了"的存现句表达一个完整的动态的现实事件，带"着"的存现句表达一个非完整的强静态的持续事件。顾阳（1997）和潘海华（1997）分别从论元结构（argument structure）层级性假设和词汇功能语法（LFG）的词汇映射理论（LMP）出发，讨论了"了"字存现句和"着"字存现句的不同生成机制。王葆华（2005）从认知角度，认为带"着"的存现句反映的是说话人对事物或状态的综合静态的概要认知模式，其认知方向是说话人以现实观（present）表达对某一事物在一个位置中状态存在的静态观察；带"了"的存现句是说话人以回首观（retrospective）表达对某一事物在一个空间位置中动作行为或状态存在的部分运动的顺序认知模式。刘杰（2009）认为"了"字存现句激活的是实现子事件，"着"字存现句激活的是静态子事件，实现子事件和静态子事件之间的逻辑弱蕴涵使"了"字存现句和"着"字存现句实现沟通。

　　上述研究无疑是富有成效的，尤其是从事件观察模式和视点方向来解释汉语存现句中的"了""着"可替换现象，强调不同的观察模式和视点方向对"了""着"的选择限制，犹有启发意义。但例（4）至例（7）所反映的如下问题尚未得到有效的讨论：

1. 存现动词跟"了"或"着"的共现条件是什么？换言之，什么样的动词可以跟"了"而不能跟"着"共现？反之，什么样的动词可以跟"着"而不能跟"了"共现？

2. 存现句中"了""着"替换对动词的选择限制。换言之，具有什么语义特征的动词才有"了""着"替换的可能性？存现句中"了""着"替换与事件的过程结构存在怎样的对应关系？

3. 存现句中"了""着"替换后在时体意义及句法上存在着差异（戴耀晶，1991；顾阳，1997；潘海华，1997），这种差异在话语或篇章功能上有无反映？

从事件的过程结构出发，下文拟探讨存现动词跟"了"或"着"共现的条件限制及其相关现象，并对上述问题作统一解释。

第二节　存现构式中的"了"和"着"与动词的类

存现动词的性质是存现构式生成机制的关键。近十多年来，一些学者在范方莲（1963）分类的基础上引进生成语法的相关理论，从跨语言研究尤其是汉英语对比的角度出发，对汉语的存现动词是否都属于非宾格动词，抑或也包括一些非作格动词或及物动词的问题进行了较为深入的探讨（顾阳，1997；杨素英，1999；吕云生，2005；唐玉柱，2001，2005a，2005b；隋娜、王广成，2009；等等），总体上得出汉语的存现动词都有非宾格性，因此都是非宾格动词的结论。所谓非宾格动词，就是只带一个内论元，而无外论元的动词（杨素英，1999；黄正德，2007）[①]。韩景泉（2001）、李京廉和王克非（2005）在存现动词"非宾格假说"的基础上，结合生成语法的相关理论讨论了英汉语存现句的衍生机制。根据李京廉、王克非（2005）的理论，存现动词后的 NP 为名词谓语，缺少结构格特征，处所名词最后

---

① 针对汉语存现句句首处所词语具有实义并且通常不可省略这一事实，唐玉柱（2005b）认为汉语存现句的动词是一种特殊的非宾格动词，具有受事和处所两个内论元。隋娜和王广成（2009）坚持认为存现动词只带一个内论元，而方位短语论元则由轻动词 OCCUR 指派。

衍生在 IP 的标志语位置，成为主语。英汉存现句的差异在于汉语缺少与英语 there 对应的虚位成分，本质上是一种词汇差异。上述认识有助于解释例（8b）不合法的原因。

（8）a. 监狱里跑了五个犯人。

b. * In the prison escaped five prisoners.

c. There escaped five prisoners in the prison.

上述学者对英汉语存现句衍生机制的讨论无疑是有成效的，但前文例（4）至例（7）反映的"了"和"着"的共现差异并不在上述衍生机制解释的范围之内。由于汉语时体助词的来源不同于英语动词的屈折变化，因此对汉语存现动词跟"了"或"着"共现问题的讨论，更多地是为了揭示汉语存现构式的个性。

一　存现构式中的"了"与动词的类

活动从开始到结束，再转入相应的遗留状态体现了事物运动前后相继过程的时序变化。活动终结即是遗留状态的起点，这个关节正是动词带"了"的认知环境。所谓动词后"了$_{(1)}$"语法意义的"完成说"（王力，［1943］1985：176）只注意到了活动终结 C_1 的存在，而忽视了 C_1 和遗留状态起始 C_2 之间的过递关系。不过，句尾"了$_{(2)}$"所谓的"肯定事态出现了变化"（吕叔湘，［1980］1996：314－316）却大致反映了遗留状态起始即 C_2 的存在。比较：

（9）a. 我已经买了车票。

b. 我已经买了车票了。

例（9a）的"了"标示"买车票"这一活动的结束（图 6 - 2 的 C_1）。但是活动结束随之进入相应的遗留状态（图 6 - 2 的 C_2），这种遗留状态正是例（9b）句尾"了$_{(2)}$"的认知基础。对于不具静态特征的动作动词，如例（9）的"买"，动作结束后，需要

"了$_{(2)}$"标示遗留状态开始，即"肯定事态出现了变化"；对一些兼具动态、静态特征的动词来说，其后的"了"在跟事件过程结构对应的表达式中既有可能表示"活动终结"，也有可能表示"遗留状态起始"。换言之，"了"可以起到如图 6 - 2 中 C_1 和 C_2 所表示的过递关系的接力棒效应。比较：

(10) a. 司机在车上盖了篷布。
　　 b. 车上盖了篷布。

例（10a）的"了"标示"盖篷布"这一活动处于终结事态，"盖"仍保留动态特征；例（10b）是典型的存现句，其中的"了"标示"盖篷布"这一活动终结后事件处于遗留状态起始事态，"盖"以其静态特征描述动作完成后"篷布"和"车上"的存现方式。更为重要的是，例（10a）、例（10b）所反映的"了"在事件过程结构中的临界转化功能表明，"了"究竟标示终结事态还是起始事态，很大程度上取决于动词及其相关论元所描述的事件处于何种事态，其中动词的过程特征起决定作用。举两个极端的例子：

(11) a. 开始了一天的工作。
　　 b. 结束了一天的劳动。

例（11a）和例（11b）"了"的句法环境完全一致，但是例（11a）的"了"标示活动起始事态，即图 6 - 2 的 A，例（11b）的"了"标示活动终结事态，即图 6 - 2 的 C_1。"完成"说（王力，[1943] 1985：176）、"实现"说（刘勋宁，1988）、"达成"说（史有为，2002，2003）、"界限"说（陈忠，2002，2009）、"界变"说（张黎，2003，2010）等不容易说明例（11a）至例（11b）中"了"语法意义的差别。

"了"在事件过程结构及其表达式中的分布对应于图 6 - 2 的 A、C_1 和 C_2，因此描述 A、C_1 和 C_2 三种事态的动词一旦满足存现构式对动词的语义选择条件，便可以构成"了"字存现句。例如：

(12) a. 山上来了一个年轻人。

b. 村里死了一头老牛。

c. 台上演了一出梆子戏。

d. 车上盖了一张篷布。

例（12a）至例（12d）都是以存现构式造成的"了"字存现句，但有差别。例（12a）描述活动起始事态，动词"来"具有"出现"的语义特征，类似的还有"出""出现""露出"等。例（12b）和（12c）描述活动终结事态，例（12b）的"死"具有"隐没"或"消失"的语义特征，类似的还有"派出""丢失""走失"等。（12c）的"演"具有"呈现"的语义特征，类似的还有"播报""展出""展示"等。例（12d）描述活动终结后的遗留状态起始事态，其中的动词一般为具有"附着"义的静态动词①，类似的还有"挂""躺""贴""坐"等。

类似例（12b）中"死"的终结动词，左思民（2009）归之为兼相动词中的弱活动—状态动词，认为"死"除了表示瞬时变化即活动一经开始就马上结束外，还可以表示状态——死亡的状态，因此能说"老王死了多年了"。我们认为"死"跟"走失""丢失"等一样，不具遗留状态特征，因此不能说"村里死着一头牛""后村走失着一个小孩"。存现构式中，"了""着"可替换现象下文第三节和第四节将做详细讨论，此不赘述。例（12b）"村里死了一头老牛"表现出的状态性，按照存现动词"非宾格假说"，是由于该类动词所具有的瞬间呈现的 OCCUR 特征造成的（参看 Huang，1997；隋娜、王广成，2009）。至于"老王死了多年了"所表现出的时间延续性，则是动词后"了"的计时起点标记功能造成的，即

---

① 有的附着动词兼具动态和静态特征，但只有活动终结后的静态特征（遗留状态特征）才可以造成存现构式，例如"桌上放了本书""桌上放着本书"中的"放"。

"了"标记从"死"的"动作"终结开始计时，时间过去了"多年"。类似的例子如"会议结束了三天了"，其中的"结束"并不具有状态特征。

例（12a）至例（12d）实际上代表了"了"所能出现的"了"字存现句的事态类型，以及可同现动词的语义类型，见表6-1。

表6-1   "了"字存现句的事态类型及存现动词的语义特征

事态类型	动词的语义特征	例词
活动起始事态	［＋动态］［＋出现］	出、来、出现、露出、涌现
活动终结事态	［＋动态］［＋隐没/消失］	丢、死、丢失、派出、走失
	［＋动态］［＋呈现］	演、播、播报、报告、通报
遗留状态起始事态	［－动态］［＋附着］	摆、插、盖、挂、躺、贴、写

二   存现构式中的"着"与动词的类

"着"原为动词，表示"附着"义，"附着"的持续特征通过不同的途径最终使其虚化为表示持续的时体助词（蒋绍愚、曹广顺，2005：212-220）。换言之，动词所具有的持续特征是其跟"着"共现的语义基础，不具持续特征的动词不能跟"着"共现。戴耀晶（1991）从动词是否具有动态或静态语义特征，以及结构中其他成分的影响着眼，讨论过"着"语义的"动态""静态"双重特性。按照前文的讨论，"着"的这种双重特性实际上对应于图6-2事件过程结构中的活动持续事态B和遗留状态持续事态D。不过，就存现构式而言，并非所有具"持续"特征的动词都能进入该构式而造成存现句。比较：

（13）河里潜伏着一个潜水员。   *河里下沉着一个潜水员。
汤锅里炖着牛肉。   *汤锅里滚动着牛肉。
（14）台上演着梆子戏。   *台上学着梆子戏。
广播里播着最新消息。   *广播里读着最新消息。

（15）合同上印着手印。　　　　＊合同上按着手印。

砧板上粘着肉末。　　　　＊砧板上剁着肉末。

例（13）的动词具有动态特征，但是例（13）右列的动词尽管跟相关论元在语义上都有选择匹配关系，却不能构成"着"字存现句①。究其原因，例（13）左列的动词除具"持续"特征外，空间上还具"附着"特征，句首处所词语可以构成"在"字短语并可以自由地出现在动词前后，如"在河里潜伏/潜伏在河里""在汤锅里炖/炖在汤锅里"；例（13）右列的动词只具"持续"特征，空间上不具"附着"特征，句首处所词语构成的"在"字短语只可以有条件地出现在动词之前，而不能出现在动词后面，如"在河里下沉 / ＊下沉在河里""在汤锅里滚动 / ＊滚动在汤锅里"。例（14）的动词也具动态特征，但例（14）右列的动词不能构成"着"字存现句。究其原因，例（14）左列的动词除具"持续"特征外，空间上还具"呈现"特征，可以根据需要添加"出"等呈现义补充成分，如"台上演出了一出梆子戏""广播里播出了一条最新消息"；例（14）右列的动词空间上不具"呈现"特征，不可添加"出"等呈现义补充成分。例（15）的动词空间上都具"附着"特征，但是例（15）左列因动词还具"遗留状态"特征而使句子合法；例（15）右列因动词不具"遗留状态"特征而使句子不合法。本质上讲，"遗留状态"根源于动词的静态持续特征。

例（13）至例（15）实际上代表了"着"所能出现的"着"字存现句的事态类型，以及可同现动词的语义类型，见表6－2。

---

① 例（13）、例（14）和例（15）的动词虽然不能造成"着"字存现句，但可以造成其他结构的"着"字句，如"一个潜水员在河里下沉着""主持人在广播里读着最新消息""老李在合同上按着手印"。可见，动词的语义特征，包括其过程特征，不仅可以约束相关成分与之组合的可能性，而且还规定它们之间组合的方式以及在事件过程结构中的相应表达式。

表6－2　　"着"字存现句的事态类型及存现动词的语义特征

事态类型	动词的语义特征	例词
活动持续事态	［＋动态］［＋持续］［＋附着］	烤、炖、汽、蒸、煮、潜伏
	［＋动态］［＋持续］［＋呈现］	播、演、报告、表演、宣布
遗留状态持续事态	［－动态］［＋持续］［＋附着］	摆、插、挂、躺、贴、印

综上所述，存现构式中的"了"一般跟"出现""消隐"或"呈现"，以及具有遗留状态特征的"附着"义动词共现，分别可以描述事件过程结构的"活动起始"（图6－2的A）、"活动终结"（图6－2的C_1）或"遗留状态起始"（图6－2的C_2）三种事态。存现构式中的"着"一般跟动态性附着动词或呈现动词，以及具有遗留状态特征的附着动词共现，分别可以描述事件过程结构的"活动持续"（图6－2的B）或"遗留状态持续"（图6－2的D）两种事态。

第三节　存现构式中"了""着"替换的认知解释

事件在时间轴上的展开过程具有阶段性和动态连续性，这就不仅使"了"和"着"的交替分工以标示事件过程结构的所有事态成为可能，而且使存现句中"了""着"的替换成为可能。任鹰（2000）认为，句中动词既可以表示动作，也可以表示状态，动作的完成跟状态的开始相重合，从而导致静态存在句中"着""了"的对立似乎完全消失。事实上，存现构式中"了""着"的可替换现象并不反映事件相应事态的重合，也不全是尚新（2007：202－219）所认为的"汉语语法体的纵聚合中立化"的结果，而是反映动词在事件过程结构中相应事态的过递或接续关系。动词是否具有动作和状态双重特征也并不是"了""着"可替换的决定性因素。事件从活动阶段的起始事态过递到持续事态，再过递到终结事态继而过递到遗留状态的起始事态和持续事态具有连续性，下文将从局部展开讨论。

一 "起始"过递"持续"

活动阶段和遗留状态阶段都有从起始过递持续的事态接续过程。

（一）"活动起始"过递"活动持续"

具有"续段"要素（参看郭锐，1993）的动作动词参与构成的事件一经起动便向持续事态过递，即图 6 - 2 的活动过程的前阶段，如图 6 - 3 中的"A→B"。

$$\rightarrow A_0 \bullet A \rightarrow B \rightarrow \cdots\cdots$$

图 6 - 3 活动起始过递活动持续

例如"汤锅里煮了水饺"和"汤锅里煮着水饺"，其事态特征并不一样，前者描述活动起始（图 6 - 3A），后者描述活动持续（图 6 - 3B）。可见，"了"和"着"可以分别标示同一活动过程的起始和持续事态。因此，一些具有续段要素而终结要素较弱的动态性附着动词，如"烘""烤""汽""温""蒸""煮"等，常常可以造成动态性"了"字和"着"字存现句，分别描写"活动起始"和"活动持续"事态的过递关系，如前文例（6）。又如：

（16）炉子上温了一壶酒。→ 炉子上温着一壶酒。

蒸笼里蒸了几个馒头。→ 蒸笼里蒸着几个馒头。

炭火上烤了几个红薯。→ 炭火上烤着几个红薯。

例（16）左列跟右列的差别在于，前者描述事件处于活动起始事态，后者描述事件处于活动持续事态。这类存现句的动态性可以从"着"字句的动词前添加"正"或"正在"体现出来，如"炉子上正（在）温着一壶酒""蒸笼里正（在）蒸着几个馒头""炭火上正（在）烤着几个红薯"。

（二）"状态起始"过递"状态持续"

吕叔湘（[1942] 1990：56）在谈到动作和状态的关系时认为：

"动作和状态是两回事，但不是渺不相关的两回事，事实上是息息相通的。""动作完成就变成状态。因此凡是叙事句的动词含有'已成'的意味的，都兼有表态的性质。"吕先生的这一认识其实就是图 6 - 1和图 6 - 2 反映的活动终结事态和遗留状态起始事态的临界关系，如图 6 - 4 所示。

$$\cdots\cdots \rightarrow C_1 \bullet C_2 \rightarrow \cdots\cdots$$

图 6 - 4　活动终结和遗留状态起始的临界关系

活动终结和遗留状态起始有时可以用相同动词的不同表达式来描写。例如：

（17）a. 民工们在路边挖了一口井。

　　　b. 路边挖了一口井。

（18）a. 民工们在路边立了警示牌。

　　　b. 路边立了警示牌。

例（17a）、例（17b）和例（18a）、例（18b）动词的时体一致。尽管如此，它们的过程特征或描写的事态随表达式的不同而不同。例（17a）的"挖了"和例（18a）的"立了"表示事件处于活动终结事态（图 6 - 4 的 C_1）。例（17b）的"挖了"和例（18b）的"立了"表示事件处于遗留状态起始事态（图 6 - 4 的 C_2）①。

遗留状态的持续性可以在表示状态的动词后加持续体助词"着"得以凸显。不过，虽然例（17b）和例（18b）都表示动作完成后事件处于遗留状态的起始事态，但例（17b）的"了"不能被"着"替换，例（18b）的"了"却可以被"着"替换。比较：

_____

① 隋娜和王广成（2009）在 Huang（1997）讨论的基础上认为，存现句中的动词都具有非宾格性，都具有瞬间呈现的 OCCUR 特征。其中的 OCCUR 特征我们认为是活动终结后状态起始义的来源，但这不能说明"了"字存现句和"着"字存现句的事态差异，也无法解释存现句中的"了""着"可替换现象。

（17）b. 路边挖了一口井。　→ b′. ＊路边挖着一口井。

（18）b. 路边立了警示牌。　→ b′. 路边立着警示牌。

可见"立"具有"遗留状态持续"的过程特征而"挖"没有。由此看来，例（17b）中"挖"的遗留状态特征实际上是由整个表达式所赋予的，而整个表达式描述的不过是一种弱遗留状态起始事态。因此，根据参与构成事件的动词的过程特征的不同，动作和遗留状态的相关性可以有两种表现途径。

一是动词本身不具遗留状态持续特征，若要描述事件的遗留状态持续事态，需另外选用具有持续状态特征的动词，如"有""存在"等，可用图 6-5 来表示。

$$\cdots\cdots \rightarrow C_1 \bullet C_2 \rightarrow X \rightarrow \cdots\cdots$$

图 6-5　活动终结过递非遗留状态持续

例（17a）、例（17b）和例（17b′）反映的便是这种情形。经过"民工们在路边挖了一口井""路边挖了一口井"后，该"井"确确实实地以某种遗留状态持续事态呈现于路边。因此，例（17b′）虽不能说成"路边挖着一口井"，但可以说成"路边有一口井""路边挖有一口井"。

二是在动词本身具有遗留状态特征的情况下，事件的遗留状态持续事态可以用相同的动词来描写，如图 6-2 中遗留状态阶段中的"$C_2 \rightarrow D \rightarrow$"，局部图示如图 6-6 所示。

$$\cdots\cdots \rightarrow C_1 \bullet C_2 \rightarrow D \rightarrow \cdots\cdots$$

图 6-6　遗留状态起始过递遗留状态持续

例（18a）、例（18b）和例（18b′）中的"立"分别对应于图 6-6的 C_1、C_2 和 D，表示"立"及其相关论元构成的事件的活动终结、遗留状态起始和遗留状态持续三个相继的事态。其中例（18b）和例（18b′）的差别仅仅在于前者以"了"标示遗留状态起始事态，后者以"着"标示遗留状态持续事态。又如：

> （19）笔筒里装了几支铅笔。→ 笔筒里装着几支铅笔。
>
> 门上贴了几张年画。→ 门上贴着几张年画。
>
> 柱子下垫了一块石头。→ 柱子下垫着一块石头。

这类存现句描写活动结束后的遗留状态，具有静态性，因此即使是"着"字存现句，其动词前也不可以添加"正"或"正在"等动态副词，如"＊路边正（在）立着警示牌""＊笔筒里正（在）装着几支铅笔""＊门上正（在）贴着几张年画""＊柱子下正（在）垫着一块石头"。

二　"活动持续"过递"活动终结"

根据图 6-2 所示的事件过程结构模式，还有一种过递关系表现为，事件从活动阶段的"持续"事态过递到"终结"事态。如图 6-7 中的"B→C_1"。

$$\cdots\cdots \to B \to C_1 \bullet C_2 \to \cdots\cdots$$

图 6-7　活动持续过递活动终结

从起始事态过递到持续事态在存现句中分别以时体标记"了"和"着"标示，如例（16）和例（19）。此外，从起始事态过递到持续事态在时间轴上是顺"序"，符合人类认知的"顺序像似"，因此从例（16）左列到例（16）右列，从例（19）左列到例（19）右列念起来觉得时序（temporization）很顺。但是活动持续过递到活动终结事态在存现句中则分别应以"着"和"了"标示，因此若仍以先"了"字存现句，后"着"字存现句排序则成了逆"序"，这样，前后句念起来会觉得时序不顺。例如：

（20）台上演了梆子戏。　　　？→ 台上演着梆子戏。

　　　广播里播了寻人启事。　？→ 广播里播着寻人启事。

　　　门外下了场大雨。　　　？→ 门外下着大雨。

例（20）左列描述事件处于活动终结事态，例（20）右列描述事件处于活动持续事态，活动的展开在时间轴上是逆序，不符合人类认知的"顺序像似"。因此，跟活动持续过递活动终结的时序对应，应以先"着"字存现句后"了"字存现句排序①。试比较例（20）和例（20′）。

（20′）台上演着梆子戏。　　→ 　台上演了梆子戏。

　　　广播里播着寻人启事。　→ 　广播里播了寻人启事。

　　　门外下着大雨。　　　　→ 　门外下了场大雨。

跟上文能进入活动起始过递活动持续存现句的动词对照，能进入活动持续过递活动终结存现句中的动词除了具有续段要素外，通常还具有较强的终结特征，如例（20）中的"演""播"和"下"。

仔细品味，例（20′）左列虽然施事没有出现，但描述的仍然是图 6-7 所示的事件过程结构模式的 B 即活动持续事态；而例（20′）右列描述的是活动终结后的遗留状态起始事态，即图 6-7 的 C_2。换言之，例（20′）各例从左到右虽然是顺"序"，但却是隔了 C_1 所表示的活动终结事态，只是因为"活动终结即转为状态"在时轴上的蕴涵关系，这一时轴上的细微间隔被掩盖了。

_____

　　①　例（20）各例左列的"了"字存现句也可以通过删除动词后的"了"，而在句尾加"了"来保持跟右列"着"字存现句在时间上的顺"序"关系，如"台上演梆子戏了""广播里播寻人启事了""屋外下大雨了"。但这便成了上文的"活动起始"过递"活动持续"。事实上，例（16）也可以通过相同的手段将左列表"活动起始"的"了"字存现句说成"炉子上温酒了""蒸笼里蒸馒头了"。将"了"置于句尾后"了"的语义指向前面的动宾短语，而不再是存现动词及其论元表示的存现活动，故本章对该类存现句的讨论从略。

综上所述，存现构式中"了""着"可替换现象在事件过程结构模式中大致对应于三个前后过递的过程或事态转换，即如图6-3所示的活动起始过递活动持续、图6-6所示的遗留状态起始过递遗留状态持续，以及如图6-7所示的活动持续过递活动终结。前两种情况以"着"替换"了"实现过程上的顺递，后一种情况以"了"替换"着"实现过程上的顺递。

"了""着"在存现构式中的替换，见表6-3。

表6-3　　　　　　"了""着"在存现构式中的替换

替换的事态过递类型	替换方式	例词
活动起始过递活动持续	"着"替换"了"	熬、烤、汽、温、蒸、煮
遗留状态起始过递遗留状态持续	"着"替换"了"	摆、挂、立、贴、印、粘
活动持续过递活动终结	"了"替换"着"	播、下、演、报告、宣布

第四节　存现构式中的"了""着"
替换与动词的类

前文第一节中例（4）和例（5）的情况表明，存现构式中"了"和"着"的替换并不是随意的，还跟存现动词的语义类型相关。任鹰（2000）和尚新（2007：211）把静态存现句中"了"和"着"的可替换现象归结为动词的动态义和静态义的"复合性"。这是从"了""着"替换后"语义相当"的角度看问题，也许可以部分地解释如例（7）静态存现句中"了""着"的替换现象，对例（6）、例（16）和例（20）却缺乏解释力，因为这些句子中的动词都是动态性的，即使是"着"字存现句也可以在动词前加动态性副词"正"或"正在"等。

根据前文对存现构式中"了""着"可替换现象的认知基础的讨论，存现构式中，"了""着"可替换的动词大致可分为两类：一是附着动词及由构式赋予"附着"义的弱附着动词，前者如例（19）的"装""贴""垫"，后者如例（16）的"温""蒸"和"烤"（在炉子上温/温在炉子上，在蒸笼里蒸/蒸在蒸笼里，在炭火上烤/烤在炭火上）；二是呈现动词，如例（20）的"演"（演出：在台上演/＊演在台上）、"播"（播报：在广播里播/＊播在广播里）和"下"（在屋外下/＊下在屋外）。

关于"了""着"可替换的存现动词的类型，见表6－4。

表6－4　　　　　　　　　"了""着"替换与存现动词的类

动词类型	动词的语义特征	语义特征来源	例词
附着动词	［±动态］［＋持续］［＋附着］	动词本身	摆、挂、立、贴、垫、装
		存现构式	熬、烤、汽、温、蒸、煮
呈现动词	［＋动态］［＋持续］［＋呈现］	动词本身	播、演、报告、通报、宣读

呈现动词通常都具有活动持续过递活动终结的过程特征，通常情况下，既可以造成"着"字存现句，也可以造成"了"字存现句，如例（20′）。

附着动词比较复杂，还可以根据过程特征分为不同的小类（参看税昌锡，2008）。朱德熙（1981）注意到"台上坐着主席团""墙上贴着标语"这类句式的动词具有"附着"和"遗留状态"特征，其所举例句中的"着"都可以替换为"了"。从上文事件过程结构相应表达式跟"了"和"着"的选择限制来看，"了"标示起始（活动起始和遗留状态起始）和活动终结事态，"着"标示持续（活动持续和遗留状态持续）事态。因此，附着动词表示的动作在时间轴上是否具有起始并过递持续的过程特征，很大程度上限定了由附着动词构成的存现句中"了""着"替换的可能性。比较例（21）和例（22）：

（21）蒸笼里蒸了馒头。　蒸笼里蒸着馒头。
　　　壶里煮了咖啡。　壶里煮着咖啡。
　　　锅里熬了粥。　锅里熬着粥。

（22）＊天上飞翔了一只小鸟。　天上飞翔着一只小鸟。

＊河里漂浮了一块木板。　河里漂浮着一块木板。

＊屋顶上飘扬了一面旗帜。　屋顶上飘扬着一面旗帜。

例（21）的"蒸""煮"和"熬"都是动态性附着动词，都能造成"了"字存现句和"着"字存现句，描述如图 6-3 中自 A 到 B 的过递关系。例（22）的"飞翔""漂浮"和"飘扬"虽然都具动态性，但其内在的过程结构中没有明确的活动起始的过程特征，因此不能构成"了"字存现句。

静态性附着动词造成的静态存现句与动态性附着动词情况类同。比较例（23）和例（24）：

（23）台上坐了主席团。　　台上坐着主席团。

墙上贴了标语。　　　墙上贴着标语。

树干上刻了记号。　　树干上刻着记号。

（24）＊墙上悬挂了一面锦旗。　墙上悬挂着一面锦旗。

＊岸边耸立了一座铁塔。　岸边耸立着一座铁塔。

＊案前端坐了一个和尚。　案前端坐着一个和尚。

例（23）"坐""贴"和"刻"在其内在的过程结构中具有明确的遗留状态起始特征，因此都能造成"了"字存现句和"着"字存现句，分别描述如图 6-6 中自 C_2 到 D 的过递关系。例（24）的"悬挂""耸立"和"端坐"内在的过程结构中没有明确的遗留状态起始特征，因此不能造成"了"字存现句。更典型的例子是由"存在"等存在义动词造成的真正意义的存在句，由于很难追溯起始过程特征，这类动词不大可能造成"了"字存在句。例如：

（25）＊阿 Q 脑子里存在了稀奇古怪的念头。

阿 Q 脑子里存在着稀奇古怪的念头。

从相反的角度看，如果附着动词在其内在的过程结构中不具持续的过程特征，那么它们便只能造成"了"字存现句而不能造成"着"字存现句。例如：

（26）合同上按了几个手印。　＊合同上按着几个手印。
　　　树上喷了一些农药。　　＊树上喷着一些农药。
　　　墙上凿了三个洞。　　　＊墙上凿着三个洞。

有些状态形容词跟附着义动词构成的动结式进入存现构式中，仍然不能表示持续的遗留状态。例如：

（27）地里长满了杂草。　　＊地里长满着杂草。

"长满"中的"长"通过结果补语"满"描述其活动处于终结事态，在存现句中"长满"从终结事态过递为遗留状态起始事态，但"长满"不能延续。

总之，导致存现句中"了""着"可替换的动词有两类：一是内在的过程结构中具有持续并过递终结事态的动态性呈现动词；二是内在的过程结构中具有起始并过递持续事态的附着动词。后者又有动态性和静态性的分别。动态性的如"熬""冻""烘""煎""烤""泡""养""煮"等，虽然附着特征不明显，但可以同时进入"在＋处所＋V"和"V＋在＋处所"框式结构中的 V 位，可以认为是弱附着动词。静态性附着动词还可以从不同角度进行细分（参看田臻，2009)，有的凸显置放关系，如"插""缠""堆""放""盖""挂""埋""铺""塞""贴""装"；有的描述姿态，如"蹲""跪""躺""站""坐"；有的凸显成事，如"画""建""刻""垒""写""绣"；有的凸显执持义，如"背""顶""举""扛""捏""握""挑""托"；有的描述穿戴，如"别""穿""戴""披"；有的隐含附着目的，如"躲""留""守""住"。

第五节 "了""着"替换的语义、句法、语用及语篇差异

存现构式中，尽管"了"和"着"存在可替换现象，但是替换后，"了"和"着"在语义、句法、语用、语篇等方面是存在着一定差异的。

一 "了""着"替换的语义及句法差异

范方莲（1963）、刘宁生（1985）、任鹰（2000）等在静态存在句中"了""着"替换的语义问题上朦胧地意识到有一定的差异，但又认为该类句式中"了""着"可以相互置换，或基本等值。刘杰（2009）注意到了实现子事件和静态子事件之间的蕴涵关系，认为"了"字存现句直接激活实现子事件，"着"字存现句直接激活静态子事件，实现子事件和静态子事件之间的逻辑弱蕴涵使"了"字存现句和"着"字存现句实现沟通。戴耀晶（1991）则明确提出，"着"与"了"的差异在静态存在句中并没有消失，带"了"的句子表达一个完整的动态的现实事件，带"着"的句子表达一个非完整的强静态的持续事件。

刘杰（2009）对事件过程之间蕴涵关系的认识和戴耀晶（1991）对静态存在句中"了""着"替换后时体意义的差异的认识，大体能够解释如图 6-6 所示的遗留状态起始过递遗留状态持续的过程差异。但如图 6-3 所示的活动起始过递活动持续，以及如图 6-7 所示的活动持续过递活动终结两种情形则很难根据他们的认识得到有效解释。其实，根据如图 6-1 和 6-2 所示的事件过程结构模式，存现构式中作为时体助词的"了"和"着"，其功能即是标示存现动词所表示的存现动作或状态处于事件过程结构模式中的相应事态。因此，存现构式中"了""着"可替换现象以及替换后的差异，实际上就是"了"和"着"所标示动词的动作在事件过程结构中的事态差异。此外，戴耀晶（1991）的讨论也有所涉及。

此外，"了""着"替换后的存现句所反映的事态差异，还会带来句法上的系列后果。例如："了"字存现句中的动词可以受表示已然义副词如"已经"等的修饰，"着"字存现句却不能；"着"字存现句中的动词可以受持续义副词如"仍然、始终"等的修饰，"了"字存现句则不能。戴耀晶（1991）注意到，静态的"着"字存现句可以变换为"是"字判断句，也可以变换为一般叙事句，如"墙上挂着一幅画""墙上挂着的是一幅画""一幅画在墙上挂着"，而"了"字存现句则不能如此变换。

韩景泉（2001）、李京廉和王克非（2005）从宏观的层面讨论过英汉语存现构式的衍生机制。顾阳（1997）和潘海华（1997）则从微观的角度探讨了"了"字存现句和"着"字存现句不同的生成过程。顾阳从论元结构（argument structure）层级性假设出发，认为带"了"和带"着"的动词分属于两个不同的论元结构，前者有施事而后者没有施事。因此"桌子上放了很多书"可以说成"桌子上被小王放了很多书"，而"桌子上放着很多书"不能说成"桌子上被小王放着很多书"。潘海华则从词汇功能语法（LFG）的词汇映射理论（LMP）出发，认为带"了"和带"着"两种句式的不同不是因为其动词的论元结构不同，而是它们成句的过程不同。"桌子上放了一本书"有两个成句过程，既可以从"桌子上我放了一本书"省略施事主语而来，也可以从"桌子上被我放了一本书"省略间接格施事而来。带"着"的处所语倒置句（locative inversion）必须是删除施事语而来，因此"着"具有引发删除施事语的功能。其实，上述现象也可以从事件过程结构出发得到认知上的解释。以"了"标示的遗留状态起始存现句跟以"着"标示的遗留状态持续存现句之间存在过递关系。遗留状态起始跟活动终结事态之间的继起关系或接力棒效应说明，"了"字存现句中的动词在事件过程中还保持着动作或行为特征，这一特征蕴含着相关施事论元的存在，因此"了"字存现句可以根据需要添加施事论元。"着"字存现句描述活动终结后恒定的持续状态，活动既已结束，施事需要退隐，因此静态的"着"字存现句不可以添加施事论元。

上述认识还可以解释活动起始过递活动持续存现句，以及活动持续过递活动终结存现句的施事论元为何在"着"字存现句中也可以出现的原因。例如（括号表示可插入成分）：

（28）a. 炉子上（圆圆）烤了几个红薯。
　　　　b. 炉子上（圆圆）烤着几个红薯。
（29）a. 电视里（主持人）播着寻人启事。
　　　　b. 电视里（主持人）播了寻人启事。

例（28）和例（29）无论是"了"字存现句还是"着"字存现句，都可以插入施事论元。究其原因，这里的"了"字存现句和"着"字存现句虽然描写的事态有别，但都具有动态性，句中的动词都具有动作特征，因此都蕴含着施事论元的存在。

二　"了""着"替换的语用差异

戴耀晶（1991）尽管注意到了静态存现句中"了""着"替换后的体貌差异，但未能说明它们所标示动词的动作在事件过程结构中相应事态的接续或过递关系。其实，无论存现句中的"了""着"能否替换，"着"字存现句都表达一个动态或静态的持续事态，"了"字存现句都表达一个动态或静态的起始事态或者动态的终结事态。"了"的"起始"或"终结"事态的标示功能造成了"了"字存现句和"着"字存现句的语用差异。根据 Sellars（1954）、Karttunen（1973）和 Levinson（1983：181－182）的研究，表示状态变化的词语，如"来""去""开始""结束""离开""进入"等，可以引导一定的预设关系，成为"预设触发语"（presupposition trigger）。因此，"了"字存现句和"着"字存现句在语用上的差异便是，前者具有预设功能而后者没有。例如：

（30）a. 墙上挂了一幅画。　预设：墙上原来没有画。
　　　　b. 墙上挂着一幅画。　预设：*墙上原来没有画。

（31）a. 锅里煮了一条鱼。　预设：锅里原来没有煮鱼。

　　　 b. 锅里煮着一条鱼。　预设：＊锅里原来没有煮鱼。

（32）a. 广播里播了最新消息。　预设：广播里原来没播最新消息。

　　　 b. 广播里播着最新消息。　预设：＊广播里原来没播最新消息。

例（30）描述遗留状态，例（31）和例（32）描述活动展开，以"着"替换"了"后，预设都不复存在。

三　"了""着"替换的语篇差异

在存现句中，"了"可以标示事件"进入"某一动态或静态的起始或终结事态，具有"预设触发语"的功能，而"着"则标示事件处于某一动态或静态的持续事态。这种差别使"了""着"都可以共现的动词在具体的语篇中有一定的选择性。例如（下划线为笔者所加）：

（33）外面天已经黑了，果然有些凉意。街上倒是一派节日景象，所有高大建筑物都挂了成串的灯，路边的花坛、树上也吊了彩灯，交相辉映，墨蓝天幕上的星星倒显得黯淡，明明灭灭的看不大清晰。（王朔《我是你爸》）

（34）女方家住三间北房，十分宽绰，洋灰顶子花砖地，前廊后厦。家里的摆设倒也没多么奢华，但一切井井有条，一尘不染，到处挂着、铺着小摆设和手工刺绣饰物，连茶杯底下都垫着绣垫儿盖上蒙着花帕，看得出，是那种把全部聪明才智都用在过日子上的极耐心极细腻的人。（同上）

例（33）描述傍晚街景的起始状态，画线部分的"挂了""吊了"中的"了"不宜换为"着"。例（34）描述"女方家"的常规摆设，具有持续稳定性，"挂着""铺着""垫着""蒙着"中的"着"不宜换为"了"。

不过，从起始事态过递到持续事态毕竟具有相继性，因此在不太强调起始和持续的过程差别时，"了""着"便存在互换的可能性。例如：

（35）今天的段莉娜是一副出场面的正规打扮，光线又格外地明亮，康伟业认真地把她一看，轮到他大受惊吓了。<u>段莉娜穿着一件图案花色都很乱的真丝衬衣和米色的真丝喇叭裙</u>，半高跟的浅口黑皮鞋，黑色长筒丝袜，<u>胸前挂了一串水波纹的黄金项链</u>，心形的坠子金光闪烁。（池莉《来来往往》）

例（35）"穿着"的"着"可以换成"了"，"挂了"的"了"也可以换成"着"；或者"穿""挂"后可以都跟"了"或都跟"着"共现。不过，仔细品味，替换后，"了"和"着"的语义差异并未消失。

总结本章的讨论，跟英语比较，汉语存现句中"了"和"着"的共现问题具有类型学意义，反映了时体凸显的语言中，存现事件的事态过递或转化关系。

汉语的存现动词跟"了"或"着"的共现与其内在的语义特征存在对应关系。具有"出现""消隐""呈现""附着"特征的动词通常可以跟"了"共现；具有"持续"特征的附着动词和呈现动词通常可以跟"着"共现。"了"字存现句可以描述存现事件的活动起始、活动终结和遗留状态起始事态；"着"字存现句可以描述存现事件的活动持续和遗留状态持续事态。

具有"起始"过递"持续"或"持续"过递"终结"特征的呈现或附着动词跟"了"和"着"都可以共现。就存现过程而言，活动起始过递活动持续和遗留状态起始过递遗留状态持续事态可以以"着"替换"了"实现时序过递；活动持续过递活动终结事态则以"了"替换"着"实现时序过递。但是，"了""着"替换后的存现句在反映事件过程的事态上依然存在着差异，这种差异在语义、句法、语用和语篇方面都有所反映。

　　本章在事件过程结构的基础上讨论存现构式中存现动词跟"了"和"着"的共现制约，以及存现句所描述的事态转化或过递关系的相应表达式。时体助词"过"跟事件过程的展开没有直接联系，存现动词跟"过"的共现问题没有纳入本章讨论。存现动词跟"过"的共现有其特殊性，值得另文讨论。此外，本章讨论存现动词跟"了"和"着"的共现问题，存现句句末"了"的相关问题也未纳入讨论的范围。例如"汤锅里煮牛肉了""蒸笼里蒸馒头了""广播里播寻人启事了""台上演梆子戏了""墙上挂画了""台上摆鲜花了"，其中句尾"了"的语义、句法、语用以及篇章功能仍有进一步研究的必要。

第七章　汉语过程动词的界性特征[*]

　　本章讨论事件过程的展开与动词过程特征互动所体现的界性特征，拟从动词[①]的界性特征（"有界"和"无界"）出发，对汉语动词进行重新分类，并简要讨论动词界性特征对相关成分的语义制约。

　　根据我们的观察，描述事件遗留状态的过程动词通常具有恒定的持续特征，都具有无界性，具体包括第四章的"弱活动过程过递遗留状态动词（$V_5 \bullet A_? B_? C_1 C_2$，码号参考第四章第二节，下同）"所描述的遗留状态阶段、"遗留状态过程动词（$V_6 \bullet C_2 D$）"、"弱活动终结过递遗留状态过程动词（$V_7 \bullet C_1? C_2 D$）"、"遗留状态持续动词（$V_9 \bullet D$）"，以及"活动过程过递遗留状态过程动词（$V_{10} \bullet ABC_1 C_2 D$）"所描述的遗留状态阶段。而描述事件活动阶段的过程动词，除活动持续动词（$V_8 \bullet B$）外，从起始到终结具有丰富的界性特征类型。因此，本章讨论的过程动词主要指描述活动阶段的过程

---

　　[*]　本章主要内容以"动词界性分类试说"和"VP界性特征对时量短语的语义约束限制"为题分别发表在《暨南学报》2005年第3期和《语言科学》2006年第6期。编入本书时略有修改和增补。

　　①　因为动词的界性特征或过程特征要受到相关成分的制约，本章的动词包括动词及其相关成分构成的动词短语，为叙述方便，必要时以VP表示，VP中的动词中心语以V表示。例如"读"的内在语义结构中包括"起始""持续（或续段）"和"终结"等过程特征，但在"开始读书"中，"读"凸显的是"起始"过程特征，具有"无界"性，在"正在读（着）书"中，"读"凸显的是"持续（或续段）"过程特征，也具有"无界"性，在"读完一本书"中，"读"凸显的是"终结"特征，具有"有界"性。

动词[1]，具体包括"活动起始动词（$V_1 \cdot A$）""活动终结动词（$V_2 \cdot C_1$）""强活动过程动词（$V_3 \cdot ABC_1$）""弱活动过程动词（$V_4 \cdot A_?B_?C_1$）""弱活动过程过递遗留状态动词（$V_5 \cdot A_?B_?C_1C_2$）"所描述的弱活动阶段，以及"活动过程过递遗留状态过程动词（$V_{10} \cdot ABC_1C_2D$）所描述的活动阶段。

第一节 已有的研究和存在的问题

对动词的分类，不同的学者根据不同的观察角度有不同的分法。有的根据动词是表示事物的性质还是动作分为"性质动词"（property verb）和"动作动词"（action verb）；有的根据动词是表示事物的静止状态还是变动状态分为"静态动词"（static verb）和"动态动词"（dynamic verb）；有的根据动词本身是否具有持续特征分为"持续动词"（imperfectives）和"非持续动词"（perfectives）（参看沈家煊，1995；戴耀晶，1997）。其中第二种分类存在不少跨类现象，如表姿态的动词"蹲""躺""站"等，表附着的动词"戴""吊""挂"等，兼有静态和动态性质（戴耀晶，1997）。第三种分类很容易把性质不同的动词混淆在一起。如"像"（resemble）、"属于"（belong to）、"应该"（need）等，通常被认为是典型的持续动词（Quirk, et al., 1972；沈家煊，1995），其性质跟马庆株（1981）的"持续性动词"如"等""挂""看"等显然不同[2]。

陈平（1988）在马庆株（1981）、Smith（1985）、邓守信（1985）等人研究的基础上，根据动词［±静态］（static）、［±持续］（durative）和［±完成］（telic）三组区别性特征的各种组合方式，将汉语句子表现的情状分成五种类型，见表 7-1。

---

① "活动持续动词（$V_8 \cdot B$）"描述恒定的活动持续状态，内在语义结构中没有明确的起始点，在界性特征上宜跟遗留状态过程动词等同看待，即该类动词通常为无界动词。下文的讨论不涉及该类动词。

② 马庆株（1981）不涉及"像""属于""应该"等动词的讨论。

表 7 - 1 　　　　　　　　　　陈平（1988）情状类型

	状态	活动	结束	复变	单变
静态	+	-	-	-	-
持续		+	+	-	-
完成		-	+	+	-
举例	爱，挂，是，嫌，坐，等于，失望，喜欢，值得	猜，挂，听，走，坐，读书，告状，回忆，琢磨	挂，坐，抽一支烟，拉《梁祝》，写几个字	变成，拿出，好转，减少，解开，拉长，理顺，跑来	躺，躲，跪，垮，死，打破，发现，烧焦，切碎，忘记

按照陈平（1988）等学者的观点，情状类型（situation type）是根据句子的时相结构特点划分出来的类别，其分类对象是整个句子，在情状句范围内，动词与句子其他相关成分的意义最终决定了情状的类型。按照这种观点，有些动词很难确切地归为某一具体的类型。如"坐"在"他正往床上坐"中表示的是"活动"，在"坐车坐了半天"中表示的是"状态"还是"结束"，很难断言。陈前瑞（2001b）指出，陈平（1988）等的［±完成］这一语义特征不是一个最小的语义单位，而是掺入了时间延续性的复合语义单位，从而与另一组语义特征［±持续］发生纠缠，使得"改良""提出""展宽"等具有［+完成］特征，而"打破""推翻""找到"等不具［+完成］特征。陈前瑞据此认为这种区分不仅会带来体系变化，也很难有普遍意义。

我们认为，问题还在于陈平（1988）等的［±完成］和［±持续］并不是纯粹从共时（synchronic）角度概括出来的语义特征，这使某些动词的分类基础逻辑上是混乱的。比如"单变"（simple change）动词既然具有"非持续"特征，它就应该是"完成"了的，但表 7 - 1 中反映的情况不是这样。这种矛盾同样也反映在"结束"（accomplishment）动词上。既然"结束"动词具有"完成"特征，它就应该是"非持续"的，表 7 - 1 中反映的情况也不是这样的。把"结束"动词的语义特征概括为［+动态］、［+持续］、［+完成］，表面上似乎可以解释为什么当"V +（了）+时量短语 +（了）"这个格式出现在结束类情状句中时，时量短语既可以表示动作持续的时间，也可以表示动作结束后状态持续的时间，如"（他学那支曲子）学了一个月了"。其实，问题依然存在：为什么该格式中 V（［＋动态］、［＋持续］、［＋完成］）的语义特征不变，时量短语却有二解？

汉语里真正表示"结束"情状的动词实际上是由动词后跟结果或趋向补语再跟有定名词构成的动词短语，如"念完几句咒语""安排好一天的工作""写黑板上几个大字"等。这类动词构成的"V＋（了）＋时量短语＋（了）"结构，其时量短语只能理解为动作结束后的延续时间，如"（巫婆念完几句咒语）念完了一会儿了"。不过，这类动词在陈平（1988）以及其他学者的相关文献里并没有得到充分的讨论，因此该类动词的情状特征究竟如何，在整个动词系统中处于怎样的位置，都还是尚待讨论的问题①。

第二节 过程动词的"界性连续统"

我们倾向于从动词是否表示事物性质或事件进程情况给动词分类。不过，所谓的"性质动词"实际上包括"属性动词"和"关系动词"两类，合称为"属性关系动词"，如"是""在""肯""能""愿""认为""作为""显得""值得""加以""等于""位于""善于""例如""针对""能够""应该""总得"等。描述事件进程的动词，事实上，有的侧重活动阶段，如"看书""劳动""跑步"等；有的侧重活动终结后的遗留状态，如"躺""坐""耸立""悬挂"等；有的兼而有之，如"摆""插""立""挂""铺""贴"等②。实际情况较复杂，可以从动态过程观的角度总称为"活动过程

---

① 近年来有学者，如玄玥（2011）、沈阳和玄玥（2012），在生成语法理论基础上，从补语的功能角度出发提出"完结短语"假设，认为现代汉语动结式补语是一种内部情状体，给述语动作一个完结状态。

② 按本书的观点，属性关系动词和过程动词之间也存在跨类现象。例如部分表示心理活动的动词如"知道""相信""同情"等，当表示恒定的心理状态时，呈现的是属性关系动词的一面，如"我知道你对我好""我相信你说的是真的"；当表示心理感觉的变化时，呈现的是过程动词的一面，如"这件事我知道了三天了""我竟然相信了他的鬼话"。

动词"，简称为"过程动词"，第四章已做了初步讨论。

属性关系动词和过程动词的区别在于，前者表示某种恒定的状态，无变化的阶段性可言，无内在的起始点和终止点，不能跟"了""着""过"共现，也不能构成"动词 + 时量/动量短语"结构。后者因为表示事件随时间展开的进程，本身体现了变化的阶段性，有的虽然没有明确的终止点，但可以有明确的起始点，如"坐""开始""写字"等；有的虽没有明确的起始点，但却有明确的终止点，如"丢失""灭亡""结束"等。这类动词可以有选择地跟"了""着""过"共现（参看郭锐，1993；税昌锡，2015b），并能构成"动词 + 时量/动量短语"结构。

沈家煊（1995）认为，时间上，动作有"有界"和"无界"之分，有界动作在时间轴上有起始点和终止点，无界动作在时间轴上没有起始点和终止点，或只有起始点没有终止点。按照这个观点，表示属性或关系的动词都是无界的，过程动词有的是无界的，有的是有界的。

由于属性关系动词都是无界的，且内部分类较为单纯，本章重点讨论过程动词，尝试从动词的界性特征（"有界"和"无界"）出发，对汉语过程动词进行重新分类。

如上文所说，过程动词的复杂性在于，有的主要表示活动的开始，如"开始""着手"等；有的主要表示活动持续的过程，如"翱翔""漂浮"等；有的虽然有起始点和终止点，但二者几乎重合在一起，如"变成""推倒"等；有的主要表示活动的完结，如"结束""完成"等。像"看书"这类动词，实际上只表示了一种潜在的活动，它究竟处于哪一个过程阶段，要看它跟什么性质的词语搭配。因此，"开始看书""看着书""看一本书""看完一本书"等所表示的动作阶段或过程是很不相同的。

理论上讲，一个完整事件的活动阶段在时间轴上总是呈现出从开始时的无界状态向结束时的有界状态转化的过程，其间存在着一个过渡状态。根据我们的观察，描述事件活动阶段的过程动词的"界性连续统"（boundedness continuum）可如图 7 - 1 所示。

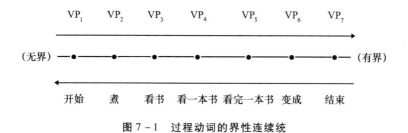

图 7 - 1 过程动词的界性连续统

图 7 - 1 表明，不同过程特征的动词，其有界或无界特征呈现出强弱差别。从无界动词开始，越是靠右，其有界特征越强，无界特征越弱；从有界动词开始，越是靠左，其无界特征越强，有界特征越弱。也可以用横式表示，如图 7 - 2 所示（"＞"表示"强于"，"＜"表示"弱于"）。

$$无界：VP_1 > VP_2 > VP_3 > VP_4 > VP_5 > VP_6 > VP_7$$
$$无界：VP_1 < VP_2 < VP_3 < VP_4 < VP_5 < VP_6 < VP_7$$

图 7 - 2 动词有界、无界特征的强弱等级

沈家煊（1995，2004）认为，"有界"和"无界"是在一定范围内相对而言的，相对于持续动词（即本章的"属性关系动词"）如"是""像""姓"而言，非持续动词（即本章的"过程动词"）如"吃""看""写"是有界的。在非持续性动词范围内，相对于"吃了""看了""写好"这种复杂形式，"吃""看""写"又是无界的。因此，上述过程动词的界性连续统的描写是有其逻辑基础的。

图 7 - 1 还表明，VP_4 类动词正好处于动词界性连续统的中间，呈过渡状态。VP_4 左边各类动词表示动作的活动情状，右边各类动词表示的活动趋于完结，成为既成事件。如果再笼统些，过程动词可以大致概括为三类：活动进行动词（包括 VP_1、VP_2 和 VP_3）、活动终结动词（包括 VP_5、VP_6 和 VP_7）和活动进行过渡终结动词（或可称为"跨类动词"或"临界动词"，即 VP_4）。

第三节 动词的界性特征及其语义选择限制

活动进行动词 VP_1、VP_2、VP_3 在活动情状上存在着差别，活动终结词 VP_5、VP_6、VP_7 在事件趋近完结过程方面也有所不同。

VP_1 的"无界"特征最强，强调活动处于起始阶段，主要涉及第四章的"活动起始动词"（$V_1 \bullet A$）。因为活动进行动词不具"完结"义而呈现出较强的"无界"特征，所以 VP_2、VP_3 以及处于过渡状态的 VP_4 可以前加 VP_1，如"开始煮咖啡""开始看书""着手处理这桩案子"。而活动终结动词因为趋近"完结"义而有"有界"特征，所以 VP_5、VP_6、VP_7 不能前加 VP_1，如不能说"开始看完一本小说""开始长成大人""着手结束会议"。VP_1 类动词常见的有"开始""开幕""出发""动手""着手"等。这类动词一般不能带"着"，但可以跟"（正）在"和"$了_1$"共现。

跟 VP_1 相比，VP_2 与之相同的是没有明确的终止点，与之不同的是没有明确的起始点，表示活动处于动态的持续状态中，或可称为"活动持续动词"，主要涉及第四章"强活动过程动词"（$V_3 \bullet ABC_1$）中的动态性附着动词，如"熬""炖""烤""捏""温""蒸""煮"等。该类动词可以带"了"和"着"，但不能单独与事态副词"在""正在"连用，之所以如此，原因在于该类动词具有两面性，如果跟"在""正在"（有的可以同时跟"着"）连用，便转化为 VP_3 了。例如：

（1）炉子上烤了一个红薯。

炉子上烤着一个红薯。

小王正往炉子上烤着红薯。

（2）汤锅里炖了一些牛肉。

汤锅里炖着一些牛肉。

小芳正往汤锅里炖着牛肉。

例（1）和例（2）的首例即使跟"了"共现也不表"终结"义，末例属于下文将讨论的 VP_3。

VP_3 一般为不及物动词或及物动词带通指性宾语（generic object），即相对无界的名词宾语，如"跑""走""服务""工作""劳动""战斗""读书""写信""上课""看电视""听广播"等。这类动词的活动特征较强，通常称为"活动动词"（activity verb），具体涉及除动态性附着动词（前文 VP_2）以外的"强活动过程动词"（$V_3 \bullet ABC_1$）和"活动过程过递遗留状态过程动词"（$V_{10} \bullet ABC_1 C_2 D$）所描述的活动阶段。该类动词的语法特征表现在前面可以加"在"或"正在"，后面可以跟"着"或"了"共现。相对于 VP_1 和 VP_2 来说，尽管 VP_3 仍然是无界动词，但其有界特征显然要强于 VP_1 和 VP_2。具体表现为，VP_3 可以后接有界动词或表结果意义的补语成分使其有界化。例如：

（3）劳动：劳动完了

战斗：战斗结束（了）

走：走失（了）

读书：读完（了）书

写信：写好（了）信

听广播：听完（了）广播

而 VP_1 和 VP_2 与有界动词或表结果意义的补语成分无组配能力，或组配能力较弱。例如：

（4）着手解决住房问题 ＊着手完了解决住房问题

炉子上烤了几个红薯 ？炉子上烤熟了几个红薯

汤锅里炖着一些牛肉 ？汤锅里炖好了一些牛肉

VP_4 实际上是及物性的 V 加上有界名词构成的动宾短语。这类动词处于从无界到有界的过渡状态，因此既有无界特征，也有有界特

征。其无界性表现在 V 的前后可以跟"在""正在"和"着"共现
以凸显其活动进行的一面；其有界性表现在 V 和有界名词中间可以
插入表结果的补语，如"了""完""好"等，以凸显其活动终结的
一面。需要注意的是，活动进行和活动终结反映过程的不同阶段，不
可能并存，因此"在""正在"和"完""好""了"等不能在同一
个结构中共现。例如：

（5）写一封信：正在写（着）一封信　写好一封信　＊正
在写好一封信

读《水浒传》：正在读（着）《水浒
传》　读完《水浒
传》　＊正在读完《水浒传》

讨论老张的申请：正在讨论（着）老张的申请　讨论
了老张的申请　＊正在讨论了老张的申请

不难看出，VP₄这类动词的无界、有界特征是结构本身赋予的。
前者来源于无界动词 V，后者则来源于结构中的有界性名词。考虑到
我们的讨论是从无界的"活动进行"到有界的"活动终结"，为了称
名标准的同一性，不妨把这类动词称为"活动进行过渡终结动词"。
如果从界性特征考虑，可称为"临界动词"或"跨界动词"（trans-
boundedness verb）。

VP₅的特点是，宾语为相对有界的名词宾语，动词也是表示活动
终结的动词短语，如"盛碗里两条鱼""洗完三件衣服""飞进来四
只苍蝇""打了汉奸五个耳光""抬过来六张桌子"等。这类动词所
表示的动作在时间上虽然有个起始点，但已变模糊，主要转向终止
点，因此其界性特征主要体现为"有界"一面。VP₅还有一个特点，
那就是动作从开始到结束有一个相对长的时段，这一点使它跟 VP₆和
VP₇区别开来。VP₅类动词表示动作已经完成，可以跟"了"共现，
但不能跟"在""正在"和"着"共现，可以统称为"完成动词"。

VP₆大致相当于陈平（1988）"复变"（complex change）和"单
变"（simple change）动词中的"动补结构"类。从语义结构来看，

这类动词由一个动作跟指示该动作的行为或状态结合而成，可以认为是 VP_3 跟下文将要讨论的 VP_7 的融合，如"变成""改良""好转""减少""解开""拉长""理顺""收起""缩短""提出""走进"等。这类动词也因此兼具 VP_3 和 VP_7 的某些语义和语法特征，但同时又有自己的特点。换言之，VP_6 具有两面性。作为类似 VP_3 的动作，这类动词可以处于进行状态中，因此可以前加"在""正在"，如"正在改良土壤""正在理顺关系""正在走进新时代"。这种情况体现了其活动或"无界"的一面。但是，动作（VP_3）一旦开始，便朝着它的终结点（VP_7）逼近，以某个明确的情状变化作为动作的必然结果，其间很难容纳一个相对稳定的持续状态。因此，该类动词不妨称为"达成动词"，实际涉及第四章的"弱活动过程动词"（$V_4 \bullet A_?$ $B_? C_1$）和"弱活动过程过递遗留状态动词"（$V_5 \bullet A_? B_? C_1 C_2$）描述的活动阶段。上述特点使它跟 VP_5 和 VP_7 区别开来，其"有界"特征致使其一般不能跟"着"共现，如不能说"改良着土壤""理顺着关系""走进着新时代"。

VP_7 大致相当于陈平（1988）"单变"（simple change）动词中的"瞬时变化"类。这类动词表示的动作从发生到结束仅仅是瞬间的事，从动作过程看，其起始点和终结点几乎重叠，因此不能前加"在""正在"，也不能后跟"着"共现，常见的如"病""倒""断""聋""死""塌""瞎""醉""爆炸""丢失""结束""离开""灭亡""受伤""完成""忘记""找到"等。时间上，因为这类动词的起始点和终结点几乎重合，所以其有界特征也最突出，主要涉及第四章的"活动终结动词"（$V_2 \bullet C_1$）。也正是因为其强有界特征，导致该类动词动作的结束与状态的开始几乎在同一时间得以实现（吕叔湘，[1942] 1990：56 – 57）。

第四节　动词界性特征与时量短语的语义所指

过程动词都是在一维的时间过程中展开，理所当然地跟时量短语有着必然的联系。已有研究表明，动词的语义特征以及情状类型，甚至话语语境的不同，会影响到所跟时量短语的语义所指（马庆株，1981；陈平，1988；秦洪武，2002；税昌锡，2010 等）。我们认为，动词后时量短语所指的不同主要源于动词界性特征以及事态特征的不同。下面套用"V +（了）+ 时量短语 + 了"格式，就上文讨论的过程动词的界性连续统各举一组例子做简单说明。

（6）VP$_1$：a. 会议开始了三天了。

　　　　　　b. 汽车会展开幕了三天了。

　　　　　　c. 队伍出发了三天了。

（7）VP$_2$：a. 锅里的牛肉炖了一个小时了。

　　　　　　b. 炉上的红薯烤了半个小时了。

　　　　　　c. 笼里的馒头蒸了一个上午了。

（8）VP$_3$：a. 小李写报告写了三天了。

　　　　　　b. 学生做实验做了三天了。

　　　　　　c. 小王看电视剧看了三天了。

（9）VP$_4$：a. 小李写这份报告写了三天了。

　　　　　　b. 学生做那个实验做了三天了。

　　　　　　c. 小王看这个电视剧看了三天了。

（10）VP$_5$：a. 小李写完这份报告写（完）了三天了。

　　　　　　 b. 学生做完那个实验做（完）了三天了。

　　　　　　 c. 小王看完这个电视剧看（完）了三天了。

（11）VP$_6$：a. 马路加宽了三天了。

　　　　　　 b. 房屋震塌了三天了。

　　　　　　 c. 物价降低了三天了。

（12）VP$_7$：a. 会议结束了三天了。

　　　　　　 b. 任务完成了三天了。

　　　　　　 c. 钥匙丢失了三天了。

　　例（6）、例（7）和例（8）的时量短语表示活动持续时间，例（10）、例（11）和例（12）的时量短语表示活动结束后的延续时间，例（9）的时量短语有二解，既可以理解为活动持续时间，也可以理解为活动结束后的延续时间。这说明，VP$_1$、VP$_2$和VP$_3$尽管在活动情状上存在差别，但它们共同的"无界"特征造成了所跟时量短语都表活动持续时间；同样，VP$_5$、VP$_6$和VP$_7$共同的"有界"特征造成了所跟时量短语都表活动结束后的延续时间。VP$_4$处于"无界"和"有界"的临界状态，其"跨界"特征造成了所跟时量短语必然是歧义的。如果以VP$_4$反映的"跨界"为观察点，它跟"无界"和"有界"之间的界性关系似可简单表示为图7-3。

无界 ← 跨界 → 有界

图7-3　动词的跨界特征

也就是说，从更广泛的范围来看，活动过程动词的七种类型可以根据其"无界""有界"的差别大致概括为无界动词、有界动词和跨界动词三类。换言之，就汉语动词而言，"无界"和"有界"之间并不存在泾渭分明的界限，二者中间存在着一个"跨界"的过渡类型。这也从一个侧面证明VP$_4$存在的客观性。

第五节　"了"与"V＋名词①"的界性特征

第五章的讨论证明，"了"的语法意义具有"完结""起始"两面性。即是说，"了"既可以标示动词的有界特征，也可以标示动词的无界特征。下文讨论"了"的分布对及物动词跟宾语构成的短语即"V＋N"界性特征的影响。

"V＋N"短语如"吃饭""喝酒""看书""写字""擦黑板"等，它们跟"了"结合，根据分布的不同可以构成三种格式：

---

①　这里的名词，可以是单个名词，也可是名词性短语，为方便叙述，统称为名词，必要时用N表示。

甲式：V + N + 了，例如：吃饭了　喝酒了　看书了　擦黑板了

乙式：V + 了 + N，例如：吃了饭　喝了酒　看了书　擦了黑板

丙式：V + 了 + N + 了，例如：吃了饭了　喝了酒了　看了书了　擦了黑板了

甲式的"了"通常被认为是表示某种语气，即"肯定事态出现了变化"（吕叔湘，［1980］1996：315）。"肯定事态出现了变化"其实蕴含了"V + N"这一活动处于起始状态[①]。"了"的"起始"义可以通过在该格式前头添加表"起始"义的动词或事态副词，如"开始""着手""在"等得以凸显。表"完成"或"实现"义的副词，如"已经""曾经"等则不能直接加于该格式前面。比较：

（13）a. 开始看书了　着手处理问题了　在擦黑板了

　　　b. ﹡已经看书了　　﹡已经处理问题了　　﹡已经擦黑板了

值得注意的是，例（13a）前面还可以添加事态副词"已经"。例如：

（13'）a. 已经开始看书了　已经着手处理问题了　已经在擦黑板了

甚至当甲式受表"将来"意义的词语修饰时，仍可以添加"起始"意义的词语。比较：

---

① 吕叔湘（［1980］1996：315）所举例句有类似的解释，比如"刮风了"的解释是"已经开始刮风"，"小明也喜欢跳舞了"的解释是"已经开始喜欢"。

（14）a. 就要看书了 快要处理问题了 马上擦黑板了

　　 b. 就要开始看书了 快要着手处理问题了 马上开始擦黑板了

如图 7 - 1 所示，"看书""处理问题""擦黑板"等是相对无界的动词，这说明"了"跟该类动词共现更倾向于表"起始"义，凸显的是其"起始"而非"完结"语法意义的一面。不过，上面的讨论是在 V 和 N 都是无界的情况下进行的。如果 V 和 N 都是有界的，那么情况就变得完全相反。有界动词只能跟表"完成"义的"已经"同现，而不能跟"起始"义的词语同现。比较：

（15）a. 看完书①了 处理好问题了 擦干净黑板了

　　 b. *开始看完书了 *着手处理好问题了 *在擦干净黑板了

　　 c. 已经看完书了 已经处理好问题了 已经擦干净黑板了

例（15）"了"处于句尾，表示"V + N"动作完成后处于无界的遗留状态起始事态。

乙式的"了"不跟"起始"义动词共现，但可以跟 V 构成的"完结"义动结式短语共现，因此该式中的"了"凸显的是其"完结"而非"起始"语法意义的一面。例如：

（16）a. *开始看了书 *着手处理了问题 *开始擦了黑板

　　 b. 已经看了书 已经处理了问题 已经擦了黑板

　　 c. 已经看完了书 已经处理好了问题 已经擦干净

---

① 例（15）中名词"书"的语表形式与例（13）相同，但其语义内涵不同，前者为有界名词，后者为无界名词。

了黑板

丙式可以认为是在乙式的基础上追加了一个句尾"了",整个格式表示"V + N"这一活动已经完结,并随之进入无界的完结后的遗留状态起始事态中。

综上所述,"了"跟无界动词共现表示活动的起始状态;跟有界动词共现表示活动的终结状态。这也从侧面说明"了"的语法意义具有"完结""起始"两面性,具体实现何种意义受制于动词的界性特征,参看第五章的讨论。

第六节 "了"与"V + 时量短语"的界性特征

"了"进入"V + 时量短语"结构,连同"V + 时量短语"本身共有四种可能的格式:

> 甲式:V + 时量短语
> 乙式:V + 了 + 时量短语
> 丙式:V + 时量短语 + 了
> 丁式:V + 了 + 时量短语 + 了

这四种格式的界性特征呈现出一定的差异。

一 "了"与"活动进行/终结动词 V + 时量短语"的界性特征

在描述事件展开的过程动词中,活动进行动词具有动态持续特征,活动终结动词蕴含着活动完成后的状态持续特征,二者共同的[+持续]特征都与时量短语语义相容,理论上,甲、乙、丙、丁四种格式都是合法的。但是,"了"参与与否,以及"了"怎么分布会带来语义上的变化。

甲式由于 V 的时制(tense)和时体(aspect)都没有得到体现,自主性很弱,一般不能单独表达意义(参看顾阳,2006),通常用于

"非事件句"（或"虚拟句"）中，如祈使句"这台电脑你先拿去用一段时间"，从属句"这套丛书读一年也读不完"，对比句"打鱼两天晒网三天"等。沈家煊（1995）认为，所谓不自由的句法结构都是"非事件句"，篇章层面上，"非事件句"是"无界"的。换言之，"了"缺省时的甲式都是无界的。

由于"了"赋予 V 以时体特征，使乙式比甲式要自然得多。但是，由于"了"只赋予 V"起始"的时体特征，后面的时量短语缺少时体标识，"V + 了 + 时量短语"结构整体在时体上仍然没有得到体现。因此，乙式表意仍不自足，往往需要跟后续小句才完整，如"火车开了两天才到衡阳""问题讨论了半天也没讨论出结果来""论文写好了半年才寄给编辑部"。换言之，"了"出现在动词后形成的乙式，也多是"非事件句"，也是无界的。

从句法和语义角度看，四个格式中，丁式自主性最强。甲式和乙式的时量短语是 V 的黏附成分（有人称为准宾语，也有人称为补语），"V 了"和时量短语中间不能有语音停顿或插入副词性修饰语。丁式的时量短语通过句尾"了"的作用被独立出来，充当了"V 了"的谓语（"了"被认为是一种时体标记，而时体是谓词的重要特征之一），二者中间可以有语音停顿，或可以插入副词性修饰语（刘勋宁，1988，1990，1999）。例如：

（17）a.（读书）读了｜都快半年了。

　　　 b.（读完这本书）读完了｜都已经半年了。

此外，由于"了"的语法意义具有"完结""起始"两面性，因此"活动起始动词"和"活动终结动词"都能跟"了"共现。也由于"起始"和"完结"都蕴含着以此为起点进入到相应事态的延展过程的意义，因此"了"的计时起点标记功能如果没必要刻意强调，也可以省略，从而简化为丙式。例如：

（18）a.（会议）开始｜都快半个小时了。

比较：开始了｜都快半个小时了。

　b.（会议）结束｜都已经半个小时了。

比较：结束了｜都已经半个小时了。

换言之，"了"位于句尾形成的丙式，或同时位于动词后和句尾形成的丁式，两种格式的界性特征受制于动词的界性特征。如果动词本身是无界的，如例（17a）、例（18a）的"读"和"开始"，则丙式或丁式也是无界的；如果动词本身是有界的，如例（17b）、例（18b）的"读完"和"结束"，则丙式或丁式也是有界的。

二　"了"与"跨界动词 V + 时量短语"的界性特征

需要特别注意的是，"了"的分布与跨界动词 V 和时量短语组合时的界性特征较复杂。由于跨界动词具有"无界""有界"双重特性，由其构成的甲式、乙式和丁式的时量短语既可以表示 V 持续的时间，也可以表示活动结束后的延续时间。此时，前者的甲式、乙式和丁式为无界结构，后者的甲式、乙式和丁式为有界结构。进一步说，受跨界动词"无界""有界"双重界性的制约，甲式、乙式和丁式也有"无界"和"有界"双重界性特征。三种格式分别举例对比如下：

（19）a.（看这本书）看三天也看不完。

　　　b.（看这本书）看三天就忘记内容了。

（20）a.（读这本小说）读了一个月也没读完。

　　　b.（读这本小说）读了一个月就忘掉情节了。

（21）a.（写这篇报告）都写了半年了，还没有个结尾。

　　　b.（写这篇报告）都写了半年了，内容早过时了。

例（18）反映的事实，一般认为是丁式中 V 后"了"的省略，马庆株（1981）、陈平（1988）、岳中奇（1997）等的著作里就以加括号的形式来体现这种关系。从例（19）、例（20）、例（21）的情况来看，问题不能一概而论。跨界动词并不像无界特征较强的起始动词及有界特征较强的终结动词那样，进入丁式后可以省略 V 后的"了"，变成丙式后意思基本不变。如例（21），省略 V 后的"了"，其中 a 句的变换式仍然成立，b 句变换式的合法性却是可疑的：

> （21'）a. （写这篇报告）都写了半年了，还没有个结尾。
>
> = （写这篇报告）都写半年了，还没有个结尾。
>
> b. （写这篇报告）都写了半年了，内容早过时了。
>
> = ??（写这篇报告）都写半年了，内容早过时了。

可以看出，跨界动词中的 V 进入丁式有二解，进入丙式则一般不会产生歧义，只表示 V 的动作仍在持续。这是因为丙式的"了"作用于"V＋时量短语"结构整体，表示"V＋时量短语"这一活动过程还在持续。此时，能进入丙式的动词多是无界动词，丙式具有无界特征。

总之，跨界动词中的 V 构成的"V＋时量短语"结构，加上跟"了"的互动，应该有四种独立的格式，其中丙式中 V 的无界性，以及"了"的"完结""起始"时体意义的"起始"一面，表明时量短语是活动持续的时间，其余三种格式都是歧义的。

三 空宾语的分布与"V＋了＋时量短语＋了"的界性特征

第四节中，例（6）至例（12）在基式上经扩展后的相同部分可以抽象为"V＋了＋时量短语＋了"。

很显然，这是一个歧义格式，V 为及物动词时，语义上需要有一个相关的对象充当宾语①。如果宾语不出现，即为"空宾语"（empty object），必要时我们用 Oe 表示。就分布而言，空宾语可能有三个句

---

① 当格式中的 V 为不及物动词时，该格式的语义较为明确。即动作义不及物动词进入该格式，时量短语表示活动持续的时间，如"劳动了三个小时了""工作了三天了"；终结义不及物动词进入该格式，时量短语表示动作结束后的延续时间，如"结束了四天了""到达了五天了"。因此，不及物动词不是本章讨论的重点。

法位置，由此形成三个可能的格式①：

甲式：V + Oe + 了 + 时量短语 + 了

乙式：V + 了 + Oe + 时量短语 + 了

丙式：V + 了 + 时量短语 + Oe + 了

当听读者听到或读到像"看了三天了""这本书看了三天了"这种 V 后宾语缺省的结构时，解码过程中对缺省宾语的位置便有三种可能的选择：甲式，＊看（这本书）了三天了；乙式，看了（这本书）三天了；丙式，看了三天（书）了②。然而甲式实际上并不存在（具体讨论见下文）。乙式"看了（这本书）"是完成动词，"时量短语 + 了"如"三天了"表动作完成后的延续时间，受动词界性特征的制约，乙式具"有界"特征。丙式中的空宾语 Oe 位于时量短语后，可以认为是"V + Oe"（如"看（书）""写（字）""擦（黑板）"）这一活动正处于时量短语"三天"表示的阶段或过程中，尚未终结，有可能延续下去，因此空宾语 Oe 只能是无界名词。受动词界性特征的制约，丙式具"无界"特征。下面再就例（8）、例（9）和例（10）前段的宾语进入乙式和丙式空宾语的位置作一对比：

(8′)（小李写报告）写了三天了。

＊乙式：写了（报告）三天了。

丙式：写了三天（报告）了。

(9′)（小李写这份报告）写了三天了。

乙式：写了（这份报告）三天了。

---

① "V + 了 + 时量短语 + 了"中的"时量短语"也有可能作宾语，如"浪费了三天了"中的"三天"，这里的讨论排除该类结构。

② 其中的空宾语不能受限定性词语的修饰，如不能说"看了三天这本书了""写了一个小时三道作业了"。

丙式：写了三天（报告）了①。

（10′）（小李写完这份报告）写了三天了。

乙式：写了（这份报告）三天了。

＊丙式：写了三天（报告）了。

可以看出，活动动词没有具"有界"特征的乙式，只有具"无界"特征的丙式；完成动词无具"无界"特征的丙式，只有具"有界"特征的乙式；跨界动词根据不同的语境，既可以有具"有界"特征的乙式，也可以有具"无界"特征的丙式。也就是说，同一个"V＋了＋时量短语＋了"格式，活动动词空宾语的位置在时量短语之后；完成动词空宾语的位置在时量短语之前；跨界动词空宾语的位置既可以在时量短语前面，也可以在时量短语后面，但是由于宾语不出现，乙式和丙式的语表形式重合了，从而导致了歧义的产生。

另外，像"＊吃饭了一个小时了""＊读书了三年了""＊看那场球赛了三个星期了""＊听那次讲座了三个月了"等，这类表达式实际言语中并不存在，即甲式"V＋Oe＋了＋时量短语＋了"为不合法格式。其不合法的根本原因在于其中的"吃饭了""读书了"，以及由跨界动词加"了"构成的短语如"看那场球赛了""听那次讲座了"等，其中"了"表示的是"起始"时体意义，语义上，与"时量短语"表示的"时段"义不相容。然而，"吃了一个小时了""读了三年了""看了三个星期了""听了三个月了"却都是自然合法的，这是因为这种类型的短语并不是动词 V 后省略宾语形成的甲式，而是 V 后省略宾语形成的乙式或丙式。

同时，"了"所反映的时体特征针对的是它前面的谓词或谓词性词语（参看石毓智，1992）。如上所述，"V＋了＋时量短语＋了"

---

① 丙式的 Oe 不能受限定性词语的修饰，如不能说"读了一个钟头（的这本书）了"。前文已述，该式可以认为是"V＋Oe"（读书）这一活动正处于时量短语"一个钟头"表示的阶段或过程中，尚未完结，还有可能继续下去，因此空宾语 Oe 只能是无界名词。从变换分析的角度看，丙式跟原式并不平行，但由于原式所具有的歧义性，并不影响丙式成为原式中的一种解码方式。

为歧义格式，因此有必要对后一个"了"的语义指向进行鉴别。撇开并不存在的甲式，乙式和丙式由于空宾语 Oe 位置不同，内部成分语义关系也在发生变化，句尾"了"所作用的词语也随之发生变化。乙式句尾的"了"作用于时量短语，丙式句尾的"了"作用于整个动词性短语如图 7 - 4 所示。

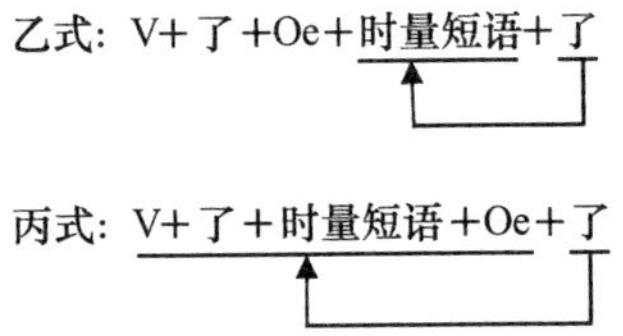

乙式: V+了+Oe+时量短语+了

丙式: V+了+时量短语+Oe+了

图 7 - 4　空宾语的分布与"V + 3 + 时量短语 + 3"中后"3"的语义指向

　　就句法而言，乙式的"V + 了 + Oe"是主语，"时量短语 + 了"作谓语，二者之间跟一般的主谓结构一样，可以有语音停顿或可以插入"已经""都"等事态副词。丙式的"时量短语"应看作省略了中心语，且同时为 V 的空宾语 Oe 的定语，"V + 了"后不能有语音停顿，也不能插入"已经""都"等事态副词。

第七节　动词的界性特征对时量短语的共现制约

　　按语义组配原则，动词的界性特征与时量短语的时段特征相容时，二者就能组合。而"场景动词"的"当时性"特征和"定时事件动词"的"时量限定性"特征与时量短语的持续性时段特征并不相容，因此出现了两种动词后排斥时量短语的情况。

一　"场景动词"对时量短语的共现制约

　　上文第二节把汉语的动词性词语分为"属性关系动词"和"活动过程动词"，目的是为了说明"属性关系动词"内部不具"过程"特征，因此不能跟时量短语连用。而"活动过程动词"内部往往具有"过程"特征（具体表现为从"无界"到"有界"的连续统），因此可以跟时量短语连用。我们把具"过程"特征的动词称作"活动过程动词"而不是人们常说的"动作动词",原因是"动作"容易被理解为特定时间内活动进行的状态。因此,真正称得上"动作动词"的是后加时体助词"着",或前加"正在"或"在"等表示进行或持续意义的事态副词所构成的动词性词语,如"正在洗衣服""在洗衣服""洗着衣服""正在洗着衣服"。

根据郭风岚(1998)和肖奚强(2002),"正(在)"与"在"都表示动作的进行,区别在于"正(在)"更强调动作的进行,具有"点"的特点,语义特征可刻画为 [－持续],"在"更强调动作的持续,具有"段"的特点,语义特征可刻画为 [＋持续]。对于"着",多数学者认为其抽象的语法意义是"持续"(戴耀晶,1991;石毓智,1992;沈家煊,1995;方梅,2000;肖奚强,2002;等等)。归纳起来,除"正(在)"不表"持续"以外,"在"和"着"都具[＋持续]语义特征。理论上,具 [＋持续] 特征的动词性词语是容易跟表持续义的时量短语连用的,但事实并非如此。例如:

(22)a. ＊在(演戏)演半个钟头了。

＊在(听课)听一会儿了。

b. ＊(演着戏)演着半个钟头了。

＊(听着课)听着一会儿了。

这种情况跟不表"持续"义的"正(在)"并无区别。例如:

(23) ＊正(在演戏)演半个钟头了。

＊正(在听课)听一会儿了。

＊正(在)劳动半天了。

例(22)和例(23)说明,除了上述 [－持续] 和 [＋持续] 特征的对立以外,仍有一个共同的因素在制约着"正(在)""在"和"着"与时量短语连用。这个共同的因素就是"正(在)""在"

和"着"规定了动作发生的时间范围，即说话者"当前"的可感知范围。由于这类动词体现了场景性特点，我们把它们叫做"场景动词"（scene verb）。不言而喻，具"当时性"特征的"场景动词"内部很难追溯其起始点，也无终止点可言，为"无界"动词。确切地说，正是"场景动词"的"当时性"的无起点特征制约着其与时量短语共现的可能性。

二 "定时事件动词"对时量短语的共现制约

动词重叠具有"定时"特征，主要有四种格式：（1）"VV"式，如"翻翻""拍拍""望望"等，其中有些"VV"式由双音节动词重叠而成，如"敲打敲打""支持支持""改造改造"；（2）"V—V"式，如"翻一翻""拍一拍""望一望"；（3）"V了V"式，如"翻了翻""拍了拍""望了望"；（4）"V了一V"式，如"翻了一翻""拍了一拍""望了一望"。诚如李宇明（1998）所说："动词重叠是重要的语言现象，涉及动词重叠的论文和著作数以百计，高论迭出，异彩纷呈。"其中就包括动词重叠式不能与数量短语共现问题，如不能说"翻翻三本书""拍一拍两下肩膀""望了一望四只鸟"。石毓智（1992）认为，这是因为它们"表示的是一个程度较小的确定量"。基于动词重叠式所表示的量具有一定的模糊性，李宇明（1998）进一步说明动词重叠式的语法意义是表示"程度较小的有定量"。这样，动词重叠式本身具有的比较模糊的"程度较小的有定量"与具体的数量相互抵触。因此，"量"的不兼容性便成了动词重叠式排斥数量宾语的主要原因。沈家煊（1995）对这种现象作过这样的比喻："一只大小做死了的微型箱子不能随意容纳各种数量的东西。"

以上学者对动词重叠式的认识应该说都是合理的。但问题是，究竟是什么原因造成了动词重叠式具有"比较模糊的程度较小的有定量"？答案应该从动词重叠式的性质去寻找，即词重叠式是活动动词还是完成动词，是无界动词还是有界动词，多数学者认为动词重叠式是表示活动的无界动词，但我们的看法与此相反。首先，这类动词不能跟一定场景中表动作正在进行的副词"正（在）""在"以及助词"着"共现，如不能说"正（在）看看""在看一看""看看着"。
其次，已有的研究表明，动词重叠式中重叠的部分经历过从数量补语
到动词直接重叠的虚化过程。李宇明（1999）曾把动词重叠的语法
化进程划分为三个等级，如图 7－5 所示。

$$V 了数 V / V 数 V \rightarrow V 了一 V / V 一 V \rightarrow V 了 V / VV$$

　　　　　　1　　　　　　2　　　　　　3

图 7－5　李宇明（1999）动词重叠的语法化进程

不难发现，处于第一等级的动词重叠式正是我们上文讨论的完成
动词（VP$_5$）。这类例子在现当代文学作品里仍然时有所见。例如
（引自李宇明，1999）：

（24）王九妈端详了一番，把头点了两点，摇了两摇。（鲁
迅）
（25）牛站了好几站才立定。（孙犁）
（26）把眼皮往上忽嗒忽嗒地翻了两三翻。（陈士和）
（27）缝一针，看三看。（方纪）

既然第二等级和第三等级的动词重叠式是第一等级重叠式在数量
上的进一步虚化的结果，不妨认为动词重叠式表示的都是完整事件。
由于动词重叠式本质上是表示完整事件的，故不能后接时量短语
表示动作持续的时间。又因为动词重叠式所表完整事件本身已经以
"内蕴表量"的方式表示了较为模糊的"程度较小的有定量"（参看
李宇明，1998，1999），这又决定了它跟表具体时段的时量短语也是
不能兼容的。由于动词重叠式表示的事件在时间过程上的时量规定
性，我们将其称为"定时事件动词"（temporally set event verb）。正
是因为"定时事件动词"在随时间展开过程中的时量限定性，语言
中便不可能存在如"看看（书）一会儿（了）""望一望（远山）好

一阵子（了）""敲了敲（门）三分钟（了）"这样的短语，也不会有如"看看书看了一会儿了""望一望远山望了好一阵子了""敲了敲门敲了三分钟了"的说法。

总之，"定时事件动词"具"时量限定性""有界"特征，正是其"时量限定性"这种界性特征制约着它与时量短语共现的可能性。

综合本章的讨论，动词的分类可以从不同的角度进行，国外比较流行的办法是从动词所在的情状句范围来给动词分类。Vendler（1957）、Verkuyl（1972）、Smith（1983，1985，1991）、邓守信（1986）等将这方面的讨论引向了深入。陈平（1988）借鉴动词情状分类的方法将汉语动词分为状态动词、活动动词、结束动词、复变动词和单变动词五类。本章采取另一种新路径，从动词的界性特征出发将汉语动词分为七类：活动起始动词、活动持续动词、活动动词、活动持续过递终结动词、活动完成动词、活动达成动词和活动终结动词。它们的界性特征从"无界"到"有界"形成一个连续统，不同界性特征的动词在语法性质及分布特征上呈现出一定的差异。

本章将七类动词分别套入"V＋了＋时量短语＋了"格式，发现该格式中时量短语的语义所指呈现出以下规律：无界动词进入该格式，时量短语表示活动持续的时间；有界动词进入该格式，时量短语表示活动结束后既成事件状态的持续时间；跨界动词进入该格式，时量短语有二解，既可以理解为活动持续的时间，也可以理解为活动结束后既成事件状态的持续时间，其歧义可以通过确定空宾语的位置得以分解。在"动词＋时量短语"结构中，"了"的不同分布会带来句法和语义上的变化。

本章还讨论了不跟时量短语共现的两种特殊情状。"场景动词"排斥时量短语与之共现，是因为其"当时"性特征与时量短语的持续性特征不相容；"定时事件动词"排斥时量短语与之共现，是因为其"时量限定性"特征与时量短语的持续性特征不相容。

第八章　汉英事态量度的
类型学比较[*]

事件随时间而展开，从而呈现出不同的事态。事态在时间轴上延展呈现出来的时间的久暂构成事态的量度，人们以此认知事态并感知事态的存在。

事态的量度表现在三个方面：一是恒量，即事态在时间轴上呈现出一种均匀的、没有变化的、随时间延展的过程；二是动量，即事态在一定时间内反复发生的次数；三是时量，即事态在一定条件下持续时间的长度。

本章在对汉语和英语事态量度表达的对比中揭示其共性和个性，并对个性差异进行探讨，重点讨论汉语时量表达式"V +（了）+时量短语 +（了）"中时量短语的语义多指现象。

第一节　汉英事态量度比较

汉语"着""了""过"对事件展开过程中的不同事态具有标记功能。如第四章所讨论的，"着"和"过"跟动词的持续特征（包括连续性持续和反复性持续）相关联，不具持续特征的动词一般不可以跟"着"和"过"共现。但它们对时量和动量的适应性

＊ 本章根据"时量补语语义多指现象的认知解释"（原载《华文教学与研究》2010 年第 2 期）改写，第一节为增补的内容。

并不一致，"着"不能跟表示时段的时量短语共现，"过"却可以跟表示时段的时量短语共现。另外，"了"虽然跟动词的"终结"或"起始"特征相关联，但这并不影响它跟时量短语共现。比较：

（1）看三天　＊看着三天　看过三天　看了三天
　　劳动一年　＊劳动着一年　劳动过一年　劳动了一年
　　休息一会儿　＊休息着一会儿　休息过一会儿　休息了一会儿

（2）看两遍　＊看着两遍　看过两遍　看了两遍
　　劳动两回　＊劳动着两回　劳动过两回　劳动了两回
　　休息一次　＊休息着一次　休息过一次　休息了一次

例（1）和例（2）中"着"与"过"和"了"的对立说明，"着"着眼于参照时间下活动发生的当前状态，跟时量和动量语义上不相容（参看第七章第七节）。"了"和"过"跟时量和动量不相抵触，不同之处在于，"了"表示活动在相关时段内处于终结状态，"过"则着眼于活动结束后对已经过去的活动进行全程扫描。可见，"着"与"了"和"过"所标记的量度可以分为跟"着"相关的恒量和跟"了"和"过"相关的非恒量，包括动量和时量两大类。

一　汉英事态的恒量比较

汉语"着"和英语的进行体，以及惯常体都着眼于参照时间下活动发生的当前状态，但是对于其量度问题，此前多被学界忽略，未能得到充分讨论。

语言事实表明，除了可以跟反映动作发生时的参照时间如"现在"（now）、"目前"（at present）、"昨天下午三点钟"（at 3 o'clock yesterday afternoon）等连用外，"着"或英语的进行体和惯常体还可以跟"一直"（constantly）、"总是"（always）、"不停地"（continuously）、"永无休止地"（endlessly）等时间词共现，而这些时间词凸显的是动作在时间轴上恒定的持续状态,我们称之为事态的恒量。不过,恒量也可以表现为在某一时间段内的恒定持续时间。例如(引自薄冰,2004:458):

(3)多年来我们一直在要求(着)有更好的居住条件和工作。

For years we've been demanding better housing and jobs.

(4)中国中央电视台从 1977 年起一直播放(着)英语节目。

The CCTV has been broadcasting English programmes ever since 1977.

对比例(3)和例(4)可以看出,汉语中出现表示恒量的词语(如"一直""总是"等)时,时体助词"着"可以省略,而英语的恒量则可以隐含于动词的完成体中。

避开英语动词既要体现时制又要体现时体,例(3)和例(4)的英文例子还说明,英语的进行体和完成体可以合成为完成进行体,而汉语除"过"跟"了"可以合成外,"着"跟"了"或"过"没有组合的可能性①。由于完成体具有持续特征,英语的完成进行体便有可能跟 for 引导的时间短语连用。例如:

(5)The telephone has been ringing for almost a minute.

*电话铃(一直)响着差不多一分钟了。

电话铃(一直)响着,响了差不多一分钟了。

有人把例(5)译为"电话铃响了差不多一分钟"(薄冰,2004:458),其实比较贴切的还是应该分别译为带恒量的进行体和带延续

---

① "那只花猫逮着了一只老鼠,它还曾经逮着过两只黄鼠狼"中的"着"一般认为是表结果的补语,而非表动作持续的时体助词。当然,结果造成的状态也有持续延展性。

时间的完成体①。可见，汉语和英语的进行体跟恒量之间既有对应的地方也有不对应的地方。不对应之处表现在，英语的进行体可以跟完整体整合，汉语的"着"不能跟"了"或"过"整合。我们认为，造成这一差异仍然基于以下原因：汉语凸显时体，事态严格地随着事件在时间轴上的展开而发生变化；英语凸显时制，事态可以通过观察者的外在视点来确定。

二 汉英事态的动量、时量比较

汉语和英语事态的动量有比较高的一致性，具有"可反复"特征的动词都可以有动量表达式，即通常在动词后跟动量短语，不具"可反复"特征的动词一般没有动量表达式。如汉语的"开始""结束"和英语的 begin/start、finish/end 等，通常不可以说"会议开始了三次""the meeting has begun three times"，"小王结束了两次谈话""Xiao Wang has finished his talk twice"。

汉语和英语的时量一般通过句首时量短语或动词后跟时量短语来表达。例如（引自薄冰，2004：434－435）：

（6）多年来我一直对工程学感兴趣。

For years I have been interested in engineering.

（7）这两位领导人会晤了两个小时。

The two leaders have met for two hours.

（8）他在中国进行了三天访问。

He has visited China for three days.

例（6）、例（7）和例（8）中，英语的动词都是完成体，for 引导的时量短语表示动作的持续时间，要求动词具有"续段"或"持续"特征。由于 for 引导的时量短语具持续特征，有些不具"续段"

---

① 由于"响"具有"起始"和"终结"的过程特征，"电话铃响了差不多一分钟"在一定的语境下既可以表"响"的声音持续了一分钟，也可以表"响"的声音停止后延续了一分钟。参看第五章的讨论。

或 "持续" 特征的动词尽管可以有完成体，但不可以跟 for 引导的时量短语连用。与英语不同，汉语的动词无论是否具有 "续段" 或 "持续" 特征，都可以跟时量短语连用。比较：

（9） a. The meeting has already begun.

会议已经开始了。

b. ＊ The meeting has already begun for half an hour.

会议已经开始了半个小时了。

（10） a. When Crusoe came back, the goat had already died.

克鲁索回来时，山羊已经死了。

b. ＊ When Crusoe came back, the goat had already died for some time.

克鲁索回来时，山羊已经死了一会儿了。

要使例（9b）和例（10b）合法，可以有两种手段：要么将其动词变成过去时，如 "The meeting began half an hour ago" "The goat died some time ago"；要么将动词改为相应的形容词或其他表状态的词语，如 "When Crusoe came back, the goat had been dead for some time" "The meeting has been on for half an hour"。

可见，汉语事态的时量表达式不受动词的 "续段" 或 "持续" 特征影响，采用了同一个表达式 "V + 了 + 时量短语 + 了"。如前文所述，我们认为，造成这一差异的原因仍然是：英语凸显时制，事态的时量通过观察者的外在视点来确定；汉语凸显时体，"V + 了 + 时量短语 + 了" 中时量短语的语义所指可以通过 V 在时间轴上展开时所呈现的过程特征得以确认，动词后的 "了" 并不完全对应于英语的完成体或完整体。

"V + 了 + 时量短语 + 了" 的语义所指比较复杂，很早就受到一定程度的关注（吕叔湘，1958，1951；马庆株，1981）。下文从事件过程结构出发，着重讨论造成该表达式中时量短语复杂语义所指的内在机制。

第二节 文献对动词后时量短语
语义所指的认识

动词后接时量短语构成的"V+（了）+时量短语+（了）"结构①中，时量短语的语义多指现象很早就受到人们的关注。吕叔湘（1961）曾提到："曾经有人提出一个问题：'这本书我看了三天'，意思是我看完了；'这本书我看了三天了'，意思是我还没有看完。为什么用一个'了'字倒完了，再加一个'了'字倒反而不完了呢？"并认为"这是很值得研究的一个问题"。马庆株（1981）具体探讨过这种现象，指出动词的区别性语义特征是造成动词后时量成分所指不同的主要原因。例如，"看"具［+完成，+持续，-状态］特征，"挂"具［+完成，+持续，+状态］特征，因此"看了三天了"的"三天"既可以表示"看"这一行为动作完成、实现后所经历的时间，如"那本书我早看完了，看了三天了"，也可以表示"看"这一行为动作持续的时间，如"那本书我都看了三天了，还没有看完"；"挂了三天了"的"三天"除了跟"看了三天了"的"三天"有如上相同的两种语义所指外，还可以表示由行为动作造成的"遗留状态"的持续时间，如"灯笼一直在树上挂着，都挂了三天了"，"三天"表示"挂"的动作终结后的遗留状态持续时间。

马庆株先生通过对动词语义特征的分析，较好地分解了动词后时量短语语义所指的类型，一定程度上揭示了同一动词因语义特征不同造成的时量短语的语义歧指现象。但是，动词如"看"和"挂"的

---

① 马庆株（1981）、朱德熙（1982：116）把动词加时量成分形成的结构称为述宾结构，时量成分即时量宾语。鉴于动词后的时量成分可构成多种性质不同的结构，如"浪费了三天了""等了三天了""结束了三天了"。前例的"三天"是动作的受事，结构上为宾语，中例的"三天"是动作的延续时间，结构上为补语；后例的"三天"是对"结束了"的陈述，中间可以添加"都""已经"等副词，结构上为谓语。为了便于叙述，我们以"时量短语"总称。充当宾语的时量短语表义较为明确，充当补语和谓语的时量短语则因动词过程特征的不确定性而变得较为复杂。下文主要在前人研究的基础上讨论作补语和谓语的时量短语。

上述语义特征并不是共时层面的，将它们的语义特征相并列容易使人产生逻辑上的困惑。因为"完成"和"持续"并不处于共时层面，而"状态"也具有"持续"特征。税昌锡（2006）从界性（有界、无界、跨界）特征的角度出发，认为导致"看了三天了"结构中时量短语语义歧解的原因是"看"的界性特征不易确定。"看"的界性特征跟"看"表示的动作在事件过程结构中所体现的过程特征有对应性，因此"看书"中的"看"是无界的，"看完这本书"中的"看"是有界的，由它们分别造成的"看了三天了"中的"三天"的语义所指都是明确的。但是，"看这本书"中的"看"的界性特征不确定，由此造成"看了三天了"中的"三天"存在歧解。上述认识有一定的合理性，但是却无法解释"挂了三天了"中的"三天"何以能表示动作造成的状态持续时间的原因。

动词是构成事件的基础，动词表示的行为或动作都在一维的时间轴上展开，因此可以从时间上进行量度。下文我们从事件过程结构与动词过程特征的互动关系，以及认知与功能因素的约束限制出发，对时量短语的语义多指现象进行重新解释。

第三节　动词过程特征对时量短语语义所指的制约

马庆株（1981）的研究极富启示意义。不过动词的"持续""完成"或"状态"等特征并非动词稳定的共时静态特征，而是动词表示的动作在时间流程中随事件展开的历时性动态特征。如第一章和第二章所讨论的，在时间的流程中，一个完整事件大致需经历活动起始、活动持续和活动终结三种事态（state of event），且从起始到终结是一个单向的顺递过程。活动终结即转为事件的遗留状态（吕叔湘，［1942］1990：56）。鉴于此，本书第二章概括出事件随时间展开的过程结构模式，为讨论方便重引如图 8－1 所示内容（同图 2－1、图 3－4、图 5－1、图 6－1）。

→ 活动前 ● 活动起始 → 活动持续 → 活动终结 ● 遗留状态起始 → 遗留状态持续 →

图 8 - 1   事件过程结构模式

这一模式可以码化为图 8 - 2（同图 5 - 2、图 6 - 2）。

$$→ A_0 ● A → B → C_1 ● C_2 → D →$$

图 8 - 2   事件过程结构的码化模式

也就是说，一个完整事件在时间轴上展开的全过程可以分解为三个阶段六种事态。图 8 - 2 中 A_0 表示的活动前阶段在事件动态的展开过程中不具实际意义，从 A 到 D 则依次体现了动词的过程特征跟事件动态展开过程的对应关系。

但是，并不是所有的过程动词都具有如图 8 - 2 所示的从 A 到 D 的两个阶段五种事态的完整过程特征。许多动词虽然描写活动，但其过程特征不具体，需要跟表示相应事态的动词、副词或助词结合才能明确，如"劳动"：

（11）A：劳动开始了，开始劳动了，开始了一天的劳动

　　　　B：劳动着，在劳动，在劳动着，劳动下去

　　　　C_1：劳动结束了，结束了一天的劳动

例（11A）的"劳动"具有"活动起始"的过程特征，例（11B）的"劳动"具有"活动持续"的过程特征，例（11C_1）的"劳动"具有"活动终结"的过程特征。"劳动"不具遗留状态特征，因此没有如图 8 - 2 中 C_2 和 D 对应的遗留状态阶段的表达式。

有的动词表示的行为或动作在随时间展开的过程中其活动阶段很短暂，活动瞬时终结便进入遗留状态阶段，因此在没有别的辅助性词语表明活动过程的情况下[①]，通常只有如图 8 - 2 中对应的从 C_2 到 D

---

① 常用的手段是通过添加方向性介词短语或趋向动词等来凸显这类动词的动态性特征。例如，"往沙发上躺""躺到（在）沙发上""躺下"中的"躺"都具有动态性特征。

的遗留状态阶段的表达式。具有这种过程特征的动词一般为附着或姿态动词，如"插""蹲""挂""跪""躺""贴""粘""站""坐"等。以"躺"为例：

    （12）C_2：沙发上躺了一个病人

        D：沙发上躺着一个病人（病人在沙发上躺着）

  例（$12C_2$）的"了"标示"躺"的动作终结后的遗留状态起始事态，例（12D）的"着"表示"躺"的遗留状态处于持续过程中。

  过程动词描写的行为动作都是在一维的时间轴上展开的，理论上，都跟时量短语有天然的联系。事实上，动词的过程特征或动词在事件过程结构中所处的事态对时量短语的共现会有制约作用。比较：

  （11'）A：劳动开始（了）   劳动开始（了）一天了

        B：劳动着   *劳动着一天了

        C_1：劳动结束（了）   劳动结束（了）一天了

  （12'）C_2：沙发上躺了一个病人 病人躺（了）一天了

        D：沙发上躺着一个病人 *病人躺着一天了

  例（11'B）和例（12'D）分别描写"活动持续"和"遗留状态持续"，它们呈现的是一种均匀的，没有变化的持续事态。Li 和Thompson（1981：219）、戴耀晶（1991，1997：84－88）、侯学超（1998：736）、徐丹（2004：44－45）等认为，"着"是表"持续"的时体标记，既然标记持续，理应跟时量短语相容。但是，语言事实表明，动词跟"着"组合后不能再与时量短语共现。就这一点而言，与其说"着"表"持续"，还不如说"着"表动作在特定时间内所呈现的状态，包括活动阶段的动态和"遗留状态"阶段的静态。

  综合例（11'）和例（12'）可以看出，能跟时量短语共现的动词，其过程特征可以分为三类：活动起始（A）、活动终结（C_1）和遗留状态起始（C_2）。换言之，跟如图 8－2 所示的事件过程结构模式对应的，具活动起始、活动终结或遗留状态起始三种过程特征的动词可以后接时量短语。

由于不同过程特征的动词所对应的事件过程阶段或事态的差异，时量短语的语义所指也会随动词过程特征的不同而有所不同。活动起始动词或具活动起始过程特征的动词后接时量短语时，表示活动开始后的活动持续时间，如例（11′A）的"开始（了）一天（了）"[1]；活动终结动词或具活动终结过程特征的动词后接时量短语时，表示活动终结后的延续时间，如例（11′C₁）的"结束（了）一天（了）"；具遗留状态起始特征的动词后接时量短语时，表示遗留状态的持续时间，如例（12′C₂）的"躺（了）一天（了）"。

此外，能后跟时量短语的动词一般都可以跟"了"共现，从时量短语所表示的时段意义来讲，动词后的"了"除了本身所具有的时体意义外，还起到了标记计时起点的作用（参看第五章）。

第四节　时量短语的语义歧指与动词的类

语言中大量动词的过程特征不像"开始"和"结束"那样具体而单一，其过程特征需要借助词汇手段或形态变化才能凸显。从类型学角度看，汉语属于分析型语言，这类动词主要通过添加过程特征明确的动词或时体助词"了""着"或"过"等以体现其过程特征（参看第四章），如前文例（11）和例（11′）的"劳动"，跟"开始"组合时凸显其"起始"特征，跟"结束"组合时凸显其"终结"特征，后接"着"时凸显其"持续"特征。结合图 8-2 所示的事件过程结构模式，导致时量短语语义歧指的动词主要是第四章讨论到的"强活动过程动词"[2] 和"活动过程过递遗留状态过程

---

[1] "了"在该结构中的分布及其功能差异参看税昌锡（2006）的研究。

[2] 根据第四章的讨论，"弱活动过程动词"（如"加宽""震塌""提高"）的活动起始和活动持续特征需要借助表示起始义和持续义的词语才能被激活，时量短语跟这类动词共现通常表示活动终结后的延续时间，如"马路加宽了一年了"。此外，"弱活动过程过递遗留状态动词"（如"理解""明白""熟悉"）主要体现遗留状态的一面，时量短语跟这类动词共现主要表示遗留状态的持续时间，如"熟悉了一个月了"。

动词"两类。

一 "强活动过程动词"与时量短语的语义歧指

按照第四章的讨论，强活动过程动词从时间展开的内部过程看具有起点、终点和续段三个要素，大致对应于郭锐（1993）的"双限结构"。但是，从事件的过程结构看，其过程特征并不具体，并不直接对应于事件过程结构模式中活动阶段的某一事态，因此需要跟相应的事态动词或事态助词结合其过程特征才能得以凸显。例如"看"，在"开始看""看着"和"看完"中的过程特征并不相同，分别对应于图 8 – 2 的 A、B 和 C_1。为讨论方便，下文把强活动过程动词记为 VX，其在事件过程结构中的三种事态分别记为 VXA、VXB 和 VXC_1，如图 8 – 3 所示。

$$\overbrace{}^{\text{VX}}$$
$$\rightarrow A_0 \bullet A \rightarrow B \rightarrow C_1 \bullet C_2 \rightarrow D \rightarrow$$

图 8 – 3 强活动过程动词的三种事态

强活动过程动词虽然具有潜在的终结事态，但其终结事态存在强弱差别（参考郭锐，1993）。

一些表示恒定状态的动态性活动过程动词，如"炖""烤""蒸""煮""奔跑""端坐""飞翔""漂浮"等，其终结特征较弱，后接时量短语时，通常表示动作起始（图 8 – 3 的 A）后的持续时间。例如：

（13）炖了两个钟头了

烤了一个下午了

端坐了好一会儿了

漂浮了几天了

不及物动词通常因为不能带有界名词充当宾语，以赋予其所表动作以某种有界形式而结束，终结事态也较弱，后跟时量短语时，通常被解读为动作持续的时间。例如：

（14）咳了好久了

　　　走了三天了

　　　休息了一个星期了

　　　工作了半天了

　　动作性较强的及物动词与上述两种情况不同，除了具有持续特征外，通常还要求带宾语。而宾语所表事物有有定和无定特征的差别，此时，动词后时量短语的语义所指存在两种可能，从而产生语义歧指。当宾语为无定名词时，具有无界特征，时量短语表示动作自起始事态开始后的活动持续时间，如例（15），其中的动词呈自 VXA 向 VXB 过递并处于持续事态；当宾语为有定名词时，具有有界特征，在动作呈终结事态（VXC_1）的情况下，时量短语表示动作终结后的延续时间，如例（16）。

（15）（看书）看了三天了

　　　（犁地）犁了两天了

　　　（写信）写了一天了

（16）（看了那本书）看了三天了

　　　（犁完那块田）犁了两天了

　　　（写好那封信）写了一天了

　　第七章第六节的讨论表明，名词宾语有定无定的差别导致它在"V +（了）＋时量短语 +（了）"结构中的分布也有差别（参看税昌锡，2006）。无定宾语只能出现在时量短语之后，有定宾语只能出现在时量短语之前。因此，例（15）和例（16）根据表达的需要可以变换为例（15′）和例（16′）：

（15′）看了三天书了

　　　犁了两天地了

　　　写了一天信了

（16′）看了那本书（都）三天了

　　　犁完（了）那块田（都）两天了

　　　写好（了）那封信（都）一天了

　　宾语分布的不同导致整个短语的结构也不相同，句尾"了"所作用的范围也跟着发生变化。例（15′）将无定宾语置于时量短语之后，整个结构仍然是动宾结构，句尾的"了"作用于整个动宾结构，时量短语前不能有语音停顿，也不能插入"都""已经"等副词。例（16′）将有定名词置于时量短语之前，整个结构变成了主谓结构，句尾"了"只作用于充当谓语的时量短语，且时量短语前面可以有语音停顿，或可以插入"都""已经"等副词。

　　所以，并不是所有的强活动过程动词后接时量短语都存在语义歧指，终结特征较弱的强活动过程动词后接时量短语时，通常被理解为动作持续的时间。只有终结特征较强的强活动过程动词后接时量短语时，才有动作自起始事态开始后的持续时间和动作终结后的延续时间这两种语义所指的可能。

二 "活动过程过递遗留状态过程动词"与时量短语的语义歧指

　　强活动过程动词具有随时间展开的起点、续段和终点的过程特征，这些特征跟事件过程结构的起始、持续和终结事态形成互动关系。语言里还有一类动词，除了具强活动过程动词的上述三种特征外，动词本身还具状态特征，可以描写动作结束后的遗留状态起始和持续事态。我们把这类动词称为"活动过程过递遗留状态过程动词"（参看第四章第二节）。活动过程过递遗留状态过程动词可以描写图 8-2 所示的事件过程结构模式中的所有事态，可以分别记为 VXA、VXB、VXC$_1$、VX′C$_2$ 和 VX′D，其中 VX′C$_2$ 和 VX′D 是前文强活动过程动词所没有的，如图 8-4 所示。

图 8 - 4　活动过程过递遗留状态过程动词的五种事态

图 8 - 4 中 VX 表示事件的活动过程阶段，其动词具动态特征；VX′表示活动结束后事件的遗留状态阶段，动词具静态特征。税昌锡（2008）通过考察这类动词的句法语义特性，将其描写为"活动持续过递遗留状态客体附着动词"，认为这类动词通常为客体附着动词，而附着客体在动作发生时有既成和未成的区别，因此又分为既成客体附着动词和未成客体附着动词两小类。前者如"安""摆""插""缠""盛""垫""堆""挂""裹""糊""埋""贴""装"等，后者如"画""刻""写""绣"等（参看第十章）。需要指出的是，客体是否为既成客体，会造成动词跟事件过程结构互动的差异。比较：

（17）VXA_0：小东没有/不摆鲜花

　　　　VXA：小东开始在讲台上摆鲜花了

　　　　VXB：小东在讲台上摆着鲜花

　　　　VXC_1：小东在讲台上摆了鲜花

　　　　$VX′C_2$：讲台上摆了鲜花

　　　　$VX′D$：讲台上摆着鲜花

（18）VXA_0：小芳没有/不在门帘上绣鸳鸯

　　　　VXA：小芳开始在门帘上绣鸳鸯了

　　　　VXB：小芳在门帘上绣着鸳鸯

　　　　VXC_1：小芳在门帘上绣了一对鸳鸯

　　　　$VX′C_2$：门帘上绣了一对鸳鸯

　　　　$VX′D$：门帘上绣着一对鸳鸯

例（17）的"摆"是兼具活动和状态双重特征的既成客体附着动词，"鲜花"在动作发生前就已经存在。例（18）的"绣"是兼具活动和状态双重特征的未成客体附着动词，"鸳鸯"是动作发生后出现的图像。例（17）中，从 VXA_0 到 $VX'D$ 依次描写事件过程结构的三个阶段六种事态。其中：VXA_0 描写活动前阶段，动作没有发生，在事件过程结构中不具有实际意义；VXA 至 VXC_1 描写事件的活动展开过程；$VX'C_2$ 至 $VX'D$ 描写活动终结后事件进入遗留状态阶段。

根据前文的讨论，具有活动起始 A、活动终结 C_1 和遗留状态起始 C_2 三种过程特征的动词才能后接时量短语。虽然活动过程过递遗留状态过程动词都有潜在的上述三种过程特征，但是根据宾语所表客体"既成"和"未成"特征的差别，它们跟时量短语共现的可能性又有强弱差别。比较：

（19）VXA：（小东开始在讲台上摆鲜花）都摆了一个钟头了

VXC_1：（小东在讲台上摆了一盆鲜花）都摆了一个钟头了

$VX'C_2$：（讲台上摆了一盆鲜花）都摆了一个钟头了

（20）VXA：（小芳开始在门帘上绣鸳鸯）都绣了一下午了

VXC_1：（小芳在门帘上绣了一对鸳鸯）都绣了一下午了

$VX'C_2$:?（门帘上绣了一对鸳鸯）都绣了一下午了

例（19）"摆"的遗留状态起始事态（$VX'C_2$）跟时量短语共现很自然。例（20）"绣"的遗留状态起始事态（$VX'C_2$）跟时量短语共现，难以被理解为活动终结之后遗留状态的持续时间。这种现象说明，某些未成客体附着动词虽然兼具活动持续和遗留状态特征，但其遗留状态特征较弱，不能表示稳定的遗留状态持续事态。按照构式语法的观点，前文例（18）的"绣"可以有遗留状态持续事态（$VX'D$）的相应表达式，一定程度上是整个构式影响的结果。换言之，遗留状态构式（即通常认为的"存现构式"）"方位短语＋V＋着＋名词短语"一定程度上强化了 V 的遗留状态特征。

综上所述，强活动过程动词尽管具有潜在的活动起始、活动持续和活动终结的过程特征，但是它们后跟时量短语时不一定都产生歧解，只有终结特征较强的及物性强活动过程动词后跟时量短语时才会产生二解。活动过程过递遗留状态过程动词后跟时量短语也并不一定有三解，只有兼具活动和状态特征的既成客体附着动词后跟时量短语才有三解的可能。前文第二节"挂了三天了"的"三天"语义所指有三解，原因就在于"挂"是兼具活动过程和遗留状态特征的既成客体附着动词。其"活动过程"的"起始"和"终结"特征导致"三天"被理解为活动开始后的持续时间及活动终结后的延续时间，而其遗留状态特征又促使"三天"被理解为活动终结后遗留状态的持续时间。

第五节　影响时量短语语义所指的界性因素

事件的过程结构跟动词的过程特征之间存在严格的对应关系。事件的展开具有阶段性，事件的活动阶段依次从起始事态（A）经活动持续事态（B）向活动终结事态（C_1）展开。活动终结随之进入事件的遗留状态阶段，遗留状态阶段内部又可以切分为遗留状态起始和遗留状态持续两个相继的事态。从界性［"有界"（boundedness）和"无界"（unboundedness）］角度看，活动阶段的起始事态和持续事态，以及遗留状态阶段的起始和持续事态都具有"无界"性，活动阶段的终结事态则具有"有界"性。动词的界性特征决定了时量短语是否表示动作或状态本身的持续时间，以及活动终结后的延续时间（参看第七章第四节）。比较：

（21）VXA→VXB：小张一直在挂着那幅油画，都挂了两天了，还没挂上。

VXC_1：彩灯早挂好了，都挂了两天了。

VX′C_2→VX′D：大红灯笼一直在门上挂着，都挂了两天了。

例（21）VXA→VXB 和 VX′C₂→VX′D 两种持续事态具有无界特征，动词"挂"后所接时量短语"两天"分别表示活动或遗留状态的持续时间。VXC₁表示终结事态，具有有界特征，动词"挂"后所接时量短语"两天"表示活动终结后的延续时间。

例（21）反映的是动词在事件过程结构中的界性特征跟时量短语语义所指的互动关系。不仅如此，及物性"强活动过程动词"和"活动过程过递遗留状态过程动词"后接名词构成的动宾结构，也存在类似界性差异对时量短语语义所指的制约问题。根据上述动词构成的动宾结构内部组成成分的界性特征的不同，由它们构成的动宾结构存在以下四种类型：

型一：$VX_{(无界)} + NP_{(无界)}$，如：读书　看表演　挂地图

型二：$VX_{(无界)} + NP_{(有界)}$，如：读《红楼梦》　看一场表演　挂那幅地图

型三：$VX_{(有界)} + NP_{(无界)}$，如：读了书　看了表演　挂了地图

型四：$VX_{(有界)} + NP_{(有界)}$，如：读完《红楼梦》　看了一场表演　挂了那幅地图

型一的 VX 是无界动词，NP 泛指无定事物，也具相对无界性，因此整个动宾短语"$VX_{(无界)} + NP_{(无界)}$"也是相对无界的（沈家煊，1995，2004）。跟型一相比，型二的 NP 确指有定事物，具有"有界"特征，但由于 VX 的无界性使得整个动宾短语"$VX_{(无界)} + NP_{(有界)}$"的有界特征减弱，导致其界性特征有时候不容易被确定。型一和型二的这种差别在时量短语的语义所指上也有体现。比较：

（22）（读书）读了半年了

　　　（挂地图）挂了一会儿了

　　　（看新闻）看了两个钟头了

（23）（读《红楼梦》）读了半年了

（挂城区地图）挂了一会儿了

（看国际新闻）看了两个钟头了

在时量短语所表示的活动展开大致所需要的时间范围之内，例（22）表示活动持续的时间，不容易被理解为活动终结后的延续时间。例（23）存在歧解，既可以理解为活动持续的时间，也可以理解为活动终结后的延续时间。比较例（24）和例（25）：

（24）a.（读书）读了半年了，还没读完。

　　　b. *（读书）读了半年了，内容都快忘记了。

（25）a.（读《红楼梦》）读了半年了，还没读完。

　　　b.（读《红楼梦》）读了半年了，内容都快忘记了。

型三和型四的 VX 跟表示终结事态的词语结合后凸显终结事态，后接时量短语表示活动终结后的延续时间，前文例（16）和例（16′）已有所讨论。又如：

（26）（读了书）① 读了半年了

　　　（挂了地图）挂了一会儿了

　　　（看了新闻）看了两个钟头了

（27）（读完《红楼梦》）读了半年了

　　　（挂好那幅地图）挂了一会儿了

　　　（看了那场表演）看了两个钟头了

也就是说，型三和型四中，NP 的界性特征并不影响时量短语的语义所指。

---

① 持"动作有界标志"论的学者认为，"了"跟动词共现其后所跟宾语需是有界名词。语言事实表明，宾语的"有定"性才是该类结构成立的必要条件。设想过节之前，单位给员工发了一箱苹果，第二天同事见面，可以说："昨天我吃了苹果，味道还不错。"这里无须交代到底是吃了一个苹果，还是许多苹果。参看尚新（2007：51）的讨论。

第六节 认知图式对时量短语语义
所指的导向作用

根据上文的讨论，及物性"强活动过程动词"和"活动过程过递遗留状态过程动词"构成的"VX$_{(无界)}$ + NP$_{(有界)}$"型动宾短语，在事件过程结构活动阶段的界性特征不具体，后跟时量短语的语义所指存在歧解。不过，这种情况可以通过认知图式的导向作用在一定程度上得以化解。

由于认知图式的导向作用，由"VX$_{(无界)}$ + NP$_{(有界)}$"短语造成的"VX$_{(无界)}$ + 了 + 时量短语 + 了"结构中，VX$_{(无界)}$后时量短语的所指歧义，可能会因时量短语所表示的时间值跟完成该活动实际所需时间之间存在着不同的时间差，而使时量短语的所指歧义产生歧义度强弱的差别。比较：

（28）（小张读《三国演义》）读了两个小时了　读了两个星期了　读了两年了

（老王写事故调查报告）写了两个小时了　写了两个星期了　写了两年了

（学生听王教授演讲）听了半个小时了　听了两个小时了　听了两个月了

（公司挂公益广告牌）挂了半个小时了　挂了两个小时了　挂了两个月了

例（28）中间一列的时量短语表示通常情况下完成该活动大致所需要的时间，往左将时间值向缩小的方向延展，往右将时间值向扩大的方向延展。通常情况下，时间值越是向缩小的方向延展，时量短语越有可能表示活动持续的时间，因为在人们的认知图式里，《三国演义》不可能在两个小时内读完。与之相反，时间值越是向扩大的方向延展，时量短语越有可能表示活动终结后的延续时间，因为在人们的认知图式里，除非特殊情况，《三国演义》读两年总该早已读完了，余例类似。例（28）中间一列的时量短语因为处于跨界状态，在缺乏语境篇章约束的情况下，其语义所指具有歧解的可能性也在增大。

第七节 语境篇章对时量短语语义 所指的微调功能

例（28）中间一列"（小张读《三国演义》）读了两个星期了""（老王写事故调查报告）写了两个星期了""（学生听王教授演讲）听了两个小时了""（公司挂公益广告牌）挂了两个小时了"，这些句子孤立地看，是不容易断定时量短语的语义所指的，既可以理解为活动持续的时间，也可以理解为活动终结后的延续时间。但是，除非特殊情况，交际活动中的话语一般应尽量避免歧义的存在，否则无法交流思想。

其实，当认知图式无法完成表达和理解上的导向作用时，另有两个结构以外的因素可以起到微调的功能。一是语境，包括言谈双方共有的背景知识等。例如，言谈双方在"读《三国演义》"的活动终结两个星期之后重谈读《三国演义》的事，或者言谈双方正谈论"读《三国演义》"的进展情况，都可以说"（读《三国演义》）读了两个星期了"。无论是前一种情况还是后一种情况，二者的语义所指都是明确的。

另一种能起微调功能的是篇章或上下文。例如：

（29）a. （读《三国演义》）读了两个星期了，估计再过两天才能读完。

b. （读《三国演义》）读了两个星期了，总算读完了。

c. （读《三国演义》）读了两个星期了，多数情节还记得很清晰。

例（29a）和例（29b）的"两个星期"是"读《三国演义》"这一活动持续的时间，所不同的是，前者的活动仍将继续下去，后者不再继续。例（29c）的"两个星期"通常被理解为活动终结后的延续时间。

动词的过程特征随事件过程的展开而发生改变，动词后时量短语的语义所指也随动词过程特征的改变而发生变化。通过本章的讨论，可以得出下述结论。

第一，事件过程结构中的活动起始、活动终结和遗留状态起始三种事态跟时体助词"了"有共现关系，如"开始了一天的劳动""结束了一天的工作""墙上挂了一幅画"。这三种事态无论是开始还是终结都处在时间的延续过程中，因此都可以后接时量短语表示活动或状态以及活动结束后在时间轴上的延展时间，如"讨论开始了一会儿了""劳动结束了一天了""墙上那幅画都挂了一天了"，其中的"了"具有标记计时起点的功能。

第二，时量短语的语义所指受动词过程特征的约束。活动起始动词后接时量短语表示活动起始后的活动持续时间；活动终结动词后接时量短语表示活动终结后的延续时间；动词的过程特征体现为遗留状态起始时，其后的时量短语表示遗留状态起始之后状态的持续时间。具有单一"起始""终结"或"遗留状态"过程特征的动词，以及具有弱终结特征的过程动词，当它们后接时量短语时，其所指通常是明确的。具强起始和终结特征的及物性过程动词随事件过程的展开可以描写事件的起始、持续和终结三种事态，这类动词后接时量短语时有二解的可能，既可以表活动持续的时间，也可以表活动结束后的延续时间。活动过程过递遗留状态过程动词除具有强活动过程动词的三种过程特征之外，动词本身随活动终结还可以转化为遗留状态，后接时量短语时，除具有强活动过程动词的上述两种歧解外，还可以表遗留状态开始后的状态持续时间。

第三，时量短语的语义所指跟动词的界性特征也有关系。无界动词后接时量短语表示活动开始后的活动持续时间；有界动词后接时量短语表示活动终结后的延续时间。动词的界性特征不明确时，后接时量短语的语义所指存在歧解。这种歧义在一定程度上受认知图式的约束，当认知图式无法完成对时量短语语义所指的导向作用时，语境或篇章在一定程度上可以起到微调的作用，从而促使歧义的化解。

第九章　事件过程与动词的动位范畴[*]

一切事物都以时间和空间为其存在的前提和条件。第一章至第八章，我们用了大量的篇幅讨论了事物运动的时间属性，本章和第十章，我们将讨论事物运动的空间位置属性。

通常情况下，谈及"空间位置"时，人们往往将其与具体事物相关联，如"钢笔在桌子上"，"在桌子上"即表明具体事物"钢笔"的位置。其实，事物无论具体还是抽象，都与"空间位置"存在着紧密的联系。

动词表示的动作在随时间展开的过程中，其"空间位置"属性也会呈现出不同的特征。本章从汉英动词动位特征的类型学差异着手，重点讨论汉语动词的动位范畴，以此为基础，对造成汉英动词动位特征差异的原因进行概括和总结。

第一节　汉英动词的动位特征及其类型学差异

表示事物相对静止的空间位置，汉语一般用"在"加处所词语，英语用"in""at""on"等介词加处所词语，如"书在桌子上""The book is on the desk"中的"在桌子上"和"on the desk"。表示动作的位置，汉语用"在"，英语用"in""at""on"等构成的介词短语跟

---

[*] 本章主要内容以"动词的动位范畴"为题发表于《汉语学习》2009 年第 4 期。编入本书时有较多修改和增补。

动词组配成修饰语和中心语。类型学的研究成果表明，修饰语和中心语组合存在修饰语在前和修饰语在后两种位序（Hopper & Traugott，1993：50 - 56），英语属于后者。因此，以英语为母语的汉语学习者碰到"在"字短语（下文以"在 LocP"表示）作修饰语时，常常出现动词与"在 LocP"位序排列上的偏误。例如（引自任长慧，2001）：

> （1） *屋子太小了，所以我喜欢看书在图书馆。
>
> The room is too small, therefore I like to read in the library.

实际言语活动中，例（1）汉语一般说成"屋子太小了，所以我喜欢在图书馆看书"。也就是说，例（1）的"在图书馆"应该前置于"看书"。但是，汉语的"在 LocP"句法位置比较灵活，不仅可以位于动词前面，还可以位于动词后面，即句法位置两可，如例（2），也有只能置于动词后面的，如例（3）。

> （2） 跳在讲台上　　在讲台上跳
> 　　　记在本子里　　在本子里记
> 　　　盖在桌子上　　在桌子上盖
> （3） 倒在路上　　　*在路上倒
> 　　　掉在池塘里　　*在池塘里掉
> 　　　落在地面上　　*在地面上落

吕叔湘（[1942] 1990：199 - 200）注意到，"在 LocP"出现在动词前后意思并不相同："方所词在前，表示先已到此境地而后有此动作"，"方所词在后，表示先有此动作而后有此境地"。这种认识后来被一些学者概括为"时间顺序原则"（戴浩一，1988）或"临摹原则"（谢信一，1991）。石毓智（2002）据此进一步提出现代汉语句子组织信息的原则是：伴随特征 + 谓语中心 + 结果状态。也就是说，谓语中心语前面的"在 LocP"具有"伴随"的语义特征，后面的"在 LocP"具有"结果状态"的语义特征。

　　将上述情况放在第二章建立的"事件过程结构模式"上考察的话，将会发现，"在 LocP"位于动词之前表示的是活动展开时的位置，位于动词之后表示的是活动终结后的终点或附着位置。

　　但是，如例（1）、例（2）和例（3）所示，"在 LocP"并非都能自由地出现在谓语中心语的前面或者后面。语言事实表明，有的"在 LocP"只能出现在谓语中心语前面，不能出现在谓语中心语后面，记为 M_1 式；有的只能出现在谓语中心语后面，不能出现在谓语中心语前面，记为 M_2 式；有的可以有条件地出现在上述两种位置。"在 LocP"的这种句法位置跟动词中心语（下文以 V 表示）空间位置的语义类型相关。可以码化如下：

　　　　V_1：$M_1 \vee * M_2 = [$ 在 LocP $+ V_1 +$（NP）$] \vee * [V_1 +$ 在 LocP $+$（NP）$]$

　　　　V_2：$* M_1 \vee M_2 = * [$ 在 LocP $+ V_2 +$（NP）$] \vee [V_2 +$ 在 LocP $+$（NP）$]$ ①

　　　　V_3：$M_1 \vee M_2 = [$ 在 LocP $+ V_3 +$（NP）$] \vee [V_3 +$ 在 LocP $+$（NP）$]$

　　也就是说，V_1 没有 M_2 式，V_2 没有 M_1 式，V_3 兼有 M_1 式和 M_2 式。

　　朱德熙《"在黑板上写字"及其相关句式》（1981）发表后，引起了一场围绕该句式的讨论，如范继淹（1982）、邵敬敏（1982）、沈家煊（1999）、俞咏梅（1999）等。他们从方法论上为如何运用变换和认知分析来揭示汉语的歧义现象作出了探索，同时也归纳出了一

---

　　① 　NP 也可以置于 V 和"在 LocP"之间，组成"V ＋（NP）＋在 LocP"构式。沈家煊（1999）认为，二式的不同仅在于动作和客体抵达某处所的过程的差异，置于"在 LocP"后表示动作和到达是一个统一的过程，置于 V 和"在 LocP"之间表示动作和到达是两个分离的过程。我们认为，造成这种差异的原因是，"在 LocP"不仅可以表示物体所处的空间位置，还可以表示动作行为展开过程所关涉的空间位置，即本章的"动位"。"V ＋ 在 LocP ＋（NP）"中的"在 LocP"是 V 关涉的空间位置，所以整个结构表示一个统一的过程；"V ＋（NP）＋在 LocP"中的"在 LocP"是动作完成后 NP 所处的空间位置，所以整个结构表示两个分离的过程。本章的讨论主要涉及前者。

些具有启示意义的结论。崔希亮（1996）和齐沪扬（1998）分别从动词的语义、配价、论元，以及语义、句法、语用之间的互动关系对该句式进行了全方位的研究。储泽祥（1998）讨论了动词的空间适应性情况，指出动作的主要特征虽然是占据时间，但也要占据空间。他认为，虽然空间不是动作的主要特征，但并不意味着动作与空间的关系松散；动词在空间适应能力方面存在着不平衡性，这种不平衡性归根到底是由动词本身、由动词造成的活动决定的。

"在 LocP"通常表示事物所处的空间位置[①]，下文在储泽祥（1998）动词空间性特征观点的基础上，讨论动词的"动位范畴"，并以此为出发点，讨论动词的动位特征对"在 LocP"位序的约束和限制。

第二节　动位范畴与有位动词

"动位范畴"是动作发生时，跟表空间位置的处所论元相关的特性，"有位动词"的动作需要在一定的空间位置展开。"动位范畴"与动词的空间属性相关，在动词的语义表达中有特殊作用。

一　动位范畴和动向范畴

空间和时间是事物存在的方式。认知领域中，空间和时间是人类语言从观念上把握情景和事件的最重要的两个领域。名词与空间性特征有关，被定义为截取（to profile）事物（thing）；动词与时间性特征有关，被定义为截取过程（process）（参看张国宪，2000）。动词的时间特征跟动词的时体有关，同时动词又通过过程特征反映事物运动的轨迹。事物的运动必定在一定的空间进行，因此动词也有空间性特征。跟名词比较，动词的空间特征除了体现为活动发生的空间位置

---

① "空间位置"是一个概括性的概念，可以是通过外感觉器官感知的具体的空间位置和状态环境等，也可以是不能通过外感觉器官感知的表达抽象意义的条件、范围、过程、方面、时间等。后者可以认为是前者的隐喻用法。本章主要讨论前者，参看崔希亮（1996）的研究。

外，根据动词概念意义的要求还有空间运动方向的表现。张国宪
（2000）把后者概括为动词的"动向范畴"，并根据动词能否进入下
列句法槽作为鉴别有向动词和无向动词的形式标准，如图 9-1 所示。

$$动向槽：NP_1 + 向 LocP + \underline{\hspace{2cm}} + （NP_2）$$

图 9-1 张国宪（2000）动向槽

跟张国宪（2000）"动向范畴"对应，我们把动作发生时跟表空
间位置的处所论元相关的特性称为动词的"动位范畴"。表附着或置
放的动词对处所论元有强制性匹配要求。例如，在没有明确语境或上
下文照应的情况下，交际时如果只介绍"他在放存折"，听话人会感
觉语义不全，只有类似于"他在保险柜里放存折"这种句子才能表
达相对完整的意思。不仅附着或置放动词如此，一般的行为动词，对
处所论元的要求也不是可有可无的。例如"老李在劳动"和"老李
在田间劳动"，在缺乏语境和上下文的情况下，前句的语义不及后句
完整。可见，动位范畴在动词语义的表达中有着特殊的作用。

二 有位动词和无位动词

根据上文的讨论，我们把需要在一定的空间位置展开动作的动词
称为"有位动词"。汉语通常拿介词"在"引介表处所的名词，构成
"在 LocP"短语以表示动作随时间展开的位置。根据动词动位特征的
不同，"在 LocP"可以有条件地出现在动词前后两个位置，因此可以
用下列两种句法槽作为鉴别有位动词和无位动词的形式标准，如
图 9-2所示。

$$动位槽一：（NP_1） + 在 LocP + \underline{\hspace{2cm}} + （NP_2）$$
$$动位槽二：（NP_1） + \underline{\hspace{2cm}} + 在 LocP + （NP_2）$$

图 9-2 动位槽

能够进入两种动位槽之一的动词是有位动词，不能进入的是无位
动词。有位动词不一定都有动向特征，如"安装""操作""工作"

"思考"等，这些动词虽有动位特征但无动向特征，因此不能进入动向槽。有向动词一般都有动位特征，不但能够进入动向槽，而且至少能够进入一种动位槽。例如：

　　（4）飞：向南飞　　在天上飞

　　　　　出发：向着既定目标出发　　在上海出发

　　　　　搬：向教室里搬椅子　　在教室里搬椅子　　搬在教室里几把椅子①

　　前者可称为"有位无向动词"，后者可称为"有位有向动词"。可见，就范围而言，动位范畴要大于动向范畴。

　　跟动向范畴类似，并非所有的动词都有动位特征。表属性或关系的动词本身不占有空间，因此既不具动向特征也不具动位特征，常见的如"是""加以""具有""例如""面临""认为""作为""等于""位于""属于""能够""应该""值得"等。在"老王在学校是校长，在公司是经理"这个句子中，"在学校"和"在公司"是"老王是校长"和"（老王）是经理"两个命题所反映社会关系的社会环境，一般不能单说"在学校是""在公司是"。

　　不过，即使是表事件过程的动词，如果动词的动位特征较弱，则其跟处所论元"在 LocP"组合的可能性也较弱。例如"开始""开幕""闭幕""结束""灭亡""着手"等，这些动词的时间特征强于空间位置特征，因此它们对表时间词语的共现要求要强于表空间位置的词语。比较：

　　（5）大会于前天下午五时开始。

　　　　　? 大会于前天下午五时在议事大厅开始。

　　　　　?? 大会于议事大厅开始。

---

　　① 不能说"搬在教室里椅子"。根据沈家煊（1995）的研究，动词跟处所短语后整个短语是"有界"的，要求所跟宾语也是有界的。

（6）调查工作于三天前结束。

？调查工作于三天前在花溪村结束。

？？调查工作在花溪村结束。

例（5）和例（6）的"开始"和"结束"具有较强的时间特征而空间位置特征较弱，句中出现处所词语时，反而累赘；反之，如果没有与之匹配的时间词语，句子的语义却显得不完整。

三 有位动词的分类

根据前文的分析，"有位无向动词"没有动向特征，因此"在LocP"跟它们组合时，表示动作行为发生时的定点位置。

"有位有向动词"根据动位特征的差异，还可以分为"位移动词"和"附位动词"。前者有潜在的起点和终点，"在 LocP"跟它们组合时，表示动作行为发生时的起点或终点位置；后者无所谓起止点，当"在 LocP"跟它们组合时表示动作行为发生时的附着位置。

因此，根据"在 LocP"跟有位动词组合时的空间位置特征［±定位］、［±起位］、［±终位］、［±附位］的对立可以对有位动词进行分类。

（一）定位动词

动词及其相关论元表示的事件在某一空间位置展开，动词所表示的动作既不能使相关论元发生位移，也不能使相关论元附着于某一处所。"在 LocP"跟这类动词组合时凸显动词的定位特征，如"在工厂参观""在农场实习""在田间劳动"，我们把这类动词称为"定位动词"。常见的定位动词如"读书""访问""劳动""视察""搜查""跳舞""演讲""工作"等，下文记为 Va，其动位特征可以描写为：Va［＋定位，－起位，－终位，－附位］。

（二）位移动词

所表动作致使相关论元发生位移的动词叫做"位移动词"。事物的位移涉及位移的路径及其起点位置和终点，因此位移动词一般都能进入"从……经……到……"格式。但是，"在 LocP"表示事物所处的位置，而事物及其位置之间的关系具有相对稳定性，因此"在LocP"跟位移的路径没有直接联系，且当其跟位移动词组合时，只能或表起点位置，或表终点位置。换言之，起点位置和终点位置不能并存。下文将位移动词记为Vb，根据是否涉及起点位置和终点位置，Vb又可分为"起位动词""终位动词"和"双位动词"三类。

"起位动词"即动词表示的动作说明相关论元从某处离开，且不指向可能的终结点。"在LocP"跟起位动词组合时表示动作行为发生时的起点位置，如"在白云机场起飞""在一号码头起航"。常见的起位动词还有"出发""升起""起步""起跳"等，下文记为Vb_1，其动位特征可以描写为：Vb_1〔＋起位，－定位，－终位，－附位〕。

"终位动词"即动词表示的动作说明相关论元抵达某处。"在LocP"跟终位动词组合时表示动作行为完结后的终点位置，如"倒在马路上""掉在油锅里""落在池塘里"。常见的终位动词还有"丢""降""扔""丢弃""遗弃"等，下文记为Vb_2，其动位特征可以描写为：Vb_2〔＋终位，－附位，－起位，－定位〕。

"双位动词"即动词表示的动作既涉及起位又涉及终位，换言之，"在LocP"跟双位动词组合时既可以表示动作行为的起点位置，又可以表示动作行为的终点位置。但是，根据事物位置的相对稳定特征，以及起点位置和终点位置不可能并存的原则，双位动词一般不能同时跟起位"在LocP"和终位"在LocP"组合。比较：

(7) a. ＊在教室里搬椅子在操场上。

　　b. 从教室里搬椅子到操场上。

例（7b）的"从……到……"反映"搬"的动态位移过程，因此句子合法。不过，例（7a）可以分别说成"在教室里搬椅子"和"搬椅子在操场上"，前者的"在教室里"是"搬"的起位，后者的"在操场上"是"搬"的终位。常见的双位动词还有"跳（跳跃）""舀""捞""运"等，下文记为Vb_3，其动位特征可以描写为：Vb_3〔＋起位，＋终位，－附位，－定位〕。

（三）附位动词

所表动作致使相关论元附着于某一空间位置的动词叫做"附位动词"。所谓附着，是指动词表示的动作完结后本身转化为相应的附着状态。这也是附位动词跟位移动词等其他非附位动词的主要区别。比较：

（8）丹丹在墙上捉了几只蜘蛛。

＊墙上捉了几只蜘蛛。

＊墙上捉着蜘蛛。　　＊蜘蛛在墙上捉着。

（9）彤彤在墙上贴了一张年画。

墙上贴了一张年画。

墙上贴着年画。　年画在墙上贴着。

例（8）的"捉"不是附位动词，动作完结后不能转化为相应的附着状态。例（9）描述了"贴年画"这一附着事件的不同阶段或过程，尽管第一句的"贴"凸显附着动作，后两句的"贴"凸显动作完结后的附着状态，"墙上"都是附着位置。常见的附位动词还有"摆""编""穿""戴""雕""蹲""放""挂""跪""刻""躺""写""绣""粘""织""住""坐"等，下文记为 Vc，其动位特征可以描写为：Vc［＋附位，－定位，－起位，－终位］。

根据上文的讨论，我们得到"有位动词"的如下分类系统，见表 9-1。

表 9-1　　　　　　　　　　**有位动词的类型**

类型		动位特征				例词
		［定位］	［起位］	［终位］	［附位］	
V［动位］	Va	＋	－	－	－	劳动，学习，研究，工作
	Vb Vb₁	－	＋	－	－	出发，启程，起飞，起航
	Vb₂	－	－	＋	－	倒，掉，落，丢失，遗失
	Vb₃	－	＋	＋	－	搬，拔，跨，捞，跳，舀
	Vc	－	－	－	＋	背，挂，跪，躺，贴，坐

动位范畴反映事物运动过程中某一特定阶段的相对稳定的位置属性。从表9-1中可以看出,"定位"动词没有"起位""终位"和"附位"特征,"附位"动词没有"定位""起位"和"终位"特征。"起位"和"终位"是位移运动的起点和终点位置,但具有"起位"特征的动词不一定都具有"终位"特征,反之,具有"终位"特征的动词也不一定都具有"起位"特征。双位动词虽然具有"起位"和"终位"双重特征,具体的句子中却只能体现其中一项特征。

第三节 动词动位特征对处所短语位序的制约

动位特征不同的动词对前文所述两种动位槽的适应性不尽相同,因此对"在 LocP"的同现位序也起到了一定的制约作用。

一 位在动前模式

只能进入动位槽一构成 M_1 式,而不能进入动位槽二构成 M_2 式的动词,有定位动词 Va 和起位动词 Vb_1 两类。例如:

	M_1	M_2
Va:	在田间劳动	*劳动在田间
	在教室读书	*读书在教室
	在山上唱歌	*唱歌在山上
	在工地采访	*采访在工地
Vb_1:	在杭州出发	*出发在杭州
	在杭州启程	*启程在杭州
	在香港起飞	*起飞在香港
	在三号码头起航	*起航在三号码头

Va 类动词进入 M_1 式,可以带上不同的时体意义。有的可以跟持续体助词"着"共现表动作的持续,如"在田间劳动着""在教室读着书";有的表惯常行为,如"在煤气公司上班""在山区成长";有

的表已经完成或过去的行为，如"他在旅行社订了一张机票""他在农村锻炼过"（参看郭锐，1997）。Vb_1 进入 M_1 式，由于受起位动词 Vb_1 本身的语义限制只能表达起始意义。

"在 LocP"跟 Vb_1 类动词共现时，位序上尽管受到跟 Va 类动词相同的限制，二者的语义差别却是明显的。这种语义差别主要源于 Vb_1 具有位移特征而 Va 不具位移特征。从位移角度看，Vb_1 为位移起点动词，因此"在 LocP"可以替换为"从 LocP"，如"从广州出发""从香港起飞"；Va 因不具位移特征，所以"在 LocP"不能替换为"从 LocP"。

综上所述，在有位动词中，Va 或 Vb_1 跟上文格式约束式中 V_1 所受的约束限制相同。换言之，V_1 实际涉及两类动词，即：$V_1 = Va \vee Vb_1$。

二 位在动后模式

只能进入动位槽二构成 M_2 式，不能进入动位槽一构成 M_1 式的动词，只有终位动词 Vb_2。例如：

	M_1	M_2
Vb_2：	＊在池塘里掉	掉在池塘里
	＊在地上落	落在地上
	＊在教室里丢失	丢失在教室里
	＊在路边遗弃	遗弃在路边

Vb_2 不能构成 M_1 式，但能构成 M_2 式，且可以跟时体助词"了"共现，如"（树叶）掉在了池塘里""（苹果）落在了地上"。这说明 M_2 式里的动词都有"完结"语义特征，通常描述活动的终结事态①。

---

① 一些书面语色彩较浓的动词如"凌驾""作用""着重"等也属于此类，它们后面常跟"于"字短语而不大跟"在"字短语，可以认为是古汉语句式的遗留，如"凌驾于组织之上""着重于当前的问题"。参看侯敏（1992）的研究。

从动态位移的角度看，Vb_2 表示动作向终点靠近并最终抵达终点，因此可以有"往 LocP + Vb_2"和"Vb_2 + 到 LocP"等动态表达式，如"往池塘里掉""掉到池塘里"。

综上所述，在有位动词中，只有 Vb_2 跟上文格式约束式中的 V_2 所受的约束限制相同，即：$V_2 = Vb_2$。

三 位在动前、动后两可模式

既能进入动位槽一构成 M_1 式，又能进入动位槽二构成 M_2 式的动词，有双位动词 Vb_3 和附位动词 Vc 两类。例如：

	M_1	M_2
Vb_3：	在汽车上搬	搬在汽车上
	在岸上跳①	跳在岸上
	在锅里捞	捞在锅里
	在盘里抓	抓在盘里
Vc：	在炕头上坐（下）	坐在炕头上
	在墙上贴	贴在墙上
	在黑板上写	写在黑板上
	在树上挂	挂在树上

双位动词 Vb_3 进入 M_1 式，"在 LocP"表位移的起点位置，进入 M_2 式，"在 LocP"表位移行为结束后的终点位置。因此，相同的"在 LocP"进入 M_1 式和 M_2 式，空间位置义存在着很大差别。例如"在汽车上搬"和"搬在汽车上"，前句的"在汽车上"是"搬"的起点位置，后句的"在汽车上"是"搬"的终点位置。从位移的角度看，Vb_3 表相关事物从起点到终点转移，M_1 式的"在"可以替换为"从"，如"从汽车上搬""从岸上跳"；M_2 式的"在"可以替换为

----

① "跳"主要有"跳动"和"跳跃"两个义项，前一义项的"跳"属于 Va 类，这里的"跳"取后一义项。显然，"跳"进入 M_1 式会产生歧义。

"到"，如"搬到汽车里""跳到岸上"。同时，M_1式还可以有"往 LocP + Vb_3"的动态表达式，如"往汽车上搬""往岸上跳"。

附位动词 Vc 进入 M_1 式，"在 LocP"表该附着动作发生时的附着位置，进入 M_2 式，"在 LocP"表附着动作完结后的附着位置。因此，相同的"在 LocP"进入 M_1 式和 M_2 式，空间位置义保持不变。例如"在黑板上写"和"写在黑板上"，尽管"在黑板上"的位序不同，但都是"写"的附着位置。尽管 Vc 不像位移动词那样有明确的起点或终点，但是附着活动具有方向性。从动向的角度看，附位动词也可以有"往 LocP + Vc"和"Vc + 到 LocP"等动态表达式，例如"往炕头上坐下""往墙上贴"，"坐到炕头上""贴到墙上"。

综上所述，在有位动词中，Vb_3 或 Vc 跟上文格式约束式中的 V_3 受到相同的约束限制。换言之，V_3 实际涉及两类动词，即：$V_3 = Vb_3 \lor Vc$。

第四节　位在动前的语义多向性及其跟位在动后的转换限制

前文的讨论表明，定位动词和起位动词只能进入 M_1 式，终位动词只能进入 M_2 式，双位动词和附位动词既可以进入 M_1 式又可以进入 M_2 式。可见，就双位或附位动词而言，随着动作发生时的起点位置或附着位置向动作结束时的终点位置或附着位置转换，与之对应的表达式 M_1 式也可能随之转换成 M_2 式。换言之，M_1 式和 M_2 式的"在 LocP"实际表达了一个完整事件的不同过程所处的空间位置，M_1 式描写事件的起始或活动过程起始的空间位置，M_2 式描写事件终结过程的空间位置。

上文的讨论主要涉及动词的动位特征对"在 LocP"位序的制约关系。事实上，一切事物都以特定的空间和时间为其存在条件，"在 LocP"不仅可以表示动作行为发生时的空间位置，还可以表示物体（包括抽象事物）本身所处的空间位置。因此，就双位动词和附位动词而言，M_1 式是否可以转换为 M_2 式，还要受到双位动词和附位动的位移对象或附着对象是主体还是客体，以及"在 LocP"语义指向的双重制约。"在 LocP"的语义指向可以根据双位动词和附位动词涉及的对象是主体还是客体分为两种情形。

一 主体双位动词和主体附位动词

双位动词和附位动词的位移对象或附着对象是动作主体的时候，"在 LocP"也指向主体。随着位移动作空间位置从起点向终点，或随着附着动作发生时的附着位置向附着动作结束时的附着位置转换，由它们构成的 M_1 式也随之转换为 M_2 式。例如"彤彤在岸上跳"和"彤彤跳在河里"，前句是 M_1 式，"在岸上"是"跳"的起点位置，后句是 M_2 式，"在河里"是"跳"的终点位置。又如"小张在草地上坐下"和"小张坐在草地上"，前句是 M_1 式，"在草地上"是动作"坐"发生时的附着位置，后句是 M_2 式，"在草地上"是"坐"的动作终结后的附着位置。

二 客体双位动词和客体附位动词

双位动词和附位动词的位移对象或附着对象是动作客体的时候，"在 LocP"进入 M_1 式其空间位置义比较复杂，至少存在三种可能。

其一，"在 LocP"的语义专指主体时，"在 LocP"并非双位动词或附位动词的实际起位或附位。

在这种情形下，双位动词构成的 M_1 式仍然成立，M_2 式的合法性可疑。附位动词只能构成 M_1 式，不能构成 M_2 式。例如：

（10）玲玲在厨房里捞肉丸。　? 玲玲捞在厨房里几粒肉丸。
　　　芳芳在宿舍里抓花生。　? 芳芳抓在宿舍里几把花生。
　　　圆圆在餐馆里取饮料。　? 圆圆取在餐馆里几瓶饮料。
（11）佳佳在屋里搽雪花膏。　* 佳佳搽在屋里一些雪花膏。
　　　莹莹在阳台上绣梅花。　* 莹莹绣在阳台上几朵梅花。
　　　彤彤在教室里别校徽。　* 彤彤别在教室里一枚校徽。

其二，"在 LocP" 的语义专指客体时，"在 LocP" 同时也是双位动词或附位动词的实际起位、终位或者附位。

在这种情形下，双位动词和附位动词都可以构成 M_1 式，也可以构成 M_2 式。受动词位移特征的影响，双位动词构成的 M_1 式中 "在 LocP" 是位移的起点位置，M_2 式中的 "在 LocP" 是位移的终点位置；附位动词构成的 M_1 式或 M_2 式，其 "在 LocP" 都是附着动作的附着位置，但前者凸显附着动作的过程，后者凸显附着动作的结果（参看第三节）。试跟例（10）和例（11）比较：

（12）玲玲在汤锅里捞肉丸。　玲玲捞在汤锅里几粒肉丸。
　　　芳芳在盘子里抓花生。　芳芳抓在盘子里几把花生。
　　　圆圆在冰箱里取饮料。　圆圆取在冰箱里几瓶饮料。
（13）佳佳在脸上搽雪花膏。　佳佳搽在脸上一些雪花膏。
　　　莹莹在领子上绣梅花。　莹莹绣在领子上几朵梅花。
　　　彤彤在书包上别校徽。　彤彤别在书包上一枚校徽。

其三，M_1 式的 "在 LocP" 的语义指向因语境因素变得很复杂，使 M_1 式和 M_2 式的转换关系也变得很复杂。例如：

（14）a. 芳芳在货架上取包裹。
　　　b. 丹丹在梨树上喷农药。
　　　c. 冬冬在汽车上涂油漆。

例（14a）的 "取" 是客体双位动词，例（14b）的 "喷" 和例（14c）的 "涂" 是客体附位动词。根据不同的语境，它们可能分别表达三种不同的意思。以例（14c）为例，当 "在汽车上" 专指 "冬冬" 的时候，即 "冬冬" 站在汽车上往别的物体上涂油漆，这种情况下不能转换为 M_2 式；当 "在汽车上" 专指 "油漆" 的时候，即 "冬冬" 站在汽车附近往车身上涂油漆，这种情况下可以随动作 "涂" 的完结转换为 M_2 式；当 "在汽车上" 兼指 "冬冬" 和 "汽车"的时候，即"冬冬"站在汽车上往车体涂油漆，这种情形下也不能转换为 M₂ 式，否则原来的兼指"冬冬"和"油漆"变成了专指"油漆"，即不再保持原来的语义关系。

第五节　位在动前与动后的语法意义

上文的讨论表明，M₁ 式、M₂ 式对动词都有自己的选择：能够进入 M₁ 式的动词有定位动词、起位动词、双位动词和附位动词；能够进入 M₂ 式的动词是终位动词、双位动词和附位动词。也就是说，M₁ 式对动词的选择范围要宽于 M₂ 式。凡跟处所关联的定位动词和除了唯终位动词以外的其他变位动词都能进入 M₁ 式，而能进入 M₂ 式的动词只能是除了唯起点动词以外的其他变位动词，定位动词不能进入 M₂ 式，可以推知，M₁ 式中"在 LocP"的语法意义要比 M₂ 式丰富。

一　位在动前的语法意义

在动词不同语义特征的约束下，M₁ 式中的"在 LocP"有三种语法意义的可能：表活动或状态呈现的场所，表相关事物位移的起点，表相关事物附着的处所。

（一）活动或状态呈现的场所

活动或状态是事物运动的两种基本形式，事物的运动总是要在一定空间中进行。根据时间顺序原则，先要提供运动的空间，然后才有运动的产生，因此具有"动位"特征的动词都可以在其前面添加"在 LocP"以说明活动的场所。不过，具有"动位"特征的动词进入 M₁ 式，有的倾向于体现动态特征，有的倾向于体现状态特征。前者如"打猎""读书""劳动""采访"等，后者如"端""蹲""站""坐"等。状态的持续特征强于动态，所以状态特征较强的有位动词进入 M₁ 式往往要在后面跟持续体助词"着"，而动态特征较强的动词无此必要。比较：

（15）在田间劳动　　　在田间劳动着

在教室读书　　　在教室读着书

在树上挂灯笼　　在树上挂着灯笼

在缸子里舀酒　　在缸子里舀着酒

（16）? 在沙发上坐　　在沙发上坐着

　　　? 在阳台上站　　在阳台上站着

　　　? 在马背上骑　　在马背上骑着

　　　? 在草地上蹲　　在草地上蹲着

其实，"在 LocP"所表示的活动或状态位置是针对 M_1 式的谓语动词的，而其所表示的位移起点和附着场所则是针对动作相关事物的。后者必然跟谓语动词有关，因此"在 LocP"的位移起点义和附着场所义必然涵盖着活动或状态的位置义。关于这一点，可以从"在 LocP"有时并不表客体的附着处所看得更清楚。例如"他在黑板上写字"和"他在教室里写字"，前者"在黑板上"既是"写字"这一活动发生的处所，又是客体（成果）"字"所附着的处所。后者"在教室里"说明"写字"这一活动发生的处所，但不是"字"的附着处所。

由于以上原因，变位动词进入 M_1 式时，"在 LocP"的语法意义同时也涵盖了定位动词进入 M_1 式时"在 LocP"的语法意义，即不但表相关事物的"变位"处所，也表变位动作发生的处所。因此，一些多事态动词进入 M_1 式有可能造成歧义。例如：

（17）园园在树上吊着。　　布袋在树上吊着。

　　　彤彤在木桩上绑着。　牌子在木桩上绑着。

　　　东东在旗杆上捆着。　稻草人在旗杆上捆着。

例（17）左列的"吊着""绑着""捆着"既可以是动态性附着行为，园园、彤彤和东东是附着动作的施事，也可以是表状态的附着动词，园园、彤彤和东东是状态的系事。但是，例（17）右列只能是后者。

吕叔湘（［1942］1990：56）认为"动作完成就变成状态"，因此附位动词进入 M_1 式，从动态转为状态后就成为附位兼定位动词了。比较：

（18）老张在沙发上坐下。　　老张在沙发上坐着。

丹丹在墙上贴标语。　　标语在墙上贴着。

彤彤在笔记本里记密码。　　密码在笔记本里记着。

同是 M_1 式，例（18）左列的动词具有较强的动态特征，右列的动词具有较强的状态特征。

（二）相关事物位移的起点

M_1 式的 V 是位移动词时，"在 LocP"表事物位移的起点。无论时间还是空间，从起点到终点的逐步转移过程都符合人类观察事物或体验世界的顺序原则。在所有具动位特征的动词中，起位动词（ Vb_1 ）的顺序像似程度无疑最强。除终位动词外，起位动词、主体双位动词和客体双位动词前的"在 LocP"都表相关事物位移的起点，此时，"在"字可以用起点介词"从"字替换。例如：

（19）a. 在虹桥机场起飞　　从虹桥机场起飞

b. 在岸上跳（跳跃）　　从岸上跳

c. 在盘子里抓花生　　从盘子里抓花生

例（19a）的"起飞"是起位动词，例（19b）的"跳"是主体双位动词，例（19c）的"抓"是客体双位动词。

终位动词虽然凸显的主要是事物位移过程的终点位置，"在 LocP"不能出现在它的前边，但并不排除用其他手段标示事物位移的起点。比如"一个苹果从树上掉在了地上"描绘了"掉"的全过程。尽管如此，因为此时的"苹果"已经到达了终点位置"地上"，所以"从树上"不能说成"在树上"。

（三）相关事物附着的处所

M_1 式的动词是附位动词时，"在 LocP"表相关事物附着的处所。由于 M_1 式的动词既可以表动作也可以表状态，因此不同特征的动词也会带来细微的差别。当附位动词表示的是附着动作的时候，"在 LocP"表预期的附着处所，"在"可以用"往"替换。例如：

（20）在火炉边坐下来　　往火炉边坐下来
　　　　在佛尊前跪下来　　往佛尊前跪下来
（21）在头上戴高帽　　　往头上戴高帽
　　　　在书包上别校徽　　往书包上别校徽
（22）在桌子上刻记号　　往桌子上刻记号
　　　　在手绢上绣玫瑰　　往手绢上绣玫瑰

例（20）的"在 LocP"是动作主体附着的处所。例（21）和例（22）的"在 LocP"是动作客体附着的处所，其中，例（21）的客体是动作发生前已经存在的事物，例（22）的客体是动作发生后产生的结果。例（20）、例（21）和例（22）同样遵循了顺序像似原则，"在火炉边坐下来"是先在火炉边然后发出坐下来的动作，"在桌子上刻记号"是先确定范围"在桌子上"，然后发出刻记号的动作。俞咏梅（1999）认为，类似例子中的"在 LocP"是动作客体的先时性预期终点。其实"在手绢上绣玫瑰"是先确定范围，然后发出动作，继而出现成果，成果受动词附着义的影响自然存在于"在 LocP"表示的处所。这并不违背自然的逻辑顺序。

当附位动词表示的是活动终结后的附着状态时，"在 LocP"表已然的附着处所，"在"不可以用"往"替换。例如"在火炉边坐着"不能说成"往火炉边坐着"，"在佛尊前跪着"不能说成"往佛尊前跪着"。

二　位在动后的语法意义

M_2 式的"在 LocP"可表示两种语法意义：相关事物的位移终点

和附着处所。

（一）相关事物的位移终点

M₂式的动词为终位动词和双位动词时，"在 LocP"通常表相关事物的位移终点。位移事物从起点到终点有一个动态转移过程，为了凸显动态性，有时可以用"到""进"等替换介词"在"。例如：

（23）一片树叶掉在水池里。　　一片树叶掉到水池里。

彤彤跳在小河里。　　　　彤彤跳进小河里。

园园抓花生在盘子里。　　园园抓花生到盘子里。

（二）相关事物的附着处所

M₂式的动词为附位动词时，"在 LocP"通常表相关事物的附着处所。由于附着行为的短暂性以及 M₂式中附位动词的静态特征，一般不常用动态介词"到"等替换"在"。例如：

（24）小李坐在床沿上。　　　？小李坐到床沿上。

聪聪贴广告在墙壁上。　？聪聪贴广告到墙壁上。

老师写通知在黑板上。　？老师写通知到黑板上。

由于事物从位移起点到位移终点，或附着于某处所的动作已经结束，因此无论是位移动词还是附位动词进入 M₂式，动词之后都不能跟持续体助词"着"，但可以后接"了"强调动作终结，已由动态转入状态，如"一片树叶掉在了水池里""彤彤跳在了河里""园园抓了些花生在盘子里""小李坐在了床沿上""老师写了条通知在黑板上"。

"在 LocP"所表示的位移终点和附着处所在 M₂式中都呈现出活动终结后相关事物的遗留状态，因此 M₂式通常为单义格式。

总结本章的讨论，从"在 LocP"跟动词组合的语法意义来看，通常是"方所词在前，表示先已到此境地而后有此动作"，"方所词在后，表示先有此动作而后有此境地"（吕叔湘，〔1942〕1990：

199 – 200）。即通常遵循"时间顺序原则"或"临摹原则"（戴浩一，1988；谢信一，1991）。就句法而言，"在 LocP"跟动词的共现位序要受到动词动位特征的制约，同时"在 LocP"的语法意义也随动词动位特征的不同而产生较大差别。"在 LocP"跟定位动词和起位动词组合时只能置于动词前构成 M_1 式；跟终位动词组合时只能置于动词后构成 M_2 式。"在 LocP"跟双位动词和附位动词组合时，在语义特征相容的情况下，既可以构成 M_1 式又可以构成 M_2 式。但是，在具体的语言环境中，由 M_1 式转换为 M_2 式要受到双位动词和附位动词的位移对象或附着对象，以及"在 LocP"语义指向的双重制约。当双位动词和附位动词的位移对象或附着对象是主体，且"在 LocP"也指向主体时，随着位移动作的空间位置从起点向终点，或随着附位动作发生时的附着位置向附着动作结束时的附着位置的转换，由它们构成的 M_1 式也随之转换为 M_2 式。双位动词和附位动词的位移对象或附着对象是客体时，至少存在三种可能：M_1 式的"在 LocP"专指主体，且非双位动词或附位动词的实际起位或附位，通常只有 M_1 式，没有 M_2 式；M_1 式的"在 LocP"专指客体且又是双位动词或附位动词的实际起位或附位的时候，M_1 式可以转换为 M_2 式；M_1 式的"在 LocP"的语义指向可能因语境因素变得很复杂，M_1 式和 M_2 式的转换关系也变得很复杂。

第十章　附着事件、附着动词及相关句法语义[*]

本章在第九章讨论动位范畴的基础上，具体讨论附位动词的类型及其句法语义特征。由于讨论的内容不仅仅涉及附位动词的位置属性，本章将"附位动词"改称为"附着动词"。

本章的目的是要说明，除动词的时间属性外，跟动词相关的其他句法、语义等问题，也可以在事件过程结构模式的基础上展开讨论，从而证明该模式具有广泛的实践价值。本章的主要内容如下：附着事件的过程结构及其与相关附着动词过程特征的对应关系，以此为基础，对附着动词进行分类，并对不同类型附着动词的句法和语义表现进行充分挖掘；附着客体的类型对附着事件过程结构的适应性、对把字句和被字句的适应性；附着事件句中，"在"字短语的位序跟附着动词的过程特征及动宾短语的界性特征之间的互动关系；附着动词句对相关变换式的适应性。

第一节　附着事件与附着动词

"附着事件"是某一动作致使某一实体附着于某一处所的活动过程。附着动词与附着事件关系密切，是附着事件的关键组成要素，其

＊　本章主要内容以"附着事件、附着动词及相关句法语义"为题发表在《汉语学报》2008 年第 3 期。中国人民大学复印报刊资料《语言文字学》2009 年第 2 期转载。编入本书时略有增补。

过程特征需要借助附着事件不同事态的相应表达式才能凸显出来。下文重点讨论附着事件、附着动词以及二者的关系。

一　附着事件及其过程特征

杨成凯（2002）曾经探讨过事件阶段的语法表示。他把事件定义为"可能世界中的事物呈现的一个事态"，"包括宇宙中所发生的一切动态的变化和静态的景象"。由此，杨先生进一步把事件分为不同的类型："事件可以是从一个处所到另一个处所的事件过程，可以是从一种状态到另一种状态的变化过程，也可以是静物呈现的一种形象或性质。"

其实，从整体性和同一性的角度看，事件就是事物或实体从一种事态到另一事态，再由另一事态到又一事态，直至该事物或实体发生本质改变的过程。所谓"静态的景象"或"静物呈现的一种形象或性质"只是一个事件完成后的遗留状态。

事件的发生不可能"一蹴而就"，往往需要经历一个或长或短的活动过程。根据本书前几章的讨论以及已建立的事件过程结构模型，在时间的流程中，一个完整事件大致需经历活动起始、活动持续和活动终结三种事态，且从起始到终结是一个单向顺递的过程。活动终结即转为事件的遗留状态（吕叔湘，［1942］1990：56）。其过程结构模式如图 10 - 1 所示（同图 2 - 1、图 3 - 4、图 5 - 1、图 6 - 1、图 8 - 1）。

→ 活动前●活动起始 → 活动持续 → 活动终结●遗留状态起始 → 遗留状态持续 →

图 10 - 1　事件过程结构模式

为了叙述方便，我们把以上模式码化为图 10 - 2（同图 5 - 2、图 6 - 2、图 8 - 2）。

→ A_0 ● A → B → C_1 ● C_2 → D →

图 10 - 2　事件过程结构的码化模式

图 10 - 1、图 10 - 2 中黑圆点表示事件不同阶段的临界点。也就是说，一个完整事件的过程结构可以分解为三个阶段六种事态。A_0 表示事件的活动前阶段或活动前事态；A 经 B 到 C_1 反映事件的活动阶段，依次经历活动起始、活动持续和活动终结三种事态；C_2 到 D 反映事件完成后的遗留状态阶段，依次经历遗留状态起始到遗留状态持续两种事态。以"贴"和"广告"构成的附着事件为例：

(1) A_0. 李华没有/不贴广告。

    A. 李华开始在墙上贴广告。

    B. 李华在墙上贴着广告。

    C_1. 李华在墙上贴了一幅广告。

    C_2. 墙上贴了一幅广告。

    D. 墙上贴着一幅广告。

例（$1A_0$）至例（1D）反映"贴广告"及其相关成分构成的事件的全过程。其中活动前阶段例（$1A_0$）实际上是通过否定词对命题的否定，在事件随时间的展开过程中不具有实际意义。例（1A）、例（1B）和例（$1C_1$）依次描述活动阶段的活动起始、活动持续和活动终结三种事态，例（$1C_2$）和例（1D）依次描述活动终结后事件遗留状态起始和遗留状态持续两种事态。有学者认为"贴"是典型的双限结构动词，有起点、终点和续段（参看郭锐，1993），但这一认识不能很好解释例（$1C_2$）和例（1D）所描述的遗留状态表达式的生成机制。而且例（1）还说明，在具体的语句中，动词往往只能体现某一特定的过程要素，其他要素只能处于潜隐状态。例（$1A_0$）的"贴"未发生，其过程特征不具体，例（1A）凸显"起点"特征，例（1B）凸显"续段"特征，例（$1C_1$）凸显"终点"特征，例（$1C_2$）凸显"遗留状态起始"特征，例（1D）凸显"遗留状态持续"特征。

正如杨成凯（2002）所分析的，事件有不同的类型。这里，例（1A）至例（1D）的"贴"和"广告"所构成的事件，描述的实际上是通过动作"贴"使"广告"附着于"墙上"的完整过程，包括了活动"贴"的施动者"李华"、附着实体"广告"、附着处所"墙上"及附着行为"贴"四个要素。因此，我们说，这是一个典型的某一动作致使某一实体附着于某一处所的附着过程，换言之，这是一个典型的"附着事件"。其中例（1A）、例（1B）和例（1C$_1$）描述活动阶段，必有施事论元，例（1C$_2$）和例（1D）描述活动终结后的遗留状态阶段，活动既已终结，施事论元需退隐，处所论元不能省略。

二 附着动词及其过程特征

"附着动词"描述所表动作致使某一实体附着于某一处所。跟位移事件相比，由附着动词参与构成的附着事件，其处所论元不表示位移起点或位移终点，因此处所短语出现在附着动词前后都表示附着处所。比较：

（2）a. 在盘子里抓花生

　　　≠ 抓花生在盘子里

　　b. 在柜子里放衣服

　　　→ 放衣服在柜子里

例（2a）的"抓"是位移动词，"在盘子里"出现在动词前表示花生的位移起点，出现在动词后表示花生的位移终点。例（2b）的"放"是附着动词，"在柜子里"出现在"放"的前面或后面都表示"衣服"的附着处所。不过，随着附着事件在随时间展开过程中事态的改变，处所"在"字短语并不都能自由地出现在附着动词前后。比较：

（3）A. 开始在墙上贴广告

　　　→ ？开始贴广告在墙上（＊开始贴在墙上广告）

　　B. 在墙上贴着广告

　　　→ ＊贴着广告在墙上（＊贴着在墙上广告）

C₁. 在墙上贴了一幅广告

    → 贴了一幅广告在墙上（＊贴了在墙上一幅广告)①

C₂. 墙上贴了一幅广告

    → ＊贴了一幅广告墙上（? 贴了墙上一幅广告）

D. 墙上贴着一幅广告

    → ＊贴着一幅广告墙上（＊贴着墙上一幅广告）

例（3）中各例显示，只有在终结事态 C₁ 中，"在"字短语才能自由地出现在整个动词短语前后。这说明，附着事件句中处所"在"字短语的位序要受到附着事件及附着动词过程特征的双重制约（详细讨论见第三节）。

事件的性质由动词的空间属性决定，因此例（2a）是位移事件，例（2b）是附着事件。不过，附着事件和位移事件也有联系。通常来说，能够进入"从……V""V 到……"或"从……V……"框式结构中 V 位的一般为位移动词，因此例（2b）的变换式如果说成"放衣服到柜子里""把衣服放到柜子里"便成了位移事件，动词"放"被结构赋予了"位移"的语义特征。

为了跟位移动词相区别，我们把处所"在"字短语跟动词组合时，在不涉及事件过程结构等因素的情况下，既能出现在前面也能出现在后面，且都表相关实体附着处所的动词称为"附着动词"。按照这个界定，"摆""放""盖""挂""刻""铺""躺""贴""绣""粘""坐"等是严格意义的附着动词，下列结构中的动词都不是本节讨论的附着动词。

（4）a. 在地里干活　　　→ ＊干活在地里

    b. 在浦东机场起飞　→ ＊起飞在浦东机场

    c. 在教室搬椅子　　≠ 搬椅子在教室

    d. ＊在池塘里落　　　→ 落在池塘里

---

① 在一定的语境中可说"贴在墙上一幅广告"，但语义跟原式比较存在较大差别。

例（4a）的"干活"是一般行为动词；例（4b）、例（4c）和例（4d）的动词都是位移动词。例（4b）的"起飞"描述位移起点，例（4c）的"搬"既可以描述起点，也可以描述终点，例（4d）的"落"描述位移终点。当然，"在"字短语出现在位移动词之后也有"附着"意味。例如（4d）可以理解为某物通过"落"最终附着于"池塘里"。朱德熙（1981）正是从这个角度认为"滴""落""扔"等也具有"附着"特征。

附着动词可以有不同的类型，相应地，也会有不同性质的附着事件。下文第二节和第三节在讨论附着动词类别的基础上，对相应附着事件的过程结构和相关动词过程特征的句法语义互动关系做初步讨论。

第二节　附着动词的类及其与附着事件过程结构的互动

先看例句。

（5）老师坐在对面墙下的浴池里，坐在变换不定的光线中。（王小波《白银时代》）

（6）他们就在那里挂了一只苹果，让我们同时咬。（余华《河边的错误》）

（7）a. 他把这套书献给皇帝，皇帝接受了，刻在国子监中，作为重要的装点。（汪曾祺《〈汪曾祺自选集〉自序》）

b. 可是，她走了，这些东西也都如死一般地沉默和灰暗了，只有一道深深的痕迹刻在他自己血淋淋的心上。（张贤亮《邢老汉和狗的故事》）

（8）a. 她哈哈大笑了，一把搂起孩子，返身把孩子按在炕上，用手指胳肢孩子。（张贤亮《邢老汉和狗的故事》）

b. 赵镢头在每张合同书上都按了指印。（张一弓《赵

镢头的遗嘱》）

例（5）描述"老师"通过动作"坐"使自己附着于"对面墙下的浴池里"和"变换不定的光线中"。例（6）通过动作"挂"使"苹果"附着于"那里"。例（7a）通过动作"刻"使"这套书"的内容附着于"国子监中"①，例（7b）通过动作"刻"导致"一道深深的痕迹"附着于"自己血淋淋的心上"。例（8a）通过动作"按"使"孩子"附着于"炕上"，例（8b）通过动作"按"导致"指印"附着于"合同书上"。

例（5）至例（8）描述的都是附着事件，但是存在如下差别：

其一，就附着对象而言，例（5）的附着对象是动作主体，例（6）、例（7）和例（8）的附着对象是动作客体。

其二，同是动作客体，但例（6）的"苹果"在动作发生之前就已经存在，例（7）和例（8）的动作客体既可以是在动作发生之前就已经存在的事物（以下称为"既成客体"），如例（7a）的"这套书（的内容）"，也可以是动作发生之后产生的事物（以下称为"未成客体"），如例（7b）的"痕迹"。既成客体可以进入把字句，如例（7a）和例（8a）［例（6）可以说成"把一只苹果挂在那里"］，也可以进入被字句，如例（6）可以说成"一只苹果被挂在那里"，例（7a）可以说成"这套书被刻在国子监中"。未成客体一般不能进入把字句和被字句。如例（7b）不能说成"把一道深深的痕迹刻在他自己血淋淋的心上"，也不能说成"一道深深的痕迹被刻在他自己血淋淋的心上"；例（8b）不能说成"把指印按在每张合同书上"，也不能说成"指印被按在每张合同书上"。

同是附着动词，例（5）的"坐"通常表动作终结后的遗留状态，一般不能表活动持续。因此，例（5）可以说成"老师已经在对

① 被刻在"国子监中"的不是"这套书"本身，而是"这套书"的内容。类似的如"把熊猫图案喷在墙壁上"。因为附着对象书的内容和熊猫图案在刻和喷之前就已经存在，所以可以进入把字句和被字句。如果附着对象是经过刻和喷之后造成的事物，则通常不能进入把字句和被字句，如"＊把痕迹刻在石头上""＊痕迹被刻在石头上"。

面墙下的浴池里坐着，在变换不定的光线中坐着"，但不能说成"老师正在对面墙下的浴池里坐着，正在变换不定的光线中坐着"。例（6）的"挂"、例（7a）和例（7b）的"刻"既可以描述活动持续事态，也可以描述活动终结后的遗留状态持续事态，因此例（6）、例（7a）和例（7b）既可以说成"他们正在那里挂着一只苹果""国子监中正在刻着这套书""这些东西正在他心上刻着痕迹"，也可以说成"一只苹果在那里挂着""这套书在那里刻着""一道深深的痕迹在他心上刻着"。例（8a）和例（8b）的"按"只能描述活动持续事态而不能描述活动终结后的遗留状态持续事态，因此例（8a）和例（8b）只能说成"她在炕上按着孩子""赵镢头在合同书上按着指印"，不能说成"孩子在炕上按着""指印在合同书上按着"。

所以，附着动词可以根据其附着对象是主体还是客体，是既成客体还是未成客体，以及附着动词本身是否具有活动持续或遗留状态持续等过程性语义特征进行细分。

首先，附着动词可以根据附着对象是行为主体还是行为客体分为两类：主体附着动词和客体附着动词。

一　主体附着动词

主体附着动词即动词表示的动作致使行为主体自身附着于某处，并且导致相应的遗留状态，下文记为 V_a，其语义特征可以描述为：V_a［＋附着，＋主体，＋遗留状态］，常见的动词如"缠""蹲""跪""靠""趴""泡""骑""绕""睡""摊""躺""沾""粘""站""住""坐"。由这类动词构成的附着事件从动作开始到动作结束是一个短暂的过程，因此通常不具"活动起始"和"活动持续"特征，即没有图 10－2 事件过程结构码化模式对应的 A 和 B 两种事态的表达式。以"站"为例，不可以说"开始在讲台前站""正在讲台前站着"[①]，但可以说"站在讲台前""讲台前站了一个人""讲台

---

① 可以说"正在讲台前站着说话"，其中"说话"处于"活动持续"事态，"站着"描述伴随情况。

前站着一个人"。

二 客体附着动词

客体附着动词即动词表示的动作致使相关客体附着于某处，下文记为 V_b。客体可以根据动作发生时是否已经存在分为既成客体和未成客体，由此客体附着动词也可以再分为两类：既成客体附着动词和未成客体附着动词。

（一）既成客体附着动词

既成客体附着动词即动词表示的动作致使已经存在的相关客体附着于某处，下文记为 V_{b1}。根据附着动词是否具有"活动持续"或"遗留状态持续"特征还可以细分为既成客体活动持续附着动词、既成客体活动持续过递遗留状态附着动词、既成客体遗留状态附着动词三种类型。

既成客体活动持续附着动词，下文记为 V_{b11}，其语义特征可描写为：[＋附着，＋既成客体，＋活动持续]。这类动词常见的有"按₁（图钉）""踩₁（落叶）""剁₁（排骨）""缝₁（扣子）""喷₁（油漆）"等。这类动词一般不具有"遗留状态持续"特征，因此一般没有图 10－2 事件过程结构码化模式对应的 D 事态的表达式。以"喷₁（油漆）"为例，可以说"开始在墙上喷油漆""正在墙上喷着油漆""油漆喷在了墙上""墙上喷了油漆"，但一般不说"墙上喷着油漆""油漆在墙上喷着"①。

既成客体活动持续过递遗留状态附着动词，下文记为 V_{b12}，其语义特征可表示为：[＋附着，＋既成客体，＋活动持续，＋遗留状态]，在具体的语句中，"活动持续"和"遗留状态"之间只能呈现其中的一种事态。这类动词常见的有"安""摆""别""插""缠""盛""垫""叠""叮""钉""堆""放""盖""挂""裹""画₁

---

① 从理论上讲，一个事件的完成总会导致相应的遗留状态。虽然"喷"不具有遗留状态特征，不能描述事件完成后的遗留状态，但可以通过别的相应的遗留状态特征动词来描述遗留状态持续事态，如"墙上涂着油漆""墙上有油漆"中的"涂"和"有"。

（肖像）""糊""刻₁（诗词）""晾""埋""抹""铺""拴""锁""填""贴""涂""写₁（地址）""绣₁（名字）""压""栽""粘""种""装"。由于这类动词描述活动终结后本身可以过递为遗留状态，因此通常可以有图 10-2 事件过程结构码化模式对应的全部事态的表达式，如例（1）和例（3）。

既成客体遗留状态附着动词，下文记为 V_{b13}，其语义特征可以描写为：[+附着，+既成客体，+遗留状态]。这类动词常见的有"背""穿""担""端""扶""搁""搂""拿""捏""捧""挑""抬""握""保存""寄存""保留"。跟 V_{b11} 相反，由于这类动词不具有"活动持续"特征，因此一般没有图 10-2 的 A 和图 10-2 的 B 两种事态的表达式。以"背"为例，一般不说"开始在背上背大箩筐""正在背上背着大箩筐"，但可以说"背了个大箩筐在背上""背上背了个大箩筐""背上背着个大箩筐"。

既成客体是有定的，通常可以被人为处置，因此由既成客体构成的附着事件句，在一定条件下，可以变换为把字句或被字句。

（二）未成客体附着动词

未成客体附着动词即动词表示的动作导致某客体事物的产生，并使该客体附着于某处，下文记为 V_{b2}。未成客体附着动词还可以根据其是否具有活动持续或遗留状态特征细分为未成客体活动持续附着动词和未成客体活动持续过递遗留状态附着动词两类，前者具有单动态特征，后者兼具动态和静态双态特征①。

未成客体活动持续附着动词，下文记为 V_{b21}，其语义特征可描写为：V_{b21} [+附着，+未成客体，+活动持续]。这类动词常见的有"按₂（手印）""踩₂（脚印）""喷₂（画）""挖（防空洞）""凿（孔）"等。跟 V_{b11} 类似，这类动词由于不具有"遗留状态"特征，因此一般没有图 10-2 对应的 D 事态表达式。以"踩₂"为例，可以说"开始在沙滩上踩脚印""在沙滩上踩着脚印""在沙滩上踩了一个脚印""沙滩上踩了一个脚印"，但一般不说"沙滩上踩着一个脚

---

① 不存在"未成客体遗留状态附着动词"。

印”“一个脚印在沙滩上踩着”。

未成客体活动持续过递遗留状态附着动词，下文记为 V_{b22}，其语义特征可表示为：[＋附着，＋未成客体，＋活动持续，＋遗留状态]。跟 V_{b12} 类似，在具体的语句中，"活动持续"和"遗留状态"不能共存，只能呈现其中的一种事态。这类动词常见的有"画₂（圈）""刻₂（记号）""写₂（大字）""绣₂（鸳鸯）"等。由于这类动词描述的活动终结后本身可以过递为遗留状态，因此通常可以有图 10-2 对应的全部事态的表达式。以"绣₂（鸳鸯）"为例，以下句子一般都可以说："开始在手绢上绣鸳鸯""正在手绢上绣着鸳鸯""在手绢上绣了一对鸳鸯""手绢上绣了一对鸳鸯""手绢上绣着一对鸳鸯"。

未成客体是无定的，一般无法被人为处置。因此，除非未成客体代表说话人认定听话人可以识别的事物，否则由未成客体构成的附着事件句通常不可以变换为把字句或被字句（参看沈家煊，2002）。

不同语义特征的各类附着动词在事件过程结构五种事态里的分布，以及对把字句和被字句的适应性如表 10-1 所示。

表 10-1　　　　　　　　　　**附着动词的类型**

类别			例词	语义特征					分布					
				[附着]	[主体]	[既成客体]	[活动持续]	[遗留状态]	A	B	C_1	C_2	D	把/被
V_a			躺骑站坐	+	+	−	−	+	−	−	+	+	+	−
V_b	V_{b1}	V_{b11}	按₁踩₁喷₁挖₁	+	−	+	+	−	+	+	+	+	−	+
		V_{b12}	安挂刻₁写₁	+	−	+	+	+	+	+	+	+	+	+
		V_{b13}	背端拿抬	+	−	+	−	+	−	−	+	+	+	+
	V_{b2}	V_{b21}	按₂踩₂喷₂挖₂	+	−	−	+		+	+	+	+	+	
		V_{b22}	画₂刻₂写₂绣₂	+	−	−	+	+	+	+	+	+	+	−

　　从表 10 - 1 中可以看出，凡具"既成客体"特征的附着动词都有活动终结和遗留状态起始两种事态，且可以进入把字句和被字句。其中，具"活动持续"而不具"遗留状态"特征的既成客体附着动词还可以有活动起始和活动持续两种事态，但没有遗留状态持续事态；具"遗留状态"而不具"活动持续"特征的既成客体附着动词还可以有遗留状态持续事态，但没有活动起始和活动持续事态；如果附着动词既有"活动持续"也有"遗留状态"特征，则可以有图 10 - 2 事件过程结构码化模式的所有事态。不具"既成客体"特征的附着动词都有活动起始、活动持续、活动终结和遗留状态起始四种事态，但一般不可以进入把字句和被字句。其中具"活动持续"而不具"遗留状态"特征的未成客体附着动词没有遗留状态持续事态，既具"活动持续"也具"遗留状态"特征的未成客体附着动词还可以有遗留状态持续事态。

　　此外，既成客体活动持续附着动词（V_{b11}）和未成客体活动持续过递遗留状态附着动词（V_{b22}），在遗留状态的句法表现上以及对把字句和被字句的适应性方面，形成互补；既成客体遗留状态附着动词（V_{b13}）和未成客体活动持续附着动词（V_{b21}），在活动起始、活动持续、遗留状态事态的句法表现上，以及对把字句和被字句的适应性方面，形成互补。

第三节　"在"字短语跟附着动词组合
位序的制约因素

　　处所"在"字短语是附着事件和附着动词的强制性语义成分。"在"字短语跟附着动词组合时，既可以出现在动词的前面也可以出现在动词的后面，如例（2b）。但是，例（3）的情况说明，"在"字短语跟附着动词共现的组合位序，要受到附着动词或附着动词及其宾语构成的短语的制约。下文分别以主体附着动词和客体附着动词为视角展开讨论。

一　主体附着动词对"在"字短语位序的制约

主体附着动词 Va 对"在"字短语位序的制约，主要表现在 Va 的过程特征和其所在的语用环境两方面。

（一）Va 的过程特征对"在"字短语位序的制约

主体附着动词 V_a 不涉及客体，动作过程比较短暂，要表达图 10 - 2 事件过程结构模式中从 B 向 C_1 的附着过程，一般要跟结果补语，这时"在"字短语应前置于附着动词，如"客人在沙发上坐定"。完成了从 B 向 C_1 的附着过程，附着事件最终完成，此时的附着动词凸显出"终结"特征，"在"字短语应后置于动词，如"客人坐在（了）沙发上"。附着事件完成后即转为遗留状态起始事态 C_2，并随即转为遗留状态持续事态 D，这两种事态中的附着动词因为不具"终结"特征，"在"字短语一般需置于它们前面①。前者如"沙发上坐了一位客人"，后者如"沙发上坐着一位客人""客人在沙发上坐着""客人在沙发上坐了一会儿"。

（二）Va 的界性特征对"在"字短语位序的制约

从界性（"有界"和"无界"）的角度看，V_a 处于附着事件的 B、C_2 或 D 事态时，具无界（unboundedness）特征；V_a 处于附着事件的 C_1 事态时，具有界（boundedness）特征。前者的处所"在"字短语置于 V_a 前充当状语，对 Va 起着伴随性的修饰作用；后者置于 V_a 后充当结果补语，表附着行为终结后附着主体的附着处所。"在"字短语跟 V_a 位序上的差别也影响到整个短语跟相关词语的选择限制。例如，前者的 V_a 可以跟进行体助词"着"、时量短语、动量短语以及其他表示结果补语的词语连用，后者则不能。比较：

（9）在地上坐着　　＊坐着在地上

　　　在马背上骑着　　＊骑着在马背上

---

① 描述附着状态通常采用存现构式，"在"字短语在该构式中变为方位短语充当主语，如"沙发上坐了一位个人""沙发上坐着一位客人"。

（10）在地上跪一会儿 ＊跪一会儿在地上（？跪在地上一会儿）

在马背上骑一上午 ＊骑一上午在马背上（？骑在马背上一上午）

（11）在地上跪三回 ＊跪三回在地上（＊跪在地上三回）

在马背上骑两次 ＊骑两次在马背上（＊骑在马背上两次）

（12）（膝盖）在地上跪肿了 ＊（膝盖）跪肿了在地上（＊跪在地上肿了）

（老李）在马背上骑累了 ＊（老李）骑累了在马背上（＊骑在马背上累了）

例（9）的 V_a 后接进行体助词"着"后，"在"字短语不能再置于其后。例（10）的 V_a 后接时量短语，虽然能使 V_a 有界化，但 V_a 在该时量短语所表示的时间内仍然具有延续特征，因此"在"字短语也不能再置于其后。例（11）跟例（10）类似，虽然 V_a 后接动量短语能使 V_a 有界化，但并不能改变 V_a 的延续特征。由 V_a 构成的重叠式也是如此，可以等同看待，如能说"在马背上骑骑""在沙发上坐坐"，而不能说"骑骑在马背上""坐坐在沙发上"。例（12）的 V_a 后接结果补语也能使 V_a 有界化，但从 V_a 动作起始到某种结果的产生，存在着一个持续的过程，因此"在"字短语同样不能后置于述补短语。

二 客体附着动词对"在"字短语位序的制约

客体附着动词 V_b 对"在"字短语位序的制约，也表现在 V_b 的事件过程特征和其所在的语用环境两方面。

（一）V_b 的过程特征对"在"字短语位序的制约

V_b 的语义特征，尤其是过程特征的不同，会影响"在"字短语跟动词的组合位序。总的来说，"在"字短语跟活动起始、活动持续、遗留状态起始和遗留状态持续四种事态的动词或动词性短语组合时，通常需要置于前面而不是后面。只有跟活动终结事态的动词或动词性短语组合时，才既可以置于前面也可以置于整个动词性短语的后面，如例（3）。又如：

（13）A. 开始在树上挂灯笼

→？开始挂灯笼在树上　　*开始挂在树上灯笼

B. 在树上挂着灯笼

→*挂着灯笼在树上　　*挂着在树上灯笼

C₁. 在树上挂了一只灯笼

→挂了一只灯笼在树上　　*挂了在树上一只灯笼

C₂. 树上挂了一只灯笼

→*挂了一只灯笼树上　　？挂了树上一只灯笼

D. 树上挂着一只灯笼

→*挂着一只灯笼树上　　*挂着树上一只灯笼

（二）V_b 的界性特征对"在"字短语位序的制约

动词的过程特征跟动词的界性特征有对应关系：无界动词体现为活动或状态的起始和延续，有界动词体现为活动终结。但实际情况随组成成分界性特征的变化而变得很复杂。V_b 跟相关客体 NP 的界性组合就存在四种类型：

型一：$V_{b(无界)}$ + $NP_{(无界)}$，如：挂（着）项链　刻（着）记号

型二：$V_{b(无界)}$ + $NP_{(有界)}$，如：挂（着）一串项链　刻（着）一个记号

型三：$V_{b(有界)}$ + $NP_{(无界)}$，如：挂了项链　刻了记号

型四：$V_{b(有界)}$ + $NP_{(有界)}$，如：挂了一串项链　刻了一个记号

型一和型四是对称结构。从界性特征看，型一的"$V_{b(无界)}$ +

NP$_{(无界)}$"由于动词和宾语都是无界的，因此整个短语也是无界的。通常情况下，"在"字短语应置于这类短语之前，表示"V$_{b(无界)}$ + NP$_{(无界)}$"活动发生的处所，例如"在脖子上挂（着）项链""在石头上刻（着）记号"。型一中的"着"可以省略，陈重瑜和范继淹（1982）由此认为型一里的"在"是时体标记和介词的合体。

范继淹（1982）和沈家煊（1999）认为，"在"字短语置于动宾短语之后的条件是"宾语前必有数量词"。换言之，宾语需要有界化。语言事实表明，一定的语用环境下，宾语前不受任何词语修饰的动宾短语之后也可以接"在"字短语。以下是从百度搜索搜集到的例子：

（14）来到北京不能经常上网的，只能每天写字在格子里，记录自己的心情。

（15）我们宿舍从不挂衣服在走廊那边的，因为试过衣服被偷。

（16）那是一片茂密的原始森林，进去之后很容易迷失方向，不要忘记刻记号在树皮上指示路标。

（17）电话我接了，不过信没有收到，也许晓莉寄得匆忙没有贴邮票在信封上吧。

（18）我说要跟她做朋友，她还拿了笔写字在我的手心，照理说应该是写她的名字跟联络方式，怎么会写很高兴认识我呢？

例（14）至例（18）中，尽管"在"字短语被置于由光杆动词和光杆名词构成的动宾短语之后，但这并不能促使该动宾短语一定表示一个已经完成了的动作或行为。事实上，在一定的上下文中，动宾短语表示的动作或行为可以是经常性的，如例（14）；可以是未然的，如例（15）和例（16）；可以是虚拟的，如例（17）；当然也可能是已然的，如例（18）。不过有一点是共同的，那就是在结构内部，动宾短语仍然表示了大致相当于图 10 - 2 中 B 所示的活动过程，其后的"在"字短语是该活动过程相关客体预期的附着处所。由于

"在"字短语并不表示相关客体在动作发生时已然的附着处所，因此例（14）至例（18）画线部分并不蕴含"字在格子里写着""衣服在走廊那边挂着""记号在树皮上刻着""邮票在信封上贴着""字在我手心写着"等意思。将"在"字短语置于动宾短语之后凸显客体的附着处所，而不是之前凸显动作发生的处所还有语篇衔接方面的原因。如例（14）可以理解为"字在格子里记录自己的心情"，例（15）可以理解为"衣服在走廊那边被偷"，例（16）可以理解为"记号在树皮上指示路标"，例（17）可以理解为"没有贴邮票在信封上而被拒绝投递"，例（18）可以理解为"字在我的手心让我了解她的名字跟联络方式"。试把例（14）至例（18）的"在"字短语置于动宾短语前，有的句子骤然变得不甚连贯，有的在表意上存在问题。

型四的"$V_{b(有界)} + NP_{(有界)}$"由于动词和宾语都是有界的，因此整个短语也是有界的，其中 $V_{b(有界)}$ 处于图 10 - 2 事件过程结构模式的终结事态 C_1。此时，"在"字短语可以置于整个短语之前，也可以置于其后。前者凸显附着行为的活动持续事态 B 向终结事态 C_1 并最终成为完整事件的转化过程；后者凸显整个事件的终结事态 C_1，客体抵达附着处所，且事件依次转化为由 C_2 到 D 表示的遗留状态。前者由于从活动持续事态 B 到遗留状态起始 C_2 再到遗留状态持续事态 D，跨越了活动终结事态 C_1，因此整个短语如果转换为描述遗留状态起始或遗留状态持续事态，原式跟变换式的语义则存在较大差异，如例（19）；后者由于从活动终结事态 C_1 到遗留状态起始事态 C_2，再到遗留状态持续事态 D 是前后相继的关系，因此整个短语如果转换为描述遗留状态起始或遗留状态持续事态，原式跟变换式的语义虽有差别，但仍可以理解，如例（20）。

(19) 在脖子上挂了一串项链

→ ?? 脖子上挂了一串项链　　*脖子上挂着一串项链

在榕树上刻了一个记号

→ ?? 榕树上刻了一个记号　　*榕树上刻着一个记号

在沙滩上踩了一个脚印

→?? 沙滩上印了一个脚印 ＊沙滩上印着一个脚印①

（20） 挂了一串项链在脖子上

→? 脖子上挂了一串项链 ?? 脖子上挂着一串项链

刻了一个记号在榕树上

→? 榕树上刻了一个记号 ?? 榕树上刻着个一记号

踩了一个脚印在沙滩上

→? 沙滩上印了一个脚印 ?? 沙滩上印着一个脚印

型二和型三内部组成成分的界性特征不对称。型二的附着动词是无界的，附着客体是有界的。由于充当宾语的附着客体具有"有界"特征，因此使得即使是无界的附着动词也不常用于进行体，如不大说"在脖子上挂着一串项链""在石头上刻着一个记号"②。由于附着动词本身具有"无界"特征，因此这类短语也不能表示已经完成了的动作，如"＊已经在脖子上挂一串项链（＊已经挂一串项链在脖子上）""＊已经在石头上刻一个记号（＊已经刻一个记号在石头上）"。型二通常表示虚拟的或未然的动作，在这种语用环境下，"在"字短语既可以置于动词前，也可以置于整个动宾短语之后。例如：

（21）a. 你要是在脖子上挂串项链就更漂亮了（你要是挂串项链在脖子上就更漂亮了）。

b. 动身前不要忘记在石头上刻个记号（动身前不要忘记刻个记号在石头上）。

（22）语文老师是个瘦高瘦高的老头，他讲课不太爱写字在

---

① 例（19）和例（20）末例中的"踩"是未成客体活动持续附着动词，本身不能转化遗留状态，但可以用"印"描述"踩"的动作完成后"脚印"的遗留状态。

② 这些句子可以变换为呈现句："脖子上挂着一串项链""石头上刻着一个记号"。不过其中的动词已经具有遗留状态特征而不再具有活动持续特征了。

黑板上，就是说说而已，只对古文里的一些不太会写的字才偶尔<u>写几个在黑板上</u>。

例（21a）和例（21b）分别表示虚拟或未然事件。例（22）的"写几个字在黑板上"表示叙述者对该行为的期待，末句还可在"偶尔"前插入"会""将"等情态助词。

型三由有界的附着动词和无界的附着客体构成。这种结构常出现在对过去事件或未然的虚拟事件的叙述中，其语用功能体现为，这种情况下，说写者不必强调或无法说明包括数量、性状等在内的附着客体的具体细节。例如：

（23）为了不忘记这定情的地方，他们<u>在身旁的大石头上刻了记号</u>。

（24）本来想在树上做个记号的，但是树太小，怕<u>刻了记号</u>会长不活，所以就没刻。

例（23）的"刻了记号"是发生在过去的动作，时过境迁，说话人已经无法准确说出究竟有几个记号，是什么形状的记号等细节。例（24）的"刻了记号"是说话时并未实施的动作，相对于"会长不活"来说也是"过去"的行为，至于刻什么样的记号、刻几个记号，这些并不在说话人"想"的范围之内。以下例（25）至例（27）中，由于"在"字短语表示的并非附着客体明确的附着处所，这种情况下，附着客体一般以具无界特征的不受任何修饰语限制的光杆名词为宜。

（25）莫野狮抽出随身小刀<u>在一棵棵树上刻了记号</u>，才发现，我们一直在原地转圈。

（26）我记得那时家里的几个房间，门前都挂着奶奶手工缝制的门帘，奶奶<u>在上面绣了花和诗词</u>。

例（25）的"一棵棵树"不具体，因此画线部分不宜说成"在一棵棵树上刻了几个记号"；例（26）的"几个房间……的门帘"不具体，因此画线部分不宜说成"在（几个房间的门帘）上面绣了几朵花和几首诗词"。

上述分析在例（27）的对比中看得更清楚：

（27）小牛牛找来了个大信封，把稿子装进去，封了口，又在右上角贴了邮票，然后在信封上工工整整地写了七个字："中国人民银行收。"

"在右上角贴了邮票"中的"邮票"并不强调细节，不需要修饰语，而"在信封上写了七个字"中的"字"要受数量词修饰，因为"中国人民银行收"七个字赫然可数。

从理论上讲，"在"字短语还可以出现在动词和宾语之间，形成"V_b + 在 + 处所 + NP"格式。但事实上该格式要受到 V_b 和 NP 界性特征的双重约束：V_b 后充当补语的"在"字短语导致其有界化，换言之，根据语义特征相容原则，V_b 需要具有"有界"特征才能后接表示结果的处所"在"字短语[①]；"V_b + 在 + 处所"的有界特征要求 NP 也应该是有界的（沈家煊，1995）。

以上分析表明，"在"字短语能插入动词和宾语之间的一般为型四，构成"$V_{b(有界)}$ + 在 + 处所 + NP$_{(有界)}$"格式，如"放在桌子上一本书"。这样，"在"字短语在型四中的分布便存在三种情况：动宾短语之前，如"在墙上挂了一幅图画"；动宾短语之后，如"挂了一幅图画在墙上"；动词和宾语之间，如"挂在墙上一幅图画"。可以码化为如下三种格式（型一、型二和型三只有甲式和乙式，没有丙式）。

---

① 照此推理，型二"$V_{b(无界)}$ + NP$_{(有界)}$"若在无界的 V_b 和有界的 NP 之间插入处所"在"字短语，原来无界的 V_b 便成为有界的了。

甲式：在 + 处所 + $V_{b(有界)}$ + $NP_{(有界)}$

乙式：$V_{b(有界)}$ + $NP_{(有界)}$ + 在 + 处所

丙式：$V_{b(有界)}$ + 在 + 处所 + $NP_{(有界)}$

由于"在 + 处所"位序的不同，造成它们在语用功能上也存在差别。甲式的"在 + 处所"是整个动词短语"$V_{b(有界)}$ + $NP_{(有界)}$"的修饰语，其功能是为"$V_{b(有界)}$ + $NP_{(有界)}$"表示的事件提供一个场所，例如"在井盖上压了块石头""在手绢上绣了朵莲花""在合同上按了个手印"。乙式的"在 + 处所"是"$V_{b(有界)}$ + $NP_{(有界)}$"的补充成分，其功能是补充说明事件完成后造成的结果，例如"压了块石头在井盖上""绣了朵莲花在手绢上""按了个手印在合同上"。乙式和丙式的不同仅在于附着动作致使附着客体附着于附着处所的过程的差异，前者的附着动作和客体附着于附着处所是两个分离的过程，后者的附着动作和客体附着于附着处所是一个统一的过程（沈家煊，1999）。

在人们的意象图式里，甲式凸显的是附着活动的展开过程，"在 + 处所"不一定跟附着客体有语义关系；乙式和丙式凸显的是附着客体最终的附着处所，"在 + 处所"一定跟附着客体有语义关系。这种差别从甲式的"在 + 处所"并不一定总能置于 $V_{b(有界)}$ 后看得更清楚。比较：

（28）a. 园园在寝室里搽了些雪花膏。

→ *园园搽了些雪花膏在寝室里。

b. 园园在脸上搽了些雪花膏。

→园园搽了些雪花膏在脸上。

例（28a）的"在寝室里"只能表示"搽了些雪花膏"这一活动发生的处所，不能表示"雪花膏"的附着处所，因此不可以后置。例（28b）的"在脸上"既是"搽了些雪花膏"这一活动发生的处所，也是"雪花膏"的附着处所，因此可以置后。

第四节 附着动词句对相关变换式的适应性

附着事件可以分解为附着起始、附着过程、附着终结和附着状态等阶段，不同阶段的附着动词其过程特征也不同，因此上文甲式虽然可以转化为乙式或丙式，但并不是同义变换关系。本节主要讨论在语义关系基本不变的前提下，由附着动词构成的句子在不同语用环境下，对把字句、被字句、受事主语句以及静态呈现句等变换句式的适应性。

一 主体附着动词句及其变换式

主体附着动词不涉及客体，不可能有把字句、被字句和受事主语句的变换式。但是，附着事件完成后进入图 10－2 中 D 表示的遗留状态持续事态，可以有甲式和静态呈现句的变换关系，例如"客人在沙发上坐着""沙发上坐着客人"。二者的区别仅在于信息结构的不同，前者以附着主体为话题，后者以附着处所为话题。

二 既成客体附着动词句及其变换式

既成客体附着动词所涉及的客体是动作发生前就已经存在的事物，即便如此，由该类动词构成的句子在变换为把字句、被字句或受事主语句时，还要受到动词和附着客体界性特征的制约。通常情况下，介词"把"和"被"的宾语、受事主语句的主语要求是有定、有指的事物，相关句式中的谓语要求也是有界的已经完结的动作。因此，由 V_{b1} 构成的型一、型二和型三造成的附着事件句一般没有把字句、被字句和受事主语句的变换式。由 V_{b1} 构成的型四造成的甲式也不可能有如上变换式，例如"班长在墙上贴了一张地图"不能说成"班长把一张地图在墙上贴了""一张地图被班长在墙上贴了""一张地图在墙上贴了"。从表面上看，由 V_{b1} 构成的型四造成的乙式和丙式可以有把字句、被字句和受事主语句的变换式，但鉴于变换式中附着动词跟"在"字短语顺序上的邻近因素，我们认为由丙式变换来的把字句、被字句和受事主语句更切合原义，例如"班长贴在墙上一张地图"可以说成"班长把一张地图贴在墙上""一张地图被班长贴在墙上""一张地图贴在墙上"。

根据吕叔湘（[1942] 1990：56）、李临定（1985）和刘宁生（1985a，1985b）的研究，动态的附着动作完成后附着客体便随之转化为静止的附着状态。如图 10－2 所示，表达活动终结事态 C_1 的"班长在墙上贴了一张地图"随之可以由"墙上贴了一张地图""墙上贴着一张地图""一张地图在墙上贴着"来表达 C_2 和 D 所示的遗留状态起始和遗留状态持续事态的转换。

三 未成客体附着动词句及其变换式

未成客体附着动词所涉及的客体在动作发生前并不存在。由于把字句、被字句、受事主语句本质上反映了主体对客体的处置，处置的对象一般应是客观存在的事物，不存在的事物无从处置。因此，即使由该类动词构成的型四造成的丙式，一般也不存在如上变换式。例如，"园园刻在石头上一个记号"变成"？园园把一个记号刻在石头上""？一个记号被园园刻在石头上""？一个记号刻在石头上"便觉得怪异①。但是，未成客体一旦产生并附着于某一处所，承载该客体的动作便转化为一种静止的附着状态，如图 10－2 中 D 表示的遗留状态持续事态。因此，描述附着活动终结事态的"园园刻在石头上一个记号"，若要描述"记号"在活动终结后的附着状态，可以说成"石头上刻了一个记号"或"石头上刻着一个记号"。

"刻"是兼具动态和静态双重特征的未成客体附着动词（V_{b21}），既有活动阶段不同事态的表达式，也有遗留状态阶段不同事态的表达式。如果未成客体附着动词只具动态特征而不具静态特征（V_{b22}），那么，附着活动终结后相关客体的附着状态 D 就需要换用别的具静态特征的附着动词来描述。例如：

---

① 不过，人们在叙述或列举未实现或虚拟的非现实事件时也可以说"记号刻在桌子上""字写在黑板上"。

（29）a. 在墙上喷了一幅广告

    → *一幅广告在墙上喷着　*墙上喷着一幅广告

  b. 在墙上喷了一幅广告

    → 一幅广告在墙上印着　墙上印着一幅广告

    基于附着事件的结构要素和过程结构，本章对附着动词进行了系统分类，对处所"在"字短语的位序及其条件制约做了较为详细的探讨。研究表明，处所"在"字短语的位序要受附着动词的过程特征和语用环境的双重制约。不同类型和不同过程特征的附着动词或动词短语构成的句子对把字句、被字句、受事主语句以及静态呈现句等变换句式的适应性不尽一致。

    基于附着事件的过程结构、相关动词的过程特征及其界性特征，本章将附着动词分为两大类六小类，并从句法语义的角度探讨了附着事件的过程结构和附着动词过程特征的互动关系。研究表明，附着动词的过程特征跟附着事件的过程结构之间存在着严格的对应关系，这种对应性在句法和语义上有充分显示。此外，附着客体的类型对附着事件的过程结构及把字句、被字句的适应性，形成互补关系。

    动词是构成事件的基础，事件跟动词存在必然的联系。因此，从事件过程结构出发，探讨动词或动词性结构的句法分布和语义关系应该是一条可行的路径。

结　语

　　本书从时间和空间维度研究语言学意义的"事件"和"事态"，在认知语言学、语言类型学等研究成果和跟英语比较的基础上，重点研究现代汉语普通话事件过程结构相应表达式的生成机制及其个性特征，也涉及传统意义的时体问题。本书从五个方面进行了充分讨论，基本结论概述如下：

一　"事件"及其过程结构的动态特征

　　第一章、第二章组成本书研究的第一部分，对"事件"进行重新界定，在此基础上探讨事件过程结构的动态特征。

　　"第一章　事件及其过程结构"指出，作为语言学意义的"事件"虽然在中外文献中被广泛提及，但缺乏严格而统一的界定。尽管人们普遍认识到事件同时具有时间和空间属性，即事件不仅在时间链条上发生、持续和完成，也在一定的空间中发生、发展和变化，但总体上，人们并没有把动词在事件时空变化中的句法表现及其语义差异放在突出的位置加以重视。在充分汲取前人研究成果的基础上，我们将语言学意义的"事件"定义为：

　　　　事物或实体随动词表示的动作或关系的变化而从一种事态变为另一事态，再从另一事态变为又一事态直至该事物或实体发生本质改变的过程。

这一定义强调过程和变化，换言之，事件跟动词之间的种种关系应该在其动态的、发展的过程中才有可能得到充分揭示。将事件看作是一个过程并建立事件过程结构模式是对事件结构理论的有益补充，将事件结构的研究置于事件过程结构之上有利于解释各类动词过程特征的差异，以及时体范畴的某些重叠或过递关系，也有利于考察不同过程阶段的事件结构的论元配置以及各种修饰成分的分布情况。

"第二章　事件过程结构的理想模式及其动态特征"进一步论证，一个理想的完整事件的过程结构包括活动和遗留状态两个阶段，前者又可以切分为活动起始、活动持续和活动终结三种事态，后者也可以切分为遗留状态起始和遗留状态持续两个事态。事件随时间依序展开，具有动态性、时空性、层次性、次序性、周期性、阶段性、接续性和过递性等动态特征，具体表现为事态与事态或阶段与阶段之间的转化递进关系。"了""着""过"在事件过程结构的相应表达式中具有事态标示功能，它们彼此分工，互为补充，一起描述事件展开的全过程。"了"可以标示活动起始、活动终结和遗留状态起始三种事态；"着"可以标示活动持续和遗留状态持续两种事态；"过"也有两种经历事态标示功能，即既可以标示从活动起始到活动终结的活动阶段成为过去，也可以标示从遗留状态起始到因为某种原因致使遗留状态终结的遗留状态阶段成为过去。"了""着""过"在事件过程结构中的分布情况可以用下图表示。

$$\to A_0 \bullet A（了_1）\to B（着_1）\to C_1（了_2）\bullet C_2（了_3）\to D（着_2）\to$$

$$\underbrace{\qquad\qquad\qquad}_{过_1} \qquad \underbrace{\qquad\qquad\qquad}_{过_2}$$

第一章对"事件"的定义以及如上图所示的事件过程结构模式是本书讨论的基础。从理论上讲，事件的不同阶段或事态都存在相应的动词及其相应的语法表现形式，如"开始"只具有图中 A 所示活动起始的过程特征，只能描述事件过程结构模式中的活动起始事态，"结束"只具有图中 C_1 所示活动终结的过程特征，只能描述事件过程结构模式中的活动终结事态，而"挂"则具有图中 A 至 D 所示的五种过程特征，可以描述事件过程结构的所有事态。如图所示，汉语"了""着""过"不仅具有传统意义的时体（aspect）标记功能，而且具有事件随时间展开所呈现的不同事态的标示功能，而后者对准确认识"了""着""过"的句法特征及其语法意义更为重要。总之，不同的动词尽管存在过程特征上的差异，但这并不妨碍将其置于我们构拟的事件过程结构模式上加以讨论。

二 类型学视野中的汉英事态范畴和汉语动词的事态结构

第三章、第四章组成本书研究的第二部分，该部分从类型学角度对汉英事态范畴进行对比，指出造成汉英事态差异的类型学原因，并详细讨论和概括汉语动词的事态结构类型。

"第三章 时体、事态及汉英事态范畴的类型学差异"指出，传统时相、情状、时体研究存在着某些局限，主要因传统的时体观是"对情状的内部时间构成进行观察的不同方式"（Comrie，1976：3），关注的是"情状的时间组织和时间视角"（Smith，1991：xvi），其中"观察的不同方式"以及"时间视角"允许观察者脱离于事件随时间而展开的连续过程，将目光聚焦于事件随时间展开的具体的某一阶段。而事态则重视对事件随时间展开的全程扫描，虽然具体观察的对象往往也只是事件过程中具体的某一阶段。简言之，在事件的展开过程中，对时体的观察来自于外部视角，对事态的观察着眼于事件展开过程中内在的连续、继起或过递关系。尽管时体和事态关注的都是事件的过程属性，但以往的研究主要着眼于时体问题，事态因为跟时体密切相关而被掩盖了，未能得到充分讨论，致使一些时体和事态的交叉问题未能得到有效的揭示。事实上，虽然时体和事态都跟事件的过程属性相关，但不同语言主要是采取外部视点策略还是内在过程策略，实际上呈现出一定的类型差异。

就汉语和英语而言，由于观察时体的策略并不完全相同，二者在事态范畴方面也存在着一定的差异。类型学的研究表明，英语是时制凸显的语言，汉语是时体凸显的语言。英语因为凸显时制，主要从外部视点观察事件的内部时间构成，汉语凸显时体，主要通过内部视点对事件过程进行审视。具体来说，汉英事态范畴的差异体现在，英语立足于外部视点观察事态，汉语则立足于事件的内部过程观察事态。

"第四章 汉语过程动词的事态结构"按照过程和历时观的思路，在事件过程结构理想模式的基础上，讨论汉语过程动词的事态结构并概括其类型。研究表明，"了""着""过"各有分工，互为补充，三者可以标示事件随时间展开所呈现的活动起始、活动持续、活动终结、遗留状态起始、遗留状态持续，以及活动经历和遗留状态经历八种事态，从而对一个完整事件进行比较精细的刻画。其中"了"和"着"的交替使用可以描述事件随时间展开的动态性过递过程，"过"则标示活动或遗留状态的经历事态，不参与事件不同事态动态性过递过程的展开。根据动词内在语义结构中是否具有"活动起始""活动持续""活动终结""遗留状态起始""遗留状态持续"，以及是否具有"连续性活动经历""反复性活动经历""遗留状态经历"等事态特征，汉语描述事件展开的动词大致可以分为十种事态结构类型：活动起始动词、活动终结动词、强活动过程动词、弱活动过程动词、弱活动过程过递遗留状态动词、遗留状态过程动词、弱活动终结过递遗留状态过程动词、活动持续动词、遗留状态持续动词、活动过程过递遗留状态过程动词。并不是所有描述事件展开的动词都能跟"了""着""过"共现，"了""着""过"之间存在复杂的对应和不对应关系。从跟"了""着""过"共现及其在事件过程结构中事态呈现的情况看，汉语描述事件展开的动词有单事态和多事态的分别，即有的动词在一般情况下呈现一种事态，有的动词在事件的展开过程中可以呈现多种事态。

三 事态视域中的时体助词

第五章、第六章组成本书研究的第三部分，从事件过程结构这一新的角度重新探讨汉语时体助词"了"的语法意义，以及汉语存现构式跟"了"或"着"共现及其相关问题，其目的是从事态这一崭新角度重新审视传统时体研究的某些不足，并揭示时体助词的句法语义特征。

"第五章　'了'语法意义的过程阐释"从动态过程观出发,指出"了"的语法意义具有"完结""起始"两面性,可以标示事件随时间展开过程中的活动起始、活动终结和遗留状态起始三种事态,其中活动起始和遗留状态起始还蕴含着从起始向未来延展的意义。"了"语法意义的"完结""起始"两面性,受到与之相关的动词性词语或整个句子在事件过程结构中所体现的过程特征的制约,由此导致其语法意义的复杂化。研究表明,句中"了"(即所谓"了(1)")和句末"了"(即所谓"了(2)")的语法意义具有同一性,"了(1)""了(2)"的分别仅有区别句法分布的作用,不具区别语法意义的价值。联系"了"跟英语时制和时体复杂的对应关系,"了"语法意义的"完结""起始"两面性是造成这种复杂局面的主要原因。其跟"终结"过程特征的动词共现时所表示的单面"完结"语法意义表明,"了"跟英语一般过去时所表示的完整体(perfective)具有对应性;其跟"完结""起始"双面特征的动词所表示的"完结""起始"双面性,以及跟"起始"(包括活动起始或遗留状态起始)过程特征的动词共现所表示的单面"起始"语法意义(即传统认为的"事态出现了变化")表明,"了"跟英语的完成体(perfect)、表示状态变化的一般体,甚至某些类型的未完整体(imperfective)具有对应性,这是因为"了"的"起始"语法意义通常蕴含着向未来延展的意义。

在动词时制和时体范畴的表现形式上,由于英语时制更为凸显,而汉语则凸显时体,因此不像英语动词在体现时体的同时还要求体现时制,汉语动词只体现时体而不管时制,这也从时制一面造成"了"跟英语动词不同时制的对应局面,从而促成了"了"跟英语动词时制、时体对应的复杂局面。汉语动词只体现时体而不管时制,这也说明"了"跟英语非限定动词存在对应的可能。

"第六章　事件过程与存现构式中的'了'和'着'"指出,跟英语比较,汉语存现句中"了"和"着"的共现问题具有类型学意义,反映了时体凸显的语言中,存现事件的事态过递或转化关系。

汉语的存现动词跟"了"或"着"的共现与其内在的语义特征

存在对应关系。具有"出现""消隐""呈现"或"附着"特征的动词通常可以跟"了"共现；具有"持续"特征的附着动词和呈现动词通常可以跟"着"共现。"了"字存现句可以描述存现事件的活动起始、活动终结和遗留状态起始事态；"着"字存现句可以描述存现事件的活动持续和遗留状态持续事态。

具有"起始"过递"持续"或"持续"过递"终结"特征的呈现或附着动词跟"了"和"着"都可以共现。就存现过程而言，活动起始过递活动持续和遗留状态起始过递遗留状态持续事态可以以"着"替换"了"实现时序过递；活动持续过递活动终结事态则以"了"替换"着"实现时序过递。但是，"了""着"替换后的存现句在反映事件过程的事态上依然存在着差异，这种差异在语义、句法、语用和语篇方面都有所反映。

四 动词的界性特征和汉英语事态量度的类型学差异

第七章、第八章组成本书研究的第四部分，讨论汉语过程动词的界性特征，在此基础上讨论事态的量度问题。

"第七章 汉语过程动词的界性特征"着重讨论事件过程的展开与动词过程特征互动所体现的界性特征，从动词的界性特征（"有界"和"无界"）出发，对汉语动词进行了重新分类，并简要讨论动词界性特征对相关成分的语义制约。本章指出，描述事件遗留状态的过程动词通常具有恒定的持续特征，都具有无界性，而描述事件活动阶段的过程动词从起始到终结具有丰富的界性特征类型。因此，本章讨论的过程动词主要指描述活动阶段的过程动词，具体包括"活动起始动词""活动终结动词""强活动过程动词""弱活动过程动词""弱活动过程过递遗留状态动词"所描述的弱活动过程阶段，以及"活动过程过递遗留状态过程动词"所描述的活动过程阶段。从动词的界性特征出发，上述动词可以构成不同界性特征的七种类型：活动起始动词、活动持续动词、活动动词、活动—完成跨界动词、活动完成动词、活动达成动词和活动终结动词。它们从强"无界"特征到强"有界"特征形成一个连续统，不同界性特征的动词在语法性质及分布特征上呈现出一定的差异性。

本章将七类界性特征的动词分别套入"V＋了＋时量短语＋了"格式，发现该格式中时量短语的语义所指呈现出这样的规律：无界动词进入该格式，时量短语表示活动持续的时间；有界动词进入该格式，时量短语表示活动结束后既成事件状态的持续时间；跨界动词进入该格式，时量短语有二解，既可以理解为活动持续的时间，也可以理解为活动结束后既成事件状态的持续时间，其歧义可以通过确定空宾语的位置得以分解。在"动词＋时量短语"结构中，"了"的不同分布会带来句法和语义上的变化。

本章最后指出，"场景动词"排斥时量短语与之共现，是因为它的"当时"性与时量短语的持续性语义特征不相容；"定时事件动词"排斥时量短语与之共现，是因为它的时量限定性与时量短语的持续性语义特征不相容。

"第八章　汉英事态量度的类型学比较"指出，事态在时间轴上呈现出来的久暂构成事态的量度，事态的量度表现在三个方面：一是恒量，即事态在时间轴上呈现出一种均匀的、没有变化的、随时间延展的过程；二是动量，即事态在一定时间内反复发生的次数；三是时量，即事态在一定条件下持续时间的长度。本章在对汉语和英语事态量度表达的对比中揭示其共性和个性，并对个性差异进行探讨，重点讨论汉语时量表达式"V＋（了）＋时量短语＋（了）"中时量短语的语义多指现象。

动词的过程特征随事件过程的展开而发生改变，动词后时量短语的语义所指也随动词过程特征的改变而发生变化。通过讨论，得出如下结论：

第一，事件过程结构中的活动起始、活动终结和遗留状态起始三种事态跟时体助词"了"有共现关系，这三种事态无论是开始还是终结都处在时间的延续过程中，因此都可以后接时量短语表示活动或状态以及活动结束后在时间轴上的延展时间，"了"的共现起到了标记计时起点的功能。

第二，时量短语的语义所指受动词过程特征的约束。活动起始或活动动词后接时量短语表示活动起始后的活动持续时间；活动完成、达成或终结动词后接时量短语表示活动完结后的延续时间；动词的过程特征体现为遗留状态起始时，其后的时量短语表示遗留状态起始之后状态的持续时间。具单一"起始""终结"或"遗留状态"过程特征的动词，以及具弱终结特征的过程动词，当它们后接时量短语时，其所指通常是明确的。具强起始和终结特征的活动过程动词随事件过程的展开可以描写事件的起始、持续和终结三种事态，这类动词后接时量短语时有二解的可能，既可以表活动持续的时间，也可以表活动结束后的延续时间；活动过程过递遗留状态过程动词除具有强活动过程动词的三种过程特征之外，动词本身随活动终结还可以转化为遗留状态，后接时量短语时，除具有强活动过程动词的上述两种歧解外，还可以表遗留状态开始后的状态持续时间。

第三，时量短语的语义所指跟动词的界性特征也有关系。无界动词后接时量短语表示活动开始后的活动持续时间；有界动词后接时量短语表示活动完结后的延续时间；动词的界性特征不明确时，后接时量短语的语义所指存在歧解，这种歧义在一定程度上受认知图式的约束，当认知图式无法完成对时量短语语义所指的导向作用时，语境或篇章在一定程度上可以起到微调的作用，从而促使歧义消解。

五　动词的动位范畴及其句法语义特征

第九章、第十章组成本书研究的第五部分，讨论不同过程特征的动词的空间位置属性及其句法语义特征。

"第九章　事件过程与动词的动位范畴"指出，既然一切事物都以时间和空间为其存在的前提和条件，那么研究动词不仅要研究其时间属性，也要研究其空间属性。本章的研究说明，动词表示的动作在随时间展开的过程中，其"空间位置"属性也会呈现出不同的特征。本章从汉英动词动位特征的类型学差异着手，重点讨论汉语动词的动位范畴，以此为基础，对造成汉英动词动位特征差异的原因进行概括和总结。具体而言，汉语表位置关系的处所"在"字短语跟动词的共现位序要受到动词动位特征的制约，同时处所"在"字短语的语法意义也随动词动位特征的不同而产生较大差别。处所"在"字短语跟定位动词和起位动词组合时只能置于动词前；跟终位动词组合时只能置于动词后。处所"在"字短语跟双位动词和附位动词组合时，在语义特征相容的情况下，既可以出现在动词前也可以出现在动词后。但是，具体的语言环境中，二者的相互转换要受到双位动词和附位动词的位移对象或附着对象，以及处所"在"字短语语义指向的双重制约。当双位动词和附位动词的位移对象或附着对象是主体且处所"在"字短语也指向主体时，随着位移动作的空间位置从起点向终点，或随着附位动作发生时的附着位置向附着动作结束时的附着位置的转换，动词前处所"在"字短语随之转换至动词之后。双位动词和附位动词的位移对象或附着对象是客体时，至少存在三种可能：动词前处所"在"字短语专指主体，且非双位动词或附位动词的实际起位或附位，通常置于动词前，不能置于动词后；动词前处所"在"字短语专指客体，且又是双位动词或附位动词的实际起位或附位的时候，动词前处所"在"字短语可以置于动词后；动词前处所"在"字短语的语义指向可能因语境因素变得很复杂，致使动词前处所"在"字短语跟动词后处所"在"字短语的转换关系也变得很复杂。

"第十章　附着事件、附着动词及相关句法语义"具体讨论附着动词（附位动词）的过程特征及其相关表达式。本章对附着动词进行了系统分类，对处所"在"字短语的位序及其条件制约做了较为详细的探讨。研究表明，处所"在"字短语的位序要受附着动词的过程特征和语用环境的双重制约；不同类型和不同过程特征的附着动词或动词短语构成的句子对把字句、被字句、受事主语句以及静态呈现句等变换句式的适应性不尽一致。

基于附着事件的过程结构、相关动词的过程特征及其界性特征，本章将附着动词分为两大类六小类，并从句法语义角度探讨了附着事件的过程结构和附着动词过程特征的互动关系。研究表明，附着动词的过程特征跟附着事件的过程结构之间存在着严格的对应关系，这种对应性在句法和语义上有充分显示。此外，附着客体的类型对附着事件的过程结构及把字句、被字句的适应性，形成互补关系。

　　本书研究的目的是在借鉴学界对"事件"的不同认识及各种事件结构分析模式所取得成果，并在检讨其局限性及传统时体研究的不足的基础上，从过程哲学动态过程观的角度，对语言学意义的"事件"提出新的定义，并建立适应于动词和动词性结构时空属性分析的事件过程结构模式。以该模式为基础，同时借鉴认知语言学、语言类型学等的研究成果，从汉英语对比角度并以挖掘汉语个性特点为目标，本书系统讨论了汉英事态范畴的类型学差异，汉语过程动词的事态结构类型，动词的界性特征及事态的量度，典型时体助词"了""着""过"的事态标示功能，以及动词的空间位置属性。研究表明，基于事件过程结构模式，可以对动词和动词性结构的时空属性进行有效的揭示，因此与之相关的准时体助词"起来""下来""下去""来着"，以及事态副词"正""正在""在"等的事态标示功能，事件过程结构跟动词论元的隐现及配位方式，事件过程结构跟情态和语气的互动关系，等等，这些课题值得今后在该模式基础上进行深入的探究。

附录一 汉语动词的事态结构类型

以孟琮、郑怀德、孟庆海、蔡文兰编《汉语动词用法词典》（商务印书馆 1999 年版）为统计源，每类动词的数目和百分比以该词典义项出条 2117 计算，动词上标 1、2、3 等表示不同的词，下标（1）、（2）、（3）等表示同一个词的不同义项，以数目和百分比大小排序。"过"标示的经历事态分为完整性经历和反复性经历两类，其中反复性经历在事件过程结构模式中具有不确定性，以下多事态和单事态的分别以"了"和"着"标示的事态过递结构为参照。

1. 多事态动词

（1）强活动过程动词（$V_3 \cdot ABC_1$〔＋过$_1$〕），1456，68.78%

挨^{2}ái，爱$_{(3)}$，爱护，爱惜，安排$_{(1)}$，安排$_{(2)}$，安慰，安置，熬$_{(1)}$，熬$_{(2)}$，巴结，拔$_{(1)}$，拔$_{(2)}$，拔$_{(3)}$，拔$_{(4)}$，把握$_{(1)}$，把握$_{(2)}$，霸占，掰，摆$_{(2)}$，摆$_{(3)}$，摆弄，搬$_{(1)}$，搬$_{(2)}$，搬$_{(3)}$，办$_{(1)}$，办$_{(2)}$，办$_{(3)}$，办理，帮，帮忙，帮助，包$_{(2)}$，包$_{(3)}$，包$_{(4)}$，包$_{(5)}$，包围，剥，保护，保留$_{(2)}$，保卫，报复，报告，报销，抱$_{(2)}$，抱怨，暴露，背 bèi$_{(1)}$，背 bèi$_{(2)}$，奔跑，奔走，奔$_{(1)}$，奔$_{(2)}$，蹦，逼，比$_{(1)}$，比$_{(3)}$，比较，比赛，闭，避，编$_{(1)}$，编$_{(2)}$，编$_{(3)}$，编$_{(4)}$，编$_{(5)}$，变$_{(1)}$，变$_{(3)}$，变化，辩论，表达，表决，表示$_{(1)}$，表现$_{(2)}$，表演$_{(1)}$，表演$_{(2)}$，表扬，病，拨$_{(1)}$，拨$_{(2)}$，剥削，驳斥，补$_{(1)}$，补$_{(2)}$，补$_{(3)}$，补充，补助，布置$_{(1)}$，布置$_{(2)}$，擦$_{(1)}$，擦$_{(3)}$，猜，裁$_{(1)}$，裁$_{(2)}$，采$_{(1)}$，采$_{(2)}$，采$_{(3)}$，采购，采集，采纳，采取，采用，踩，参观，参加，参考，操心，操纵$_{(1)}$，操纵$_{(2)}$，测，测量，测验，插$_{(2)}$，

查$_{(1)}$，查$_{(2)}$，查$_{(3)}$，拆$_{(1)}$，拆$_{(2)}$，拆除，搀^1，产生，铲，尝，偿还，唱$_{(1)}$，唱$_{(2)}$，抄^{1}chāo$_{(1)}$，抄^{1}chāo$_{(2)}$，抄^{2}chāo$_{(1)}$，抄^{2}chāo$_{(2)}$，抄^{2}chāo$_{(3)}$，抄写，超过$_{(1)}$，吵$_{(1)}$，吵$_{(2)}$，炒，扯$_{(1)}$，扯$_{(2)}$，扯$_{(3)}$，撤$_{(1)}$，撤$_{(2)}$，撤$_{(4)}$，撤销，沉，陈述，称^1，称^2，称赞，呈现，承担，承认，乘^1，乘^2，吃$_{(1)}$，吃$_{(2)}$，吃$_{(3)}$，吃$_{(4)}$，吃$_{(5)}$，冲^1，冲$^{2(1)}$，冲$^{2(2)}$，冲突，重复，抽$^{1(1)}$，抽$^{1(2)}$，抽$^{1(3)}$，抽$^{1(4)}$，抽$^{2(1)}$，抽$^{2(2)}$，抽查，愁，筹备，出$_{(3)}$，出$_{(4)}$，出$_{(5)}$，出$_{(6)}$，出差，出现，锄，处理$_{(1)}$，处理$_{(2)}$，穿$_{(2)}$，穿$_{(3)}$，传$_{(1)}$，传$_{(2)}$，传$_{(3)}$，传$_{(4)}$，传$_{(5)}$，传达，传染，喘，串$_{(2)}$，串$_{(3)}$，闯$_{(1)}$，闯$_{(2)}$，创造，吹$_{(1)}$，吹$_{(2)}$，吹$_{(3)}$，刺激$_{(1)}$，刺激$_{(2)}$，凑$_{(1)}$，凑$_{(3)}$，促进，促使，催$_{(1)}$，催$_{(2)}$，搓，搭$_{(3)}$，搭$_{(4)}$，搭$_{(5)}$，搭$_{(6)}$，答应$_{(1)}$，答应$_{(2)}$，答复，打$_{(1)}$，打$_{(2)}$，打$_{(3)}$，打$_{(4)}$，打$_{(5)}$，打$_{(6)}$，打$_{(7)}$，打$_{(9)}$，打$_{(11)}$，打$_{(12)}$，打$_{(13)}$，打$_{(14)}$，打$_{(15)}$，打$_{(16)}$，打$_{(17)}$，打$_{(18)}$，打$_{(19)}$，打$_{(20)}$，打$_{(21)}$，打$_{(22)}$，打$_{(23)}$，打扮，打击，打算，打听，逮，代表$_{(1)}$，代理，代替，带$_{(2)}$，带$_{(5)}$，带$_{(6)}$，逮捕，担任，担心，耽误，掸，当dāng$_{(1)}$，当dāng$_{(2)}$，当心，挡$_{(1)}$，挡$_{(2)}$，捣，捣乱，倒^{1}dǎo$_{(1)}$，倒^{2}dǎo$_{(1)}$，倒^{2}dǎo$_{(2)}$，倒dào$_{(1)}$，倒dào$_{(2)}$，倒退，道歉，登$^{1(1)}$，登$^{2(1)}$，登$^{2(2)}$，登记，等$_{(1)}$，等待，等候，滴，抵抗，递，颠倒，点$_{(1)}$，点$_{(2)}$，点$_{(3)}$，点$_{(4)}$，点$_{(5)}$，点$_{(7)}$，点$_{(8)}$，点$_{(9)}$，惦记，调diào，调查，调动$_{(1)}$，调动$_{(2)}$，掉$^{1(1)}$，掉$^{2(1)}$，掉$^{2(2)}$，叠，叮，盯，钉dīng$_{(1)}$，钉dīng$_{(2)}$，顶$_{(2)}$，顶$_{(3)}$，顶$_{(5)}$，顶$_{(6)}$，顶$_{(7)}$，顶$_{(8)}$，订$_{(1)}$，订$_{(2)}$，钉dìng$_{(1)}$，定，丢$_{(2)}$，动$_{(1)}$，动$_{(2)}$，动$_{(3)}$，动$_{(4)}$，动弹，动员，冻$_{(2)}$，斗$_{(1)}$，斗$_{(2)}$，斗$_{(3)}$，斗争$_{(1)}$，斗争$_{(2)}$，逗，督促，读$_{(1)}$，读$_{(2)}$，读$_{(3)}$，端正，断$_{(2)}$，锻炼，对$_{(3)}$，对$_{(5)}$，对$_{(6)}$，对待，对抗，兑换，蹾$_{(2)}$，多$_{(1)}$，多$_{(2)}$，夺$_{(1)}$，躲避，躲藏，剁，饿$_{(1)}$，饿$_{(2)}$，发$_{(1)}$，发$_{(2)}$，发$_{(3)}$，发$_{(4)}$，发$_{(5)}$，发$_{(6)}$，发$_{(7)}$，发$_{(8)}$，发$_{(9)}$，发表$_{(1)}$，发愁，发动$_{(1)}$，发动$_{(2)}$，发动$_{(3)}$，发挥$_{(1)}$，发挥$_{(2)}$，发扬，发展，翻$_{(1)}$，翻$_{(2)}$，翻$_{(3)}$，翻$_{(4)}$，翻$_{(6)}$，翻$_{(7)}$，翻译，反对，反抗，反省，反映$_{(1)}$，反映$_{(2)}$，犯$_{(2)}$，防，防备，防守，访问，

放(1)，放(2)，放(3)，放(4)，放(5)，放(6)，放(8)，放(9)，放心，飞(1)，飞(2)，飞(3)，飞(4)，费，分(1)，分(2)，分(3)，分别²，分配(1)，分配(2)，分析，粉碎，奋斗，丰富，讽刺，奉承，否认，扶(1)，扶(2)，服从，服务，抚养，辅导，负担，负责，该²，改(1)，改(2)，改(3)，改变(1)，改革，改进，改善，改造(1)，改造(2)，改正，盖(4)，干扰，干涉，赶(1)，赶(2)，赶(3)，赶(4)，搞，搁(2)，割，跟，跟随，耕，工作，攻击(1)，攻击(2)，供，贡献，勾引，够，估计，鼓动，鼓励，雇，刮¹⁽¹⁾，刮¹⁽³⁾，刮²，挂(3)，挂(4)，挂(6)，拐¹，拐²，怪，关(1)，关心，观察，管(1)，管(2)，管(3)，管(4)，管(6)，管理(1)，管理(2)，管理(3)，贯彻，广播，逛，滚(1)，过(1)，过(2)，过(3)，害(1)，害(2)，害怕，害羞，喊(1)，喊(2)，号召，喝，核对，合(1)，合(2)，合(4)，合作，恨，轰动，哄 hǒng，哄 hòng，后悔，呼吸，忽视，互助，护理(1)，护理(2)，花，划¹ huá，划² huá，化，化装，划 huà，怀念，怀疑(1)，怀疑(2)，欢迎(1)，欢迎(2)，还(1)，还(2)，换(1)，换(2)，换(3)，恢复，回(2)，回(3)，回答，回忆，汇报，会¹，昏迷，混(2)，混(3)，活，活动(1)，活动(2)，活动(3)，活动(4)，和 huò，积累，集中，挤(1)，挤(2)，挤(3)，计较(1)，计较(2)，计算(1)，计算(2)，计算(3)，纪念，忌妒，继承(1)，继承(2)，继续，寄(1)，寄(2)，寄托，加(1)，加(2)，加(3)，假装，驾驶，坚持，监督，监视，兼任，煎(2)，捡，检查(1)，检查(2)，检讨，检验，减少，剪，建设，建议，建筑，健全，鉴别，讲(1)，讲(2)，讲(3)，讲究，奖励，降(1)，降(2)，降落，交(1)，交(3)，交代(1)，交代(2)，交代(3)，交换，交际，交流，交涉，浇(1)，浇(2)，浇(3)，教，嚼，搅，缴，叫¹⁽¹⁾，叫¹⁽²⁾，叫¹⁽³⁾，校对(1)，校对(2)，教训，教育，接(2)，接(3)，接(4)，接待，接见，接近，接洽，接收，接受，揭(1)，揭(2)，揭(3)，揭发，揭露，节约，结合，解(1)，解(2)，解放，解决(1)，解决(2)，解释，介绍(1)，介绍(3)，紧，尽，进攻，进行，禁止，经受，警告，警惕，敬，纠正，救，救济，鞠躬，举(2)，举行，拒绝，锯，卷(1)，卷(2)，觉悟，掘，开(2)，开(4)，开(6)，开(8)，开(10)，开(11)，开(13)，开(16)，开动，开辟，开展，看 kān(1)，看 kān(2)，砍(1)，砍(2)，看 kàn(1)，看 kàn(2)，看 kàn(3)，看 kàn(5)，抗议，考，考虑，考试，考验，烤，靠(2)，靠(3)，靠近，磕，咳嗽，渴，克服，啃，恐吓，控诉，控制，抠(1)，抠(3)，扣(3)，扣(4)，扣留，哭，夸(1)，夸(2)，夸奖，扩充，扩大，拉¹lā(2)，拉¹lā(3)，拉¹lā(4)，拉¹lā(5)，拉¹lā(6)，拉²lā(1)，拉 lá，落 là(3)，来往(1)，来往(2)，朗读，浪费，捞(1)，捞(2)，劳动，理(1)，立(2)，利用，连累，联系，练，练习，炼，恋爱，量，了解(2)，淋 lín，淋 lìn，领导，留(1)，留(3)，留神，留心，流，流传，流动(1)，流动(2)，流行，搂 lōu(1)，搂 lōu(2)，搂 lōu(3)，搂 lòu，漏(1)，旅行，落 luò(1)，落 luò(2)，落 luò(4)，抹(1)，抹(2)，骂，埋没(1)，埋没(2)，买，迈，卖(1)，卖(2)，卖(3)，卖(4)，卖弄，埋怨，瞒，冒(1)，冒(2)，冒充，蒙蔽，弥补，迷(2)，描(1)，描(2)，描写，灭(1)，灭(2)，命令，摸(1)，摸(2)，摸(3)，摸(4)，模仿，模糊，磨 mó(1)，磨 mó(2)，磨 mó(3)，磨 mó(4)，磨 mó(5)，抹 mǒ(2)，抹 mǒ(3)，抹杀，没收，抹 mò，磨 mò(1)，磨 mò(2)，谋害，拿(5)，挠，闹(1)，闹(2)，闹(3)，闹(4)，拟定，捻，碾，撵，念(1)，念(2)，念叨，捏，捏造，拧 níng(1)，拧 níng(2)，扭(1)，扭(3)，扭转，弄(1)，弄(2)，虐待，挪，挪用，呕吐，爬(1)，爬(2)，怕(1)，拍(1)，拍(2)，拍(3)，拍(4)，排¹(2)，排²，排挤，排练，派，盘算，盘问，判断，盼，盼望，耪，抛(1)，抛(2)，跑(1)，跑(3)，跑(4)，跑(5)，泡(2)，陪，培养(1)，培养(2)，赔(2)，佩服，配(1)，配(2)，配(3)，配(4)，配合，捧(2)，碰(1)，碰(3)，批(2)，批改，批判，批评，劈 pī(1)，劈 pǐ(1)，劈 pǐ(2)，劈 pǐ(3)，便宜，骗，漂，剽窃，飘，飘扬，拼² pīn，品尝，聘请，评(1)，评(2)，评论，凭(1)，泼，迫害，破(2)，破(3)，破(7)，破坏，扑(2)，普及，沏，期待，欺负，欺骗，欺压，歧视，乞求，启发，起(2)，起(4)，起(5)，起(6)，起(7)，气，砌，掐(1)，掐(2)，迁就，迁移，牵，牵扯，牵连，谦让，前，欠¹，欠²⁽¹⁾，欠²⁽²⁾，强调，抢¹⁽¹⁾，抢¹⁽²⁾，抢²，抢劫，强迫，敲(1)，敲(2)，敲诈，撬，切，亲，侵略，侵占(1)，侵占(2)，轻视，清理，清洗(1)，清洗(2)，情愿(1)，晴，请(1)，请(2)，请教，请求，请示，庆祝，求(1)，求(2)，驱逐，

屈服，取(1)，取(2)，取(3)，去[1(1)]，去[2]，劝，劝解，缺(1)，缺乏，染(2)，嚷(1)，嚷(2)，让(1)，让(2)，扰乱，绕(2)，绕(3)，惹(2)，惹(3)，热，热爱，忍耐，忍受，认(1)，认(3)，扔(1)，揉(1)，揉(2)，撒sā(1)，撒sā(2)，赛(1)，散布，散步，散发，扫(1)，扫(2)，扫(3)，杀(1)，杀(2)，杀(4)，筛，删，扇，闪(1)，闪(5)，伤，伤心，商量，赏，上(1)，上(6)，上(9)，上(10)，上(11)，捎，烧(1)，烧(3)，烧(4)，少(3)，赊，设计，申请，伸，审(1)，审(2)，审查，审问，渗，升(1)，生(1)，生(2)，生(3)，生(4)，生产，生活，生气，生长，声明，省(1)，胜(1)，剩，实践，实行，拾，拾掇(1)，拾掇(2)，使(1)，使唤(1)，使唤(2)，使用，侍候，试，试验，适应，收(1)，收(2)，收(3)，收(4)，收(5)，收(6)，收获，收集，收拾(1)，收拾(2)，收拾(3)，守(1)，守(3)，受(1)，梳，输[1]，输[2]，熟悉，数(1)，树立，摔(1)，摔(3)，摔(4)，率领，涮(1)，涮(2)，睡，顺(1)，顺(2)，顺从，说(1)，说(2)，说(3)，思考，撕，松，送(1)，送(2)，送(3)，搜查，搜集，算(1)，算(3)，算计(1)，算计(2)，算计(3)，算计(4)，算计(5)，损害，缩(2)，缩(3)，缩小，塌(1)，塌(2)，踏，抬(1)，抬(2)，抬举，贪污，摊(2)，摊(3)，谈，谈论，弹(1)，弹(2)，弹(3)，坦白，叹，探(1)，摊(2)，探望(1)，烫(1)，掏(1)，掏(2)，逃(2)，逃避，淘(1)，淘(2)，讨(1)，讨(3)，讨论，讨厌，套(3)，套(4)，套(5)，套(6)，疼(1)，疼(2)，腾，剔(1)，剔(2)，剔(3)，踢，提(1)，提(3)，提(4)，提(6)，提(7)，提倡，提高，提供，提醒，体会，体谅，体贴，剃，替，替换，添，舔，挑tiāo(1)，挑tiāo(2)，挑[2]tiāo，挑选，调tiáo，调剂，调解，调整，挑tiǎo(2)，挑tiǎo(3)，挑tiǎo(4)，挑拨，挑战(1)，挑战(2)，跳(1)，跳(2)，贴(2)，贴(3)，听(1)，听取，停(1)，通(1)，通(2)，通(3)，同情，捅(1)，捅(2)，捅(3)，偷(1)，偷(2)，投(1)，投(2)，投(4)，投(5)，投(7)，投降，透(1)，透(3)，透露，突击(1)，突击(2)，涂(2)，涂(3)，吐tǔ(1)，吐tǔ(2)，吐tǔ(3)，吐tù(1)，吐tù(2)，团结，推(1)，推(2)，推(3)，推(5)，推(7)，推测，推动，推广，推荐，退(1)，退(3)，退(4)，退(5)，退还，褪tuì，吞(1)，吞(2)，褪tùn，脱(1)，脱(2)，脱(3)，拖(1)，拖(2)，拖(3)，拖延，托[1]，托[2]，驮，妥协，挖，挖苦，弯，玩儿(1)，

玩儿(2)，玩儿(3)，挽救，望，威胁，维持，维护，喂(1)，喂(2)，慰问，闻，吻，稳定，问(1)，问(2)，问(3)，捂，侮辱，吸(1)，吸(2)，吸(3)，吸收(1)，吸引，袭击，洗(1)，洗(2)，洗(3)，洗澡，下(1)，下(2)，下(3)，下(8)，下(9)，下(10)，下降，吓，吓唬，掀，嫌，限制，陷害，献(1)，献(2)，享受，响，响应，想(1)，想(2)，想(4)，想(5)，想念，向(2)，消除，消化(1)，消化(2)，消灭(2)，消失，小心，孝敬，笑，笑话，歇，协商，协助，写(2)，卸(1)，卸(2)，卸(3)，欣赏(1)，欣赏(2)，信(1)，醒(2)，休息，修(1)，修(2)，修(3)，修(4)，修改，修理(1)，修理(2)，叙述，宣布，宣传，旋转，选(1)，选(2)，选举，选择，学(1)，学(2)，学习，寻找，训，训练，压(2)，压(3)，压(6)，压迫(1)，压迫(2)，压制，轧，淹(1)，淹(2)，延长，研究(1)，研究(2)，掩盖(2)，掩护，掩饰，演，咽，养(1)，养(2)，养(3)，养(4)，养活(1)，养活(2)，养活(3)，要求，邀请，摇，摇晃，咬(1)，咬(3)，咬(4)，咬(5)，要(1)，要(2)，噎，依靠，依赖，移动，议论，阴，引诱，迎接，赢，影响，应付，应用，拥抱，拥护，用(1)，用(3)，优待，游，游行，游泳，邮，预备，预防，预料，原谅，怨，阅读，晕，运，运输，运用，酝酿，砸(1)，宰，在(3)，赞美，糟蹋(1)，糟蹋(2)，凿造(1)，造(2)，责备，增加，增长，扎 zhā，铡，炸 zhá，炸 zhà(2)，炸 zhà(3)，摘(1)，摘(2)，展开(2)，占领，战斗，蘸，张望，长(1)，长(2)，掌握，招¹⁽¹⁾，招¹⁽²⁾，招¹⁽³⁾，招²⁽¹⁾，招³，招待，招呼，着(1)，着(2)，着急，找¹，找²，召集，召开，照(1)，照(2)，照(3)，照顾(1)，照顾(2)，照料，折腾(1)，折腾(2)，折磨，震动(1)，震动(2)，镇压，争吵，争夺，争论，争取(1)，争取(2)，征求，挣扎，整顿，整理，证明，支持(1)，支持(2)，支配(1)，支配(2)，支使，支援，织(1)，织(2)，执行，指(1)，指(4)，指导，指点，指挥，指教，指望，指责，治(1)，治(2)，治疗，制定，制造(1)，制造(2)，制止，重视，主持，煮，嘱咐，住(1)，注解，注意，祝贺，抓(1)，抓(2)，抓(3)，抓(4)，转 zhuǎn(1)，转 zhuǎn(2)，转变，转移，转 zhuàn(1)，转 zhuàn(2)，赚，装¹，撞(3)，追(1)，追(2)，追(3)，追求，准备，拙，着想，自习，综合，总结，走(1)，走(2)，走(4)，租，阻挡，阻止，组织，钻$_{(1)}$，钻$_{(2)}$，钻$_{(3)}$，尊敬，尊重，遵守，遵照，琢磨$_{(1)}$，琢磨$_{(2)}$，作，坐$_{(2)}$，坐$_{(4)}$，做$_{(1)}$，做$_{(2)}$，做$_{(3)}$，做$_{(4)}$，做$_{(6)}$

（2）弱活动过程动词（$V_4 \bullet A_? B_? C_1$〔±过$_1$〕），308，14.55%

爱好，摆脱，包括，爆发，避免，变$_{(2)}$，超过$_{(2)}$，撤$_{(3)}$，成$_{(1)}$、成$_{(2)}$，成立$_{(1)}$，出$_{(1)}$，出$_{(2)}$，出$_{(7)}$，出版，出来，出去，除$_{(1)}$，除$_{(2)}$，处分，穿$_{(1)}$，吹$_{(4)}$，达到，打到，打破，当 dàng$_{(1)}$，当做，倒¹dǎo$_{(2)}$，到，到达，到来，得 dé$_{(1)}$，得 dé$_{(2)}$，得 dé$_{(3)}$，得到$_{(1)}$，得到$_{(2)}$，掉$^{1(2)}$，掉$^{1(3)}$，跌，丢$_{(1)}$，丢$_{(3)}$，断$_{(1)}$，断$_{(3)}$，断绝，对$_{(7)}$，夺$_{(2)}$，夺取，发表$_{(2)}$，发明，发生，发现$_{(1)}$，发现$_{(2)}$，发行，罚，翻$_{(5)}$，犯$_{(1)}$，方便，防止，放$_{(7)}$，放弃，放松，分别¹，分裂，俘虏，符合，复员，改变$_{(2)}$，改良，感到，感动，感谢，干$_{(1)}$，干$_{(2)}$，告诉，给，公布，勾结，挂$_{(2)}$，关$_{(3)}$，关$_{(5)}$，管$_{(5)}$，规定，合$_{(3)}$，欢迎$_{(2)}$，还$_{(1)}$，还$_{(2)}$，换$_{(1)}$，换$_{(2)}$，换$_{(3)}$，恢复，回$_{(1)}$，会$^{2(1)}$，获得，加强，加入$_{(1)}$，加入$_{(2)}$，减$_{(1)}$，减$_{(2)}$，见$_{(1)}$，见$_{(2)}$，见$_{(3)}$，见$_{(5)}$，建立$_{(1)}$，建立，讲$_{(5)}$，降低，交$_{(2)}$，接$_{(5)}$，结婚，解散$_{(1)}$，解散$_{(2)}$，介绍$_{(2)}$，戒，借$_{(1)}$，借$_{(2)}$，进$_{(1)}$，进$_{(2)}$，举$_{(2)}$，决定$_{(1)}$，开$_{(5)}$，开$_{(12)}$，开$_{(14)}$，开除，看见，夸大，落 là$_{(1)}$，落 là$_{(2)}$，来$_{(1)}$，来$_{(2)}$，来$_{(3)}$，离$_{(1)}$，离$_{(3)}$，离婚，离开，理$_{(2)}$，联合，领取，流露，漏$_{(2)}$，落 luò$_{(3)}$，落 luò$_{(5)}$，满足$_{(1)}$，满足$_{(2)}$，没有$_{(1)}$，没有$_{(2)}$，迷$_{(1)}$，明确，拿$_{(4)}$，扭$_{(2)}$，排除，派遣，叛变，抛弃，跑$_{(2)}$，赔$_{(1)}$，赔偿，碰$_{(2)}$，碰见，批发，批准，劈 pī$_{(2)}$，破$_{(1)}$，破$_{(4)}$，破$_{(5)}$，破$_{(6)}$，破裂，扑$_{(1)}$，起$_{(1)}$，起$_{(3)}$，起$_{(8)}$，起来$_{(1)}$，起来$_{(2)}$，签订，切除，取得，取消，去$^{1(2)}$，缺$_{(3)}$，确定，让$_{(3)}$，惹$_{(1)}$，认$_{(2)}$，认$_{(4)}$，认识，入$_{(2)}$，散 sàn，丧失，杀$_{(3)}$，闪$_{(2)}$，闪$_{(3)}$，闪$_{(4)}$，上$_{(2)}$，上$_{(3)}$，上$_{(4)}$，上$_{(5)}$，上$_{(12)}$，少$_{(1)}$，少$_{(2)}$，舍得，深入，升$_{(2)}$，省$_{(2)}$，失败，失去，失望，实现，数$_{(2)}$，摔$_{(2)}$，说服，说明$_{(1)}$，死，算$_{(2)}$，算$_{(5)}$，损失，缩$_{(1)}$，贪$_{(1)}$，贪$_{(2)}$，贪图，摊$_{(4)}$，探望$_{(2)}$，逃$_{(1)}$，逃走，淘汰，讨$_{(2)}$，提$_{(2)}$，提$_{(5)}$，提拔，提议，听$_{(2)}$，听从，听见，听说，停顿$_{(1)}$，停顿$_{(2)}$，停止，通知，同意，统一，投$_{(3)}$，投$_{(6)}$，投入，透$_{(2)}$，突出，推$_{(6)}$，推翻$_{(1)}$，推翻$_{(2)}$，

退$_{(2)}$，脱$_{(4)}$，脱离，完成，忘，忘记，违背，违反，委托，误会，误解，吸收$_{(2)}$，牺牲，下$_{(4)}$，下$_{(5)}$，下$_{(7)}$，下$_{(11)}$，下$_{(12)}$，下$_{(13)}$，下来，下去，相等，相同，相信，信，信任，泄露，谢$_{(1)}$，谢$_{(2)}$，形成，醒悟，削弱，引起，以为，赢得，用$_{(2)}$，有$_{(4)}$，愿意，赞成，遇，遇到，遇见，允许，砸$_{(2)}$，栽$^{1(2)}$，栽^{2}，增产，炸 zhà$_{(1)}$，摘$_{(3)}$，展开$_{(1)}$，指$_{(2)}$，指定，住$_{(2)}$，撞$_{(1)}$，准许，走$_{(3)}$，走$_{(5)}$，走$_{(6)}$，组成，做$_{(5)}$，落$_{(5)}$

（3）活动过程过递遗留状态过程动词（$V_{10} \bullet ABC_{1}$〔＋过$_{1}$〕C_{2} D〔＋过$_{2}$〕），140，6.61%

安$_{(1)}$，安$_{(2)}$，安$_{(3)}$，安插，摆$_{(1)}$，拌，绑，包$_{(1)}$，抱$_{(1)}$，背 bēi，标，擦$_{(2)}$，藏$_{(1)}$，藏$_{(2)}$，插$_{(1)}$，搀^{2}，缠，盛$_{(1)}$，穿$_{(4)}$，串$_{(1)}$，存$_{(1)}$，存$_{(2)}$，存$_{(3)}$，存$_{(4)}$，搭$_{(1)}$，搭$_{(2)}$，打$_{(8)}$，打$_{(10)}$，带$_{(1)}$，戴，登$^{1(2)}$，点$_{(6)}$，点$_{(10)}$，垫$_{(1)}$，钓，顶$_{(1)}$，顶$_{(4)}$，钉 dìng$_{(2)}$，冻$_{(1)}$，堵，端，堆，对$_{(8)}$，躲，放$_{(10)}$，放$_{(11)}$，缝，盖$_{(1)}$，盖$_{(2)}$，搁$_{(1)}$，刮$^{1(2)}$，挂$_{(1)}$，关$_{(2)}$，滚$_{(3)}$，裹，糊，画^{1}，画^{2}，和 huó，记$_{(1)}$，记$_{(2)}$，记录，寄存，夹$_{(1)}$，煎$_{(1)}$，接$_{(1)}$，举$_{(1)}$，开$_{(1)}$，靠$_{(1)}$，抠$_{(2)}$，扣$_{(1)}$，捆，拉^{1} lā$_{(1)}$，拦，立$_{(1)}$，晾，留$_{(2)}$，埋，埋葬，抹 mǒ$_{(1)}$，拧 nǐng，趴$_{(1)}$，趴$_{(2)}$，排$^{1(1)}$，排列，泡$_{(1)}$，喷$_{(1)}$，捧$_{(1)}$，批$_{(1)}$，披$_{(1)}$，拼^{1} pīn，铺，签$^{1(1)}$，签$^{1(2)}$，签^{2}，染$_{(1)}$，绕$_{(1)}$，扔$_{(2)}$，洒，撒 sǎ，塞，散 sǎn，晒，上$_{(7)}$，上$_{(8)}$，射，守$_{(2)}$，刷，拴，锁$_{(1)}$，锁$_{(2)}$，摊$_{(1)}$，烫$_{(2)}$，套$_{(1)}$，套$_{(2)}$，填$_{(1)}$，填$_{(2)}$，挑 tiǎo$_{(1)}$，贴$_{(1)}$，停$_{(3)}$，涂$_{(1)}$，围，握，下$_{(6)}$，写$_{(1)}$，绣，压$_{(1)}$，腌，掩盖$_{(1)}$，隐藏，隐瞒，印，扎 zā，栽$^{1(1)}$，沾，蒸，种，装$^{2(1)}$，装$^{2(2)}$，坐$_{(3)}$

（4）弱活动终结过递遗留状态过程动词（$V_{7} \bullet C_{1?} C_{2} D$〔±过$_{2}$〕），66，3.12%

挨^{1} āi$_{(2)}$，爱$_{(1)}$，保持，保存，保留$_{(1)}$，保留$_{(3)}$，保证，抱$_{(3)}$，抱歉，标志，表示$_{(2)}$，表现$_{(1)}$，差$_{(1)}$，差$_{(2)}$，差$_{(3)}$，朝，盛$_{(2)}$，存$_{(5)}$，代表$_{(2)}$，带$_{(3)}$，带$_{(4)}$，垫$_{(2)}$，懂，蹾$_{(1)}$，挂$_{(5)}$，跪，集合，

夹$_{(2)}$，叫$^{1(4)}$，开$_{(3)}$，扣$_{(2)}$，裂，留$_{(4)}$，迷信，拿$_{(1)}$，拿$_{(2)}$，拿$_{(3)}$，佩带，披$_{(2)}$，骑，缺$_{(2)}$，容纳，躺，体现，停$_{(2)}$，停留，希望，喜欢，瞎，羡慕，醒$_{(2)}$，姓，锈，需要，压$_{(5)}$，哑，遗留，有$_{(1)}$，有$_{(2)}$，占有$_{(2)}$，站^{1}，站^{2}，肿，主张，醉，坐$_{(1)}$

（5）弱活动过程过递遗留状态动词（$V_5 \cdot A_? B_? C_1$［±过$_1$］C_2），15，0.71%

爱$_{(2)}$，成$_{(3)}$，成立$_{(2)}$，成为，会$^{2(2)}$，记得，具备，了解$_{(1)}$，密切，明白，认得，象$_{(1)}$，晓得，在$_{(1)}$，知道

（6）遗留状态过程动词（$V_6 \cdot C_2 D$［±过$_2$］），7，0.33%

包含，充满，具有，决定，离$_{(2)}$，衰亡，混$_{(1)}$

2. 单事态动词

（1）活动终结动词（$V_2 \cdot C_1$［±过$_1$］），21，0.99%

毕业，闭幕，对$_{(4)}$，巩固，结束，经过$_{(1)}$，经过$_{(2)}$，没，灭亡，入$_{(1)}$，说明，算$_{(6)}$，通过$_{(1)}$，通过$_{(2)}$，通过$_{(3)}$，完，完毕，消灭$_{(1)}$，谢谢，醒$_{(3)}$，养成

（2）活动起始动词（$V_1 \cdot A$［±过$_1$］），12，0.57%

出发，告别，滚$_{(2)}$，开$_{(7)}$，开$_{(9)}$，开幕，开始，来$_{(4)}$，拿$_{(6)}$，忍心，着手，可以$_{(2)}$

（3）活动持续动词（$V_8 \cdot B$［±过$_1$］），8，0.38%

凑$_{(2)}$，惦，赶$_{(5)}$，看kàn$_{(7)}$，期望，想$_{(6)}$，向$_{(1)}$，着$_{(4)}$

（4）遗留状态持续动词（$V_9 \cdot D$［±过$_2$］），6，0.28%

挨^{1}āi$_{(1)}$，挨^{1}āi$_{(2)}$，对$_{(2)}$，混$_{(1)}$，咬$_{(2)}$，意味

3. 动词本身没有过程特征，一般不跟时体助词共现，78，3.68%

比$_{(2)}$，比$_{(4)}$，比$_{(5)}$，成$_{(4)}$，当dàng$_{(2)}$，得děi，等$_{(2)}$，等于$_{(1)}$，等于$_{(2)}$，对$_{(1)}$，放$_{(12)}$，盖$_{(3)}$，赶$_{(5)}$，敢，敢于，给以，加以，见$_{(4)}$，讲$_{(4)}$，叫^{2}，据说，觉得$_{(1)}$，觉得$_{(2)}$，开$_{(15)}$，看$_{(4)}$，看$_{(6)}$，可以$_{(1)}$，没有$_{(3)}$，难免，能$_{(1)}$，能$_{(2)}$，能够$_{(1)}$，能够$_{(2)}$，怕$_{(2)}$，配$_{(5)}$，譬如，凭$_{(2)}$，企图，情愿$_{(1)}$，请$_{(3)}$，去^{1}，让$_{(4)}$，忍心，任凭，赛$_{(2)}$，省得，胜$_{(2)}$，使$_{(2)}$，使得，是^{1}，是$^{2(1)}$，是$^{2(2)}$，是$^{2(3)}$，

是$^{2(4)}$，适合，受$_{(2)}$，属于，说$_{(4)}$，算$_{(4)}$，通$_{(4)}$，推$_{(4)}$，往，显得，
想$_{(3)}$，象$_{(2)}$，压$_{(4)}$，以为，有$_{(3)}$，有$_{(5)}$，在$_{(2)}$，在$_{(4)}$，值得$_{(1)}$，
指$_{(3)}$，撞$_{(2)}$，着眼，总计，作为$_{(1)}$，作为$_{(2)}$

附录二 术语索引

附录三　图表索引

（以出现的先后排序，数码表示所在页码）

参考文献

薄冰：《新编英语语法》，世界知识出版社 2004 年版。

曹广顺：《近代汉语助词》，语文出版社 1995 年版。

曹茜蕾：《汉语显指标记的类型学研究》，载冯力、杨永龙、赵长才《汉语时体的历时研究》，语文出版社 2009 年版。

陈平：《论现代汉语时间系统的三元结构》，《中国语文》1988 年第 6 期。

陈忠：《"了"的隐现规律及其成因考察》，《汉语学习》2002 年第 1 期。

陈忠：《汉语时间结构研究》，世界图书出版公司 2009 年版。

陈国亭、陈莉颖：《汉语动词时、体问题思辩》，《语言科学》2005 年第 4 期。

陈前瑞：《〈词汇体与语法体的语义和语用模式〉评介》，《当代语言学》2001 年第 3 期。

陈前瑞：《动词重叠的情状特征及其体的地位》，《语言教学与研究》2001 年第 4 期。

陈前瑞：《汉语内部视点体的聚焦度和主观性》，《世界汉语教学》2003 年第 4 期。

陈前瑞：《汉语四层级的体貌系统》，载竟成《汉语时体系统国际研讨会论文集》，百家出版社 2004 年版。

陈前瑞：《句尾"了"将来时间用法的发展》，《语言教学与研究》2005 年第 1 期。

陈前瑞：《当代体貌理论与汉语四层级的体貌系统》，《汉语学报》2005 年第 3 期。

陈前瑞：《汉语双"了"句的兴衰及相关的理论问题》，《语法研究和探索》（十三），商务印书馆 2006 年版。

陈前瑞：《汉语体貌研究的类型学视野》，商务印书馆 2008 年版。

陈前瑞、王继红：《从完成体到最近将来时——类型学的罕见现象与汉语的常见现象》，《世界汉语教学》2012 年第 2 期。

陈振宇：《时间系统的认知模型与运算》，学林出版社 2007 年版。

陈振宇、李于虎：《经历"过 2"与可重复性》，《世界汉语教学》2013 年第 3 期。

储泽祥：《动词的空间适应性情况考察》，《中国语文》1998 年第 4 期。

崔希亮：《"在"字结构解析——从动词的语义、配价及论元之关系考察》，《世界汉语教学》1996 年第 3 期。

崔希亮：《事件情态和汉语的表态系统》，《语法研究和探索》（十二），商务印书馆 2003 年版。

戴浩一：《时间顺序和汉语的语序》，《国外语言学》1988 年第 1 期。

［英］戴维·克里斯特尔：《现代语言学词典》，沈家煊译，商务印书馆 2002 年版。

戴耀晶：《现代汉语表示持续体的"着"的语义分析》，《语言教学与研究》1991 年第 2 期。

戴耀晶：《现代汉语时体系统研究》，浙江教育出版社 1997 年版。

戴耀晶：《汉语的时体系统和完成体"了"的语义分析》，载竟成《汉语时体系统国际研讨会论文集》，百家出版社 2004 年版。

邓守信：《汉语动词的时间结构》，《语言教学与研究》1985 年第 4 期。

刁晏斌：《试论不与动态助词共现的动词》，《语言科学》2009 年第 6 期。

范方莲：《存在句》，《中国语文》1963 年第 5 期。

范继淹：《论介词短语"在＋处所"》，《语言研究》1982 年第 1 期。

方梅：《从"V着"看汉语不完全体的功能特征》，《语法研究和探索》（九），商务印书馆 2000 年版。

高云球：《过程哲学——作为建设性的后现代主义》，《求是学刊》2006 年第 2 期。

龚千炎：《汉语的时相时制时态》，商务印书馆 1995 年版。

顾阳：《关于存现结构的理论探讨》，《现代外语》1997 年第 3 期。

顾阳：《时态、时制理论与汉语时间参照》，《语言科学》2006 年第 4 期。

郭锐：《汉语动词的过程结构》，《中国语文》1993 年第 6 期。

郭锐：《过程和非过程——汉语谓词性成分的两种外在时间类型》，《中国语文》1997 年第 3 期。

郭风岚：《论副词"在"与"正"的语义特征》，《语言教学与研究》1998 年第 2 期。

韩景泉：《英汉语存现句的生成语法研究》，《现代外语》2001 年第 2 期。

何自然、冉永平：《新编语用学概论》，北京大学出版社 2009 年版。

侯敏：《"在 + 处所"的位置与动词的分类》，《求是学刊》1992 年第 6 期。

侯学超：《现代汉语虚词词典》，北京大学出版社 1998 年版。

胡培安：《时间词语的内部组构与表达功能研究》，吉林人民出版社 2006 年版。

［英］怀特海：《过程与实在》，周邦宪译，贵州人民出版社 2006 年版。

［日］荒川清秀：《"着"与动词的类》，《中国语》1985 年 7 月号。

［日］荒川清秀：《汉语动词意义中的阶段性》，《中国语》1986 年 9 月号。又载大河内康宪《日本近、现代汉语研究论文选》，北京语言学院出版社 1993 年版。

黄正德：《汉语动词的题元结构与其句法表现》，《语言科学》2007 年第 4 期。

蒋绍愚、曹广顺：《近代汉语语法史研究综述》，商务印书馆 2005

年版。

金奉民：《助词"着"的基本语法意义》，《汉语学习》1991 年第
　　4 期。

金立鑫：《试论"了"的时体特征》，《语言教学与研究》1998 年第
　　1 期。

金立鑫：《"S 了"的时体意义及其句法条件》，《语言教学与研究》
　　2003 年第 2 期。

金立鑫：《汉语时体表现的特点及其研究方法》，载竟成《汉语时体
　　系统国际研讨会论文集》，百家出版社 2004 年版。

金立鑫：《对 Reichenbach 时体理论的一点补充》，《中国语文》2008
　　年第 5 期。

竟成：《关于动态助词"了"的语法意义问题》，《语文研究》1993
　　年第 1 期。

孔令达：《动态助词"过"和动词的类》，《安徽师大学报》1985 年
　　第 3 期。

孔令达：《"动词性短语 + 动态助词'过'"的考察》，《安徽师大学
　　报》1986 年第 3 期。

孔令达：《关于动态助词"过 1"和"过 2"》，《中国语文》1986 年
　　第 4 期。

孔令达：《从语言单位的同一性看汉语助词"过"的分合》，《安徽师
　　大学报》1995 年第 3 期。

孔令达：《"VP + 过"的功能》，《安徽师范大学学报》2005 年第
　　6 期。

黎锦熙：《新著国语文法》，商务印书馆 2000 年版。

李宝伦、潘海华：《基于事件的语义学理论》，载刘丹青《语言学前
　　沿与汉语研究》，上海教育出版社 2005 年版。

李福印：《认知语言学概论》，北京大学出版社 2008 年版。

李京廉、王克非：《英汉存现句的句法研究》，《现代外语》2005 年
　　第 4 期。

李临定：《动词的动态功能和静态功能》，《汉语学习》1985 年第

1 期。

李宇明：《动词重叠的若干句法问题》，《中国语文》1998 年第 2 期。

李宇明：《动词重叠与动词带数量补语》，《语法研究和探索》（九），
　　商务印书馆 2000 年版。

廖楚燕：《关于加的夫语法的几个问题》，载黄国文、何伟、廖楚燕
　　《系统功能语法入门：加的夫模式》，北京大学出版社 2008 年版。

刘杰：《位置动词的概念结构及其句法制约》，《世界汉语教学》2009
　　年第 4 期。

刘宁生：《动词的语义范畴："动作"与"状态"》，《汉语学习》
　　1985 年第 1 期。

刘宁生：《论"着"及其相关的两个动态范畴》，《语言研究》1985
　　年第 2 期。

刘勋宁：《现代汉语词尾"了"的语法意义》，《中国语文》1988 年
　　第 5 期。

刘勋宁：《现代汉语句尾"了"的语法意义及其与词尾"了"的联
　　系》，《世界汉语教学》1990 年第 2 期。

刘勋宁：《现代汉语的句子构造与词尾"了"的语法位置》，《语言教
　　学与研究》1999 年第 5 期。

卢福波：《重新解读汉语助词"了"》，《南开语言学刊》2002 年第
　　1 期。

吕叔湘：《中国文法要略》，《吕叔湘文集》第一卷，商务印书馆
　　1990 年版。

吕叔湘：《语言和语言学》，《语文学习》1958 年第 2、3 期。

吕叔湘：《汉语研究工作者的当前任务》，《中国语文》1961 年第
　　4 期。

吕叔湘：《句型和动词学术讨论会开幕词》，载中国社会科学院现代
　　汉语研究室编《句型和动词》，语文出版社 1987 年版。

吕叔湘：《现代汉语八百词》，商务印书馆 1996 年版。

吕云生：《有关"施事后置"及"非宾格假说"的几个问题》，《语
　　言科学》2005 年第 5 期。

马建忠：《马氏文通》，商务印书馆 1983 年版。

马庆株：《时量宾语和动词的类》，《中国语文》1981 年第 2 期。

马希文：《关于动词"了"的弱化形式/lou/》，《中国语言学报》1983 年第 1 期。

孟琮、郑怀德、孟庆海、蔡文兰：《汉语动词用法词典》，商务印书馆 1999 年版。

潘海华：《词汇映射理论在汉语句法研究中的应用》，《现代外语》1997 年第 4 期。

潘文国：《从"了"的英译看汉语的时体问题》，《华东师范大学学报》2003 年第 4 期。

彭睿：《共时关系和历时轨迹的对应——以动态助词"过"的演变为例》，《中国语文》2009 年第 3 期。

齐沪扬：《动作"在"字句的语义、句法、语用分析》，《上海师范大学学报》1998 年第 2 期。

齐沪扬：《现代汉语空间问题研究》，学林出版社 1998 年版。

秦洪武：《汉语"动词 + 时量短语"结构的情状类型和界性分析》，《当代语言学》2002 年第 2 期。

任鹰：《静态存在句中"V 了"等于"V 着"现象解析》，《世界汉语教学》2000 年第 1 期。

任长慧：《汉语教学中的偏误分析》，武汉大学出版社 2001 年版。

尚新：《凸显理论与汉英时体范畴的类型学差异》，《语言教学与研究》2004 年第 6 期。

尚新：《体义相交理论：汉语体标记的时间指向功能》，《语言科学》2005 年第 5 期。

尚新：《英汉体范畴对比研究》，上海人民出版社 2007 年版。

尚新：《时体、事件与"V 个 VP"结构》，《外国语》2009 年第 5 期。

邵敬敏：《关于"在黑板上写字"句式分化和变换的若干问题》，《语言教学与研究》1982 年第 3 期。

邵敬敏：《动量词的语义分析及其与动词的选择关系》，《中国语文》

1996 年第 2 期。

邵敬敏:《论汉语语法的语义双向选择性原则》,《中国语言学报》1997 年第 8 期。

邵敬敏:《"语义语法"说略》,《暨南学报》2004 年第 1 期。

沈阳、玄玥:《"完结短语"及汉语结果补语的语法化和完成体标记的演变过程》,《汉语学习》2012 年第 1 期。

沈园:《句法 - 语义界面研究》,上海教育出版社 2007 年版。

沈家煊:《"有界"和"无界"》,《中国语文》1995 年第 5 期。

沈家煊:《"在"字句和"给"字句》,《中国语文》1999 年第 2 期。

沈家煊:《如何处置"处置式"? ——论把字句的主观性》,《中国语文》2002 年第 5 期。

沈家煊:《再谈"有界"和"无界"》,《语言学论丛》第三十辑,商务印书馆 2004 年版。

沈家煊:《语法六讲》,商务印书馆 2011 年版。

石安石:《语义论》,商务印书馆 2005 年版。

石毓智:《论现代汉语的"体"范畴》,《中国社会科学》1992 年第 6 期。

石毓智:《现代汉语句子组织信息的原则》,《语法研究和探索》(十一),商务印书馆 2002 年版。

史有为:《对"了₁"的再认识》,《日本语中国语のアスペクト》,东京白帝社 2002 年版。

史有为:《汉语方言"达成"貌的类型学考察》,《语言研究》2003 年第 3 期。

税昌锡:《动词界性分类试说》,《暨南学报》2005 年第 3 期。

税昌锡:《VP 界性特征对时量短语的语义约束限制——兼论"V + 了 + 时量短语 + 了"歧义格式》,《语言科学》2006 年第 6 期。

税昌锡:《附着事件、附着动词及相关句法语义》,《汉语学报》2008 年第 3 期。

税昌锡:《动词的动位范畴》,《汉语学习》2009 年第 4 期。

税昌锡:《时量补语语义多指现象的认知解释》,《华文教学与研究》

2010 年第 2 期。

税昌锡：《事件过程与存现构式中的"了"和"着"》，《语言科学》
　　2011 年第 3 期。

税昌锡：《基于事件过程结构的"了"语法意义新探》，《汉语学报》
　　2012 年第 4 期。

税昌锡：《汉英事态范畴的类型学比较》，《国际汉语学报》第 4 卷第
　　2 辑，学林出版社 2013 年版。

税昌锡：《事件过程结构及其动态特征》，《语言学论丛》第四十九
　　辑，商务印书馆 2014 年版。

税昌锡：《过程哲学观中的事件及其语言表达式》，《贵州师范大学学
　　报》2014 年第 3 期。

税昌锡：《"过"的时体义与经历事态标示功能》，《华文教学与研
　　究》2015 年第 2 期。

税昌锡：《汉语动词的事态结构》，《国际汉语学报》第 6 卷第 1 辑，
　　学林出版社 2015 年版。

税昌锡、邵敬敏：《论语义特征的语法分类》，《汉语学习》2006 年
　　第 1 期。

隋娜、王广成：《汉语存现句中动词的非宾格性》，《现代外语》2009
　　年第 3 期。

太田辰夫：《中国语历史文法》，蒋绍愚、徐昌华译，北京大学出版
　　社 1987 年版。

唐玉柱：《存现句中的 there》，《现代外语》2001 年第 1 期。

唐玉柱：《存现动词的非宾格性假设》，《重庆大学学报》（社会科学
　　版）2005 年第 4 期。

唐玉柱：《存现动词的双论元假设》，《广东外语外贸大学学报》2005
　　年第 3 期。

田臻：《由英汉对比反观汉语定位动词"挂"静态义的产生》，《山东
　　外语教学》2008 年第 4 期。

田臻：《汉语静态存在构式对动作动词的语义选择条件》，《外国语》
　　2009 年第 4 期。

王力:《汉语史稿》,中华书局 1980 年版。

王力:《中国文法学初探》,《王力文集》第三卷,山东教育出版社 1985 年版。

王力:《中国现代语法》,商务印书馆 1985 年版。

王寅:《体验哲学和认知语言学对句法成因的解释》,《外语学刊》 2003 年第 1 期。

王寅:《事件域认知模型及其解释力》,《现代外语》2005 年第 1 期。

王葆华:《存在构式"着""了"互换现象的认知解释》,《外语研究》2005 年第 2 期。

王建军:《主谓谓语型存在句源流考略》,《古汉语研究》2003 年第 4 期。

吴国向:《过程的事件及事用解析》,《外语教学与研究》2012 年第 4 期。

肖奚强:《"正(在)""在"与"着"功能比较研究》,《语言研究》 2002 年第 4 期。

肖治野、沈家煊:《"了₂"的行、知、言三域》,《中国语文》2009 年第 6 期。

谢信一:《汉语中的时间和意象》,《国外语言学》1991 年第 4 期。

徐丹:《汉语句法引论》,北京语言大学出版社 2004 年版。

徐晶凝:《过去已然事件句对"了₁""了₂"的选择》,《语言学论丛》 第四十五辑,商务印书馆 2012 年版。

徐通锵:《对比和汉语语法研究的方法论》,《语言研究》2001 年第 4 期。

玄玥:《经历体"过"语法化过程的生成语法解释》,《社会科学战线》2011 年第 11 期。

玄玥:《现代汉语动结式补语是一种内部情状体——"完结短语"假设对动结式结构的解释》,《华文教学与研究》2011 年第 1 期。

闫顺利:《哲学过程论》,《北方论丛》1996 年第 3 期。

杨成凯:《现代汉语时体研究述要》,载江蓝生、侯精一《汉语现状与历史的研究》,中国社会科学出版社 1999 年版。

杨成凯:《事件阶段和语法表示》,《语法研究和探索》(十一),商务印书馆 2002 年版。

杨素英:《从非宾格动词现象看语义与句法结构之间的关系》,《当代语言学》1999 年第 1 期。

杨素英、黄月圆、王勇:《动词情状分类及分类中的问题》,《语言学论丛》第三十九辑,商务印书馆 2009 年版。

杨永龙:《〈朱子语类〉完成体研究》,河南大学出版社 2001 年版。

于根元:《关于动词后附"着"的使用》,《语法研究和探索》(一),北京大学出版社 1983 年版。

俞咏梅:《论"在 + 处所"的语义功能和语序制约原则》,《中国语文》1999 年第 1 期。

袁毓林:《汉语动词的配价研究》,江西教育出版社 1998 年版。

袁毓林:《论元角色的层级关系和语义特征》,《世界汉语教学》2002 年第 3 期。

岳中奇:《"V(了$_1$)—C$_t$ 了$_2$"中"了$_2$"的时体功能及其相关动词》,《汉语学习》1997 年第 3 期。

张黎:《"界变论"——关于现代汉语"了"及其相关现象》,《汉语学习》2003 年第 1 期。

张黎:《现代汉语"了"的语法意义的认知类型学解释》,《汉语学习》2010 年第 6 期。

张国宪:《动词的动向范畴》,《语法研究和探索》(九),商务印书馆 2000 年版。

赵世开、沈家煊:《汉语"了"字跟英语相应的说法》,《语言研究》1984 年第 1 期。

周长银:《事件结构的语义和句法研究》,《当代语言学》2010 年第 1 期。

朱彦:《现代汉语"了"研究述评》,《现代中国语研究》2001 年第 3 期。

朱德熙:《"在黑板上写字"及相关句式》,《语言教学与研究》1981 年第 1 期。

左思民：《动词的动相分类》，《华东师范大学学报》（哲学社会科学版）2009 年第 1 期。

Bach, Emmon, The Algebra of Events, *Linguistics and Philosophy* 9, 5 – 16, 1986.

Bache, Carl, *Verbal Aspect: A General Theory and Its Application to Present-day English*, Odense: Odense University Press, 1985.

Bhat, D. N. Shankara, *The Prominence of Tense, Aspect and Mood*, Amsterdam/Philadelphia: John Benjamins Publishing Company, 1999.

Biber, Douglas, Leech, Geoffrey, et al. , *Longman Grammar of Spoken and Written English*, Beijing: Foreign Language Teaching and Research Press, 2000.

Binnick, Robert I. , *Time and the Verbs: A Guide to Tense and Aspect*, Oxford: Oxford University Press, 1991.

Brinton, Laurel J. , *The Development of English Aspectual Systems*, Cambridge: Cambridge University Press, 1988.

Bybee, Joan, *The Evolution of Grammar: Tense, Aspect, and Modality*, Chicago: Chicago University Press, 1994.

Chen, Chung – yu, Aspectual Features of the Verb and the Relative Positions of the Locatives, *JCL.* , Vol. 6: 76 – 103, 1978.

Comrie, Bernard, *Aspect: An Introduction to the Study of Verbal Aspect and Related Problems*, Cambridge: Cambridge University Press, 1976.

Croft, William, *Syntactic Categories and Grammatical Relations*, Chicago: University of Chicago Press, 1991.

Croft, William, The Semantics of Subjecthood, In Yaguello, M. (ed.), *Subjecthood and Subjectivity: The Status of the Subject in Linguistic Theory*, Paris: Ophrys, 29 – 75, 1994.

Croft, William, The Structure of Events and the Structure of Language, In: Michael Tomasello (eds), *The New Psychology of Language*, Mahwah, New Jersey: Lawrence Erlbaum Associates, Inc. , Publisher, 67 – 92, 1998.

Cruse, Allan, *Meaning in Language*, Oxford：Oxford University Press, 2004.

Dahl, Östen, *Tense and Aspect System*, Bath, England：The Bath Press, 1985.

Davidson, Donald, *Essays on Actions and Events*, Oxford：Oxford University Press, 1980.

Dik, Simon C., The Theory of Functional Grammar, In Kees Hengeveld (eds), *Part 1：The Structure of the Clause*, *Second revised edition*, Berlin：Mouton de Gruyter, 1997.

Dirven, Ren & Marjolijn, Verspoor, *Cognitive Exploration of Language and Linguistics*, Amsterdam：John Benjamins Publishing Company, 1998.

Dowty, David, *Word Meaning and Montague Grammar*, Dordrecht：D. Reidel Publishing Company, 1979.

Dowty, David, Thematic proto – roles and argument selection, *Language*, 67, 3：547 – 619, 1991.

Fagan, Sarah, *The Syntax and Semantics of Middle Construction*, Cambridge：Cambridge University Press, 1992.

Fawcett, Robin P. , *A Theory of Syntax for Systemic Functional Linguistics*, Amsterdam：John Benjamins, 2000.

Fawcett, Robin P. , Invitation to Systemic Functional Linguistics, 载黄国文、何伟、廖楚燕《系统功能语法入门：加的夫模式》，北京大学出版社 2008 年版。

Fillmore, Charles, The Case for Case, In Bach, E & Harms, R. T. (eds.), *Universals in Linguistic Theory*, New York：Holt, Rinehart and Winston, 1 – 88, 1968.

Frawley, William, *Linguistic Semantics*, Hillsdale：Lawrence Erlbaum Associates, Inc. , Publishers, 1992.

Freed, Alice, F. , *The Semantics of English Aspectual Complementation*, Dordrecht：D. Reidel, 1979.

Von Wright, G. H. , *Norm and Action*, London: Routledge & Kegan Paul Ltd. , 1963.

Givón, Talmy, *On Understanding Grammar*, New York: Academic Press, 1979.

Givón, Talmy, *Syntax*: *A Functional – typological Introduction*, *I*. Amsterdam: John Benjamins, 1984.

He, Baozhang, A synchronic account of Laizhe, *Journal of the Chinese Language Teachers Association*, 33, 1: 99 – 114, 1998.

Hopper, Paul J. & E. C. Traugott, *Grammaticalization*, Cambridge: Cambridge University, 1993.

Huang, C – T James, On lexical structure and syntactic projection, *Chinese Language and Linguistics*, 3: 45 – 89, 1997.

Jackendoff, Ray, *Semantics and Cognition*, Cambridge, MA: MIT Press, 1983.

Jackendoff, Ray, *Semantic Structure*, Cambridge, MA: MIT Press, 1990.

Johanson, Lars, Viewpoint operators in European languages, In: Östen Dahl (eds), *Tense and Aspect in the Languages of Europe*, Berlin – New York , 27 – 187, 2000.

Johnson, Marion, A Unified Temporal Theory of Tense and Aspect, In: Philip J. Tedeschi & Annie Zaenen (eds.), *Syntax and Semantics* (*Vol.* 14) *Tense and Aspect* , New York; London; Toronto; Sydney; San Francisco: Academic Press, 145 – 176, 1981.

Karttunen, Lauri, Presuppositions of compound sentences, *Linguistic Inquiry*, 4: 169 – 193, 1973.

Lakoff, George, *On the Nature of Syntactic Irregularity*, *Doctoral dissertation*, Indiana University, 1965. Published by Holt, Rinhard & Winston as *Irregularity in Syntax* (1970) .

Lakoff, George, *Women*, *Fire*, *and Dangerous Things*: *What Categories Reveal about the Mind*, Englewood Cliffs, 1987.

Langacker, Ronald W. , *Foundations of Cognitive Grammar*, *Vol. I*: *Theo-*

retical Prerequisites, Standford, California: Standford University Press, 1987.

Langacker, Ronald W. , Subjectification, *Cognitive Linguisitics*, 1: 5 – 38, 1990.

Langacker, Ronald W. , *Foundations of Cognitive Grammar*, Vol. Ⅱ: *Descriptive Application*, Standford, California: Standford University Press, 1991.

Langacker, Ronald W. , *Grammar and Conceptualization*, Berlin; New York: Mouton de Gruyter, 2000.

Langacker, Ronald W. , *Concept, Image and Symbol: The Cognitive Basis of Grammar*, Berlin: Mouton de Gruyter, 2002.

Levinson, Stephen C. , *Pragmatics*, Cambridge: Cambridge University Press, 1983.

Li, Charles N. & Thompson, Sandra A. , *Mandarin Chinese: A Functional Reference Grammar*, Berkeley and Los Angeles: University of California Press, 1981.

Li, Ping, *Aspect and Aktionsart in Child Mandarin*, Leiden: Leiden University Dissertation, 1990.

L, Ping & Yasuhiro Shirai, *The Acquisition of Lexical and Grammatical Aspect*, Berlin/New York: Mouton de Gruyter, 2000.

Lyons, John, *Linguistic Semantics: An Introduction*, Cambridge: Cambridge University Press, 1995.

McCawley, James D. , Lexical Insertion in a Transformational Grammar without Deep Structure, *CLS* 4, 71 – 80, 1968.

McCawley, James D. , *Grammar and Meaning*, Tokyo: Taishukan, 1973.

Michaelis, Laura A. , *Aspectual Grammar and Past – time Reference*, London; New York: Routledge, 1998.

Olsen, Mari Broman, *A Semantic and Pragmatic Model of Lexical and Grammatical Aspect*, New York; London: Garland Publishing, Inc. , 1997.

Panther, Klaus – Uwe & Linda, Thornburg, The potentially for actuality metonymy in English and Hungarian, In Panther, KU. & G. Radden Parsons, Terence (eds.), *Events in the Semantics of English: A Study in Subatomic Semantics*, Cambridge, MA: MIT Press, 1999.

Pawley, Andrew, Encoding events in Kalam and English: Different logics for reporting Experience, In R. Tomlin (ed.), *Coherence and Grounding in Discourse*, Amsterdam: John Benjamins, 329 – 360, 1987.

Parsons, Terence, *Events in the Semantics of English: A Study in Subatomic Semantics*, Cambridge, MA: MIT Press, 1990.

Pustejovsky, James, The Syntax of Event Structure, *Cognition*, 41, 47 – 81, 1991.

Quirk, Randolph, et al., *A Grammar of Comtemporary English*, London: Longman Group Limited, 1972.

Rappaport, Hovav, M. & Levin, Beth, Building Verb Meanings, In Butt, M. and Geuder, W. (eds), *The Projection of Arguments: Lexical and Compositional Factors*, Stanford, CA: CSLI, 97 – 134, 1998.

Reichenbach, Hans, *Elements of Symbolic Logic*, London: Macmillan, 1947.

Reinhart, Tanya, Syntactic Effects of Lexical Operations: Reflexives and Unaccusatives, *OTS Working Papers in Linguistics*, University of Utrecht, 1996.

Reinhart, Tanya, The Theta System: an Overview, In Sternefeld, W. (ed.), *Theoretical Linguistics* 28, Berlin: Mouton, 229 – 290, 2002.

Roberts, Ian, *The Representation of Implicit Arguments and Dethematized Subjects*, Dordrecht: Foris, 1987.

Rothstein, Susan, *Structuring Events: A Study in the Semantics of Lexical Aspect*, Oxford: Blackwell Publishing, 2004.

Schank, Roger C. & Robert P. Abelson, Scripts, Plans, and Knowledge, Proceedings of the Fourth International Joint Conference on Artificial Intelligence, Tbilisi, USSR, 1975, In P. N.

Johnson – Laird, & P. C. Wason (eds.), *Thinking: Readings in Cognitive Scence*, Cambridge: Cambridge University Press, 1977.

Schank, Roger C. & Robert P. Abelson, *Scripts, Plans, Goals, and Understanding*, Hillsdale, N. J: Lawrence Erlbaum Associations, 1977.

Sellars, Wilfrid, Presupposing, *Philosophical Review*, 63, 197 – 215, 1954.

Smith, Carlota S., A theory of aspectual choice, *Language*, 59.3: 479 – 501, 1983.

Smith, Carlota S., Notes on aspect in Chinese, *Texas Linguistic Forum*, 26, 1985.

Smith, Carlota S., *The Parameters of Aspect*, Dordrecht: Kluwer Academic Publishers, 1991.

Stowell, Timothy, Orgins of Phrase Structure, Doctoral Dissertation, Cambridge, MA: MIT Press, 1981.

Tai, James H. – Y., Verbs and times in Chinese: Vendler's four categories, In Testen, David; Mishra, Veena; Drogo, Joseph, *Papers from the parasession on lexical semantics*, Chicago: Chicago Linguistic Society, 20, 288 – 296, 1984.

Talmy, Leonard, Force dynamics in language and thought, In W. Eilfort, P. Kroeber & K. Peterson (eds.), *Papers from the Parasession on Causatives and Agentivity*, Chicago: Chicago Linguistic Society, 1985.

Talmy, Leonard, Force dynamics in language and cognition, *Cognitive Science*, 12, 49 – 100, 1988.

Talmy, Leonard, *Toward a Cognitive Semantics, Volume I: Concept Structuring Systems*, Cambridge, MA: MIT Press, 2001.

Taylor, John R., *Cognitive Grammar*, Oxford: Oxford University Press, 2002.

Tenny, Carol L., *Aspectual Roles and the Syntax – semantics Interface*, Dordrecht, the Netherlands: Kluwer, 1994.

Van Hout, Angeliek, Event Semantics of Verb Frame Alternation, Doctoral

Dissertation, Tilburg, The Netherlands: Tilburg University, 1996.

Van Valin, Robert, Semantic Parameters of Split Intransitivity, *Language* 66, 221 – 260, 1990.

Van Valin, Robert, A Synopsis of Role and Reference Grammar, In van Valin, R. (ed.), *Advances in Role and Reference Grammar*, Amsterdam: John Benjamins. 1 – 164, 1993.

Van Voorst, Jan, *Event Structure*, Amaterdam/Philadephia: John Benjamins, 1988.

Vendler, Zeno, Verbs and Times, *The Philosophical Review* 66, 143 – 160, 1957. Also in Z. Vendler, *Linguistics in Philosophy*, Ithaca, NY: Cornell University press, 1967.

Verkuyl, Henk, *On the Compositional Nature of the Aspects*, Dordrecht: D. Reidel, 1972.

Vikner, Carl, Change in homogeneity in verbal and nominal reference, In C. Bache, et al., (eds.), *Tense, Aspect and Action: Empirical and Theoretical Contributions to Language Typology*, Berlin; New York: Mouton de Gruyter, 139 – 164, 1994.

von Wright, Georg H., *Norm and Action*, London: Routledge & Kegan Paul Ltd., 1963 Whitehead, Alfred North, *Process and Reality: An Essay in Cosmology*, New York: Macmillan Publishing Company, 1929.

Whitehead, Alfred North, *Process and Reality: An Essay in Cosmology*, New York: The Free Press, 1978.

Yang, Suying, The aspectual system of Chinese, Doctoral dissertation, Universityof Victoria, 1995.

Zacks, Jeffrey M. & Tversky, Barbara, Event structure in perception and cognition, *Psychological Bulletin*, 1, 3 – 21, 2001.

后　记

　　本书是国家社会科学基金项目"基于事件过程结构的汉英表达式对比研究"（批准号：09BYY006）的最终成果。

　　开展该项研究的时间实际从 2002 年 7 月我博士毕业分配到浙江大学工作算起。到浙大后由于手头暂时没有项目，我便一边修改博士论文，一边摸索着希望找到一个可以做系列讨论的话题。最先想到的是体貌助词"了"，觉得学界对该字的讨论新见迭出，很有趣味。我也在阅读文献的基础上，尝试从新的角度进行一些探索性的思考，不知不觉竟写了三万来字的初稿。2004 年 7 月我从浙江大学南下暨南大学跟随邵敬敏先生做博士后研究。由于我申请的博士后基金课题跟原来的思路不完全吻合，原先所做的工作只好暂时搁置。不过前面那三万字的初稿在此期间有了一个不断琢磨的机会，并在几次讨论会上宣读，最后以两篇论文的形式分别在《暨南学报》和《语言科学》发表。

　　2006 年 7 月博士后出站，我去贵州师范大学工作。此后，大约两年的时间里，我一边对原来的想法进行新的思考，一边在阅读文献的基础上进行深入的论证，最终有幸于 2009 年获得国家社会科学基金项目资助。该课题立项后，我又有幸获得国家留学基金委公派访问学者资格，并于 2010 年 10 月至 2011 年 10 月在英国卡迪夫大学语言与交际研究中心访学一年。衷心感谢该中心的 Tom Bartlett 博士，他对我的工作非常感兴趣，多次为我查找相关资料，提出非常有益的建议，书中的一些观点也得益于跟他的多次讨论。

❖ 后 记 ❖

　　该研究于 2013 年结题，主要内容已先后在《暨南学报》《语言科学》《汉语学报》《汉语学习》《华文教学与研究》《国际汉语学报》《语言学论丛》等期刊发表，两篇被中国人民大学复印报刊资料《语言文字学》和中国社会科学院主办中国社会科学网转载。上述期刊编辑部及匿名审稿人提出过许多宝贵意见和建议，深表谢意。

　　该研究主要以两个领域的丰硕成果为背景：一是跟事件和事件结构相关的语法语义研究；二是跟动词内在时间结构相关的时体研究。二者具有紧密联系，都是语言学研究的中心领域，历来受到学界的广泛关注，至今仍是讨论的热门话题。但根据我们的观察，两个领域的研究都存在盲区。该书尝试在前人已取得成果的基础上重新界定"事件"和"事态"两个概念，并尝试提出一个新的分析模式，期望对上述两个领域的深入研究有所补益。不可否认，限于著者的学力，书中难免存在错谬，热诚欢迎读者批评指正。

　　最后，我要特别感谢我的恩师邵敬敏先生，感谢先生领我进入汉语语法学领域，以多元的研究思想和严谨求实的学风影响我。该课题立项后也一直得到邵先生的关注、支持和鞭策。

　　我爱人胡云晚博士认真审读过每一章节的初稿，尽可能地避免了一些错漏，在此也一并致谢。中国社会科学出版社赵剑英先生和本书责任编辑刘艳女士等为本书的顺利出版付出了辛勤的劳动，在此对他们表示诚挚的感谢。

税昌锡

2016 年 3 月 10 日

于浙江科技学院寓所